edition suhrkamp 2327

Seit Jahren wächst in Deutschland die Zahl der Unternehmen. Noch schneller wächst die Zahl der Insolvenzen. Der unsichere Arbeitsmarkt drängt immer mehr Menschen, sich selbst anzustellen, trotz ungenügender Finanzierung. Wer scheitert, hat es wenigstens versucht. Eine Zeitlang darf man handeln, als würden dann die Träume wahr. Wenn nicht, verspricht nur ein neues Unternehmen den baldigen Ausgleich der Verluste. Doch wie oft läßt sich der Neuanfang wiederholen?

Ingo Niermann befragte fünfzehn Wagemutige, die bereits ein oder mehrere Unternehmen hinter sich haben: ob Sägewerk, panpazifische Küche, Anlagebetrug oder Pornodreh. Mit dem Hauptaugenmerk auf Berlin seit der Wiedervereinigung, fügen sich die verschiedenen Schicksale zu einer neuen deutschen Wirtschaftsgeschichte zwischen Soll und Sollen.

Ingo Niermann wurde 1969 in Bielefeld geboren und lebt in Berlin. 2001 erschien sein Roman *Der Effekt*.

Minusvisionen
Unternehmer ohne Geld

Protokolle
von Ingo Niermann

Suhrkamp

edition suhrkamp 2327
Erste Auflage 2003
© Suhrkamp Verlag Frankfurt am Main 2003
Originalausgabe
Alle Rechte vorbehalten, insbesondere das der
Übersetzung, des öffentlichen Vortrags
sowie der Übertragung durch Rundfunk und Fernsehen,
auch einzelner Teile.
Kein Teil des Werkes darf in irgendeiner Form
(durch Fotografie, Mikrofilm oder andere Verfahren)
ohne schriftliche Genehmigung des Verlages reproduziert
oder unter Verwendung elektronischer Systeme verarbeitet,
vervielfältigt oder verbreitet werden.
Satz: Jung Crossmedia Publishing, Lahnau
Druck: Nomos Verlagsgesellschaft, Baden-Baden
Umschlag gestaltet nach einem Konzept
von Willy Fleckhaus: Rolf Staudt
Printed in Germany
ISBN 3-518-12327-0

1 2 3 4 5 6 - 08 07 06 05 04 03

Inhalt

Einleitung 7

Protokolle 13

Übersicht 15

Jens Thiel
Halogenlampen, Geldwechsel, Gebrauchtwagen, Börse,
Jens & Friends, Coffeerama, Venturepartner 18

Ingo Romeo Mocek
Scho-ka-kola Gastronomievertrieb 41

Jörg Tensing
Amazonas 54

Norbert B.
Sebastian B . . . 75

Alexander Wolf
Wolf Computersysteme, Tuscon, Idealo 110

Barbara Gies/Christopher Roth
Stylegames 122

Andreas Klöckner
Klockner's Cakes, Acme Food Company,
Fournier 136

Herman Vieljans
Greta G., WEVI German Oldtimers, Eracode, Jawoll,
Salto, Beyond the Blind, Asphalt Jungle, Schäfer's Ruh,
World of Today Production, G1 Eventcenter,
Hanse Projektagentur 154

Michael Losberg
Michael Losberg 191

Andrea Steinhilber
Holzwerke Ziegler   206

Armin von Milch
Milch – The Motor Years   226

Markus Schneider
Lukas & Hoffmann   237

Lena Braun
Salon Bichette, Loulou Lasard, Blonde Giraffe, Taboo,
Venusgrotte, Boudoir, Büro für visuelle Konzepte,
Filmfactory, Home is   254

Herbert Volkmann
Sammlung Volkmann   266

Bis zuletzt...   279

Lena Braun
Home is, Fugidiva   281

Jens Thiel
Venturepartner, Ich AG   284

Alexander Wolf
Idealo, Wolf IT Services   290

Stand 9/03   297

Dank   301

Einleitung

Seit über fünf Jahrzehnten beschneiden weder Kriege noch Katastrophen den bundesdeutschen Wohlstand. Die Inflation ist mäßig und gegen Diebstahl kann man sich versichern. Noch nie konnten sich so viele Menschen so schadlos bereichern.

Zugleich wächst die Unsicherheit. Viele macht allein schon ihr Erbe zu Millionären, doch dann haben sie längst das Rentenalter erreicht. Hat man Studium oder Ausbildung einmal beendet, droht die Arbeitslosigkeit. Auch als Festangestellter in einem eingesessenen Betrieb muß man jederzeit mit der Kündigung rechnen, und in den neuen Medien- und Dienstleistungsunternehmen arbeitet man sowieso erst einmal unbezahlt.

Immerhin kann man die unbezahlten Praktika, ohne dem Lebenslauf Schaden zuzufügen, nach einigen Wochen wieder beenden. Statt sich festlegen zu müssen, reiht man Probe an Probe. Dabei ist der Schritt klein vom unbezahlten Praktikanten hin zum Unternehmer, der unbezahlte Praktikanten für sich arbeiten läßt. Jeder kann einen Kleinkredit bekommen oder einfach nur den Dispo überziehen und die Rechnungen nicht begleichen. Mindestens eine Gründung kann sich jeder leisten. Geht man Konkurs, lassen sich die Gläubiger auf einen Vergleich ein, die Eltern helfen einem aus, oder nach siebenjährigem Wohlverhalten im Offenbarungseid sind alle Schulden (außer Steuerschulden) verjährt.

Während sich Ende der 90er Jahre die Blase am Neuen Markt immer weiter blähte, fiel mir auf, wie viele meiner Bekannten bereits in den vergangenen Jahren, auch mehrmals, zum Unternehmer geworden waren. Ob mit Designbüro, Castingagentur, Bar oder Galerie: Nach der Wiedervereinigung waren sie in Berlin allzuleicht über eine der unzähligen Leerstellen gestolpert. Wer sich bereit gefunden hatte, einen Laden frisch zu streichen, dem war gleich auf Jahre die Miete erlassen worden. Nur auf einen Telefonanschluß und kaufkräftige

Kunden hatte er lange warten können. Diese Zeit erschien nun, wenige Jahre später, unglaublich fern, und die Enttäuschung, nicht erfolgreich genug gewesen zu sein, wich der Scham und dem Unglauben, wie gering die Beträge gewesen waren, die zum Aus geführt hatten.

Doch als ich mir immer mehr von den unbefriedigend verlaufenden Unternehmen erzählen ließ, begriff ich, daß die Absicht, Profit zu machen und sich eine Zukunft aufzubauen, häufig gar nicht im Vordergrund gestanden hatte oder nur ein vorgeschobener Grund gewesen war, um persönlichen Träumen anzuhängen: Man wollte, daß überall in Berlin Ökosandwiches und nicht mehr nur Döner und Buletten zu kaufen waren, oder alte Filme, die man liebte, mit neuen unzerkratzten Kopien in die Kinos bringen. Man stellte Kunst aus, auch wenn die Sammler fehlten. Sammelte weiterhin Kunst, auch wenn längst das Geld fehlte.

Diese Unternehmer schienen mir trotz Mißerfolg keine Verlierer zu sein. Sie hatten immer gewußt, daß ihre Chancen gering waren. Wer etwas um jeden Preis verkaufen will, muß eben selber zahlen.

Zu seinem zwanzigjährigen Jubiläum besuchte ich eine öffentliche Diskussion über den Deutschen Herbst. Veteranen des linken Spektrums hatten sich versammelt, und sofort verloren sie sich wieder in den Überlegungen, mit denen sie schon so viele Jahre hingebracht hatten. Etwa, ob die Gefangenen in Stammheim exekutiert oder in den Selbstmord getrieben worden seien, und ob der anschließende Terror taktisch zu verurteilen oder als Notwehr zu akzeptieren sei. Schließlich entfuhr es einem Mann aus dem Publikum, der nun in seinen frühen Vierzigern war: »Aber alles ging davon aus, daß wir gute Menschen sein wollten! Darüber wird hier kein Wort verloren!«

Wen der Glaube verließ, daß die großen sozialen Utopien wahr werden, den stieß die Sehnsucht auf wirre Bahnen. Einige wurden Terroristen, während sich andere für *Alternativen* einsetzten. Als man begriff, daß die Alternativen die Utopien abschwächten, ohne sie näherzuholen, bemühte man sich um *Projekte*. In Projekten werden die Veränderungen nur noch symbolisch vollzogen. Auf einen erfolgreichen Versuch kommt es gar nicht mehr an, so oder so fällt er dem nächsten Sparbeschluß zum Opfer. Das Mißlingen ist programmiert.

Wer wirklich etwas ändern wollte, tat lieber gar nichts mehr. Oder haute es bloß heraus, so war er weniger korrupt. Und wartete darauf, vom nächsten Ungenügen vertrieben zu werden. Dilettantismus ist auch ein Projekt, ohne Subventionen. So kann man nicht alt werden und nicht einmal sterben.

Warum nicht endlich richtig Geld verdienen? Es müßte nur schnell genug geschehen, damit einen der Ernst der Arbeit nicht einholt. Mit dem Internetboom wurde das möglich. Der großzügige Fluß von Venture Capital bewirkte eine ähnliche Revolution in der Wirtschaft wie die Pille in der Liebe – man glaubte sich von ungewollten Folgen verschont. Wie im Zuge der sexuellen Befreiung wurden spezielle Begriffe und Techniken plötzlich zum Allgemeingut. Wie in den Wohnkommunen hockte man in den Start ups Tag und Nacht aufeinander, nur wurde Sex durch Arbeit ersetzt. Und so wie man bezweifeln kann, ob die sexuelle Befreiung die Menschen glücklicher gemacht oder ihnen wenigstens mehr Lust beschert hat, so auch, ob die ökonomische Befreiung sie reicher macht. Zumal der Kapitalfluß schon nach wenigen Jahren wieder versiegte.

Doch da man nun wieder weiß, daß sich der Kapitalismus nicht betrügen läßt, erhebt man die Unmöglichkeit zum Prinzip. In Zeiten starker wirtschaftlicher Stagnation gibt es keine großartigen Gewinner mehr, die einen neidisch machen und den Weg weisen. Beruhigt kann man sich von jedem absehbaren Erfolg verabschieden.

Schließlich galt bis vor seinem Boom auch das Internet als seinem Wesen nach unkommerziell. Große Ideen müssen sich nicht gleich rechnen, ein paar Jahre lang darf man träumen und handeln, als würden dann die Träume wahr. Je versponnener die Idee, desto größer der Gewinn, wenn es dennoch klappt. Die unternehmerische Boheme kann deshalb in Provisorien oder Notlagen leben und sich gefallen – zum Schlafen eine leere Luftmatratze, zum Essen ein gestohlener Apfel –, die sonst nur noch hochgradig inszeniert wirken. Selbst Drogenabhängige und Obdachlose werden in die staatliche Fürsorge einbezogen. Aber keine Unternehmer. Es gibt keine Lumpenproletarier mehr – nur *Lumpenkapitalisten*. Wer alles, was er hat und kriegen kann, nicht konsumiert, sondern investiert, darf sehen, wo er bleibt. Erst wenn er seine Geschäfte niederlegt, wird der Staat für seinen Lebensunterhalt garantieren.*

Ist heute öffentlich von Visionen und Phantasien die Rede, geht es meist um Börsenkurse. Aktionäre und Manager können jederzeit zu einem Unternehmen wechseln, das bessere Zahlen verspricht. Doch so wie der Kommunismus letztlich auf der Annahme beruht, daß man die Menschen motivieren kann, zunächst dem Gemeinwohl zu dienen, so hat der Kapitalismus nur Erfolg, weil immer wieder Menschen ihre Ideale zu privatisieren versuchen. Später können sie auf das schauen, was ihnen beinahe gelungen wäre. Statt Das wahre Leben gibt es dann Big Brother, statt Jens & Friends nur Einstein Kaffee und Starbucks. Man war Wegbereiter und Platzhalter, ein unbezahlter Test.

Wer etwas als erster versucht, meint es wahrscheinlich noch zu gut, sonst hätte er sich auf das Wagnis gar nicht eingelassen. Wer für ein Unternehmen persönlich haftet, hat zuviel zu verlieren, als daß es ihm allein um den Profit gehen könnte. Es ist nicht nur Selbstschutz, wenn die meisten, mit denen ich sprach, abstritten, gescheitert zu sein. Sie konnten ihren Visionen nur im Minus folgen, sie konnten gar nicht gewinnen. Oder wollten nicht, auf so lange Zeit war das Unternehmen nie gedacht. Der Erfolg lastet wie ein Fluch. Aus dem, was als ein verwegener Witz begann, wird dröger Alltag. Und dabei genügt es nicht, weiterzumachen wie bisher.

Heute kann man mit einer bloßen Idee, praktisch ohne Kapital, die ganze Welt erreichen. Doch um eine zügige Distribution sicherzustellen und damit Geld zu verdienen, muß das Unternehmen mittels Fremdkapital sehr schnell wachsen oder sich aufkaufen lassen. Ehe sich der Gründer kreativ und zerstörerisch entfalten kann, ist er bloß noch ein Name, der ein

---

* Daran ändert auch die Einführung der Ich AG nichts. Staatliche Förderung erhält nur, wer Anrecht auf Arbeitslosenhilfe hat, also mindestens ein Jahr lang abhängig beschäftigt war.

Einleitung

ihm fremdes Gebilde umhüllt. Denn so plötzlich sich Nischen auftun, schließen sie sich auch wieder. Daß ein Unternehmen nach einigen Jahren in schwere Bedrängnis gerät, ist kein Risiko, sondern seine Natur. Der Markt ist unberechenbar. Nur muß niemand hungern oder erfrieren.

In diesem Buch stelle ich Menschen vor, die bereits ein oder mehrere Unternehmen hinter sich haben. Das kann auch ein systematischer Betrug oder ein bedachter Vertragsbruch sein. Ich traf auf die verschiedensten Charaktere, die große finanzielle Wagnisse eingegangen waren, doch es war schwer, unter ihnen Frauen zu finden. Als Unternehmer scheinen sie sich besser abzusichern. Es ist bezeichnend, daß diejenige Frau in diesem Buch, die mit gewaltigen Schulden zu kämpfen hatte, sie nicht selbst gemacht hatte, sondern von ihrem Vater übernahm.

Als Unternehmer ohne Geld beutet man nicht nur sich und seine Mitarbeiter aus, sondern auch seine Zukunft. Man betreibt eine *Sollwirtschaft* im doppelten Sinne: Man bezahlt für etwas, das es nicht gibt, mit etwas, das man nicht hat. Die bleibenden Verpflichtungen mit einem regelmäßigen Einkommen zu erfüllen, ist mühselig oder unmöglich. Nur ein neues Unternehmen verspricht einen baldigen Ausgleich der Verluste. Nur das eigene Unternehmen stellt einen noch ein. Nur den eigenen Anweisungen ist man noch bereit zu folgen. Vielleicht ist man für eine Festanstellung auf Dauer verdorben.

Dabei kann sogar ein erfolgloses Unternehmen eine Empfehlung sein. Denn man hat Erfahrungen und Kontakte gewonnen, die einen sonst niemand hätte machen lassen. Die Freiheit des Unternehmers, ohne Vision und Minus, findet man dann vielleicht als Berater. Wenn man selbst aus den eigenen Fehlern nicht mehr lernen kann, dann wenigstens andere.

So gaben fast alle, die ich um ein Gespräch bat, bereitwillig Auskunft. Viele verfolgen die Motive für ihre Unternehmen bis zurück in die Kindheit. Ich wählte ein großes Mikrophon, damit man möglichst zum Mikrophon sprach statt zu mir. Ich habe das Gesagte sortiert und Versprecher, Wiederholungen, Füllsel gestrichen. Eine kurze Einführung schildert jeweils die

Umstände, unter denen das Gespräch stattfand. Am Schluß des Buchs fasse ich zusammen und einige der Interviewten erzählen selbst, wie es in den Jahren oder Monaten bis zur Drucklegung weiterging.

Ingo Niermann

Berlin, September 2003

Protokolle

Übersicht

Jens Thiel designt und baut mit 17 als illegal Selbständiger Halogenlampen in der DDR. Mit 19 wird er Geldwechsler für Ost- und Westmark auf dem grauen Markt am Bahnhof Zoo und versucht sich mit den dort erzielten Gewinnen im Gebrauchtwagenhandel und an der Börse. 1997 gründet Thiel mit Freunden die Sandwichkette Jens & Friends, die zwei Jahre später in Konkurs geht. Dann wird er Unternehmensberater für Start ups und sieht im Frühjahr 2000 dem Internetcrash entgegen (ab Seite 18). Drei Jahre später blickt Thiel erneut zurück und voraus (ab Seite 284).

Ingo Romeo Mocek will die koffeinhaltige Schokolade Scho-ka-kola an Bars und Diskotheken vertreiben. Doch nicht ein einziger gastronomischer Betrieb nimmt die rotweißen Dosen in sein Sortiment. Mocek geht in das älteste Gewerbe der Welt, um seine Schuldenlast zu tilgen (ab Seite 41).

Jörg Tensing gründet 1992 den Filmverleih Amazonas. 1994 steigt er um auf die Produktion von Multimedia-CD-Roms und sammelt desaströse Erfahrungen. Nach Aufgabe seines Unternehmens studiert er Drehbuch und schreibt für Columbia und Das kleine Fernsehspiel. In der Schublade liegen ein Dschungel-Epos über eine ehemalige RAF-Terroristin, ein Mad Max in der Mark Brandenburg und Exposés für 23 Karl-May-Filme (ab Seite 54).

Norbert B. will Komponist werden, dann Radprofi und wird Schriftsteller. Nach seinem dritten Buch, für das er einen Alfred-Döblin-Preis erhält, dreht er dutzende Pornos, die unter dem Label Sebastian B... weltberühmt werden. Weil er auch seine unter 18jährigen Darsteller für ihre Leistungen bezahlt, wird er zu zweieinhalb Jahren Haft verurteilt. Kaum im Gefängnis, beginnt B., sein Opus Magnum zu schreiben (ab Seite 75).

Alexander Wolf gründet mit 17 ein IT-Unternehmen für die Installation und Wartung von Netzwerken. Schule, Zivildienst und Probleme mit seinem Kompagnon lassen die Firma nur langsam wachsen. Ende 1999 gründet er mit Freunden ein Preise und Leistungen vergleichendes Internet-Shoppingportal. Ein Business Angel steigt ein mit einer siebenstelligen Summe, aber ob Wolfs Beteiligung je etwas wert sein wird, ist da bereits fraglich (ab Seite 110). Wolf verläßt die Firma und baut einen Goldesel (ab Seite 290).

Barbara Gies, *Christopher Roth* und fünf weitere Gesellschafter eröffnen 1999 das Internetkaufhaus Stylegames. Verkauft werden exklusiv angefertigte Artikel wie T-Shirts, Handtücher und Sitzsäcke. Man will genau das verkaufen, was man selber haben möchte. Doch bei zu vielen Produkten bleibt man sich selbst der beste Kunde (ab Seite 122).

Andreas Klöckner wandert nach Australien aus, wo er deutsche Kuchen backt und verkauft. Nach der Wiedervereinigung zieht er nach Berlin, um dort panpazifisch zu kochen. Sein Restaurant Fournier eröffnet zweimal an derselben Stelle – beidemal ohne den nötigen Ertrag (ab Seite 136).

Herman Vieljans war, so schrieb der Stern, »Meßdiener in Meppen, Sanyasin in Oregon und Punker in New York«. Außerdem: Fußballspieler, Boutiqueninhaber, Autohändler und Rocksänger. Ein schwerer Autounfall beendet seine musikalische Karriere, Vieljans wechselt die Seiten und wird Veranstalter. Zweimal gehen seine Konzerthallen pleite, zwischendurch wird er zum »wahren König von Sankt Pauli«. Die dritte Halle ist bereits am Start (ab Seite 154).

Michael Losberg (Name geändert), aufgewachsen in Ost-Berlin, verkauft nach der Wende zunächst Versicherungen, die nicht gebraucht werden, und später Kapitalanlagen, die es nicht gibt. Er tritt als Inhaber einer Werbeagentur auf, die nur auf der Visitenkarte existiert, und führt ein Leben in Hotels und Anzügen, die er nicht bezahlt. Nach vier Jahren Hochstapelei belaufen sich die Forderungen gegen ihn auf über drei Millionen Mark und er muß für zweieinhalb Jahre ins Gefängnis (ab Seite 191).

Andrea Steinhilber übernimmt nach dem überraschenden Tod ihres Vaters das schwäbische Sägewerk Ziegler in vierter Generation. Der

Übersicht

ehemaligen Philosophiestudentin gelingt es, die finanziellen Verpflichtungen des überschuldeten Betriebs mehr als zu halbieren. Nur zwei Jahre später sieht sie aufgrund struktureller Wandlungen erneut einen Bankrott drohen und schließt das Unternehmen in der Hoffnung, es plus minus null abwickeln zu können (ab Seite 206).

Armin von Milch wird von einem großen Schallplattenkonzern unter Vertrag genommen. Aus ihm und seinem Partner sollen die deutschen Pet Shop Boys werden, Harold Faltermeyer – Veteran des Sound of Munich – sorgt für den letzten Schliff. Armin von Milch trennt sich von seinem Partner und die fertige Platte wird nicht veröffentlicht. Jahrelang kämpft er um die Freigabe der Musik (ab Seite 226).

Markus Schneider startet die Galerie Lukas & Hoffmann am Tiefpunkt des Kunstmarktes. 1993 zieht die Galerie von Berlin nach Köln, kurz bevor eine Reihe von Galerien sich in die umgekehrte Richtung bewegt. Gerade als der Kunstmarkt zu einem neuen Höhenflug ansetzt, gibt Schneider die Galerie auf. Heute ist er Musiker und DJ. Viele seiner ehemaligen Künstler feiern unterdessen internationale Erfolge (ab Seite 257).

Lena Braun gründet in Berlin über 15 Jahre hinweg zwei Galerien, zwei Cabarets, eine Disco, einen Salon, eine Fernsehproduktion, eine Drehbuch- und eine PR-Agentur. Sie schreibt einen Roman, Geschichten, Drehbücher, produziert Bühnenshows und entwickelt Avatare. Ihr Ziel ist ein Zusammenspiel aller Arten der Inszenierung (ab Seite 254 und Seite 281).

Herbert Volkmann gibt seine erfolglose Karriere als Künstler auf, um in den väterlichen Fruchtgroßhandel einzusteigen. Seine Einkünfte ermöglichen es ihm, in kurzer Zeit die wichtigste Berliner Sammlung für junge Kunst aufzubauen. Doch Schwierigkeiten im Betrieb zwingen ihn, den Großteil der Sammlung schon nach wenigen Jahren wieder zu verkaufen. Mit Ende Vierzig wird Volkmann ein zweites Mal Künstler, nun mit Erfolg (ab Seite 266).

Jens Thiel
*1970

*Mai 2000. Nur zwei Sperrmüll-Sessel und zwei Luftmatratzen
füllen die 120 Quadratmeter große Wohnung in Berlin Pan-
kow. Ein paar Bierdosen stehen zum Kühlen auf der Fenster-
bank. Die Wände sind frisch geweißt, die Bodendielung hat
noch den alten DDR-Anstrich in Ochsenblutrot. Durch die offenen Fenster weht die milde Frühlingsluft des frischen Jahrtausends, und trotzdem riecht es nach jahrealtem Schweiß. Ein
Bekannter hat Jens Thiel und Alexander Wolf die Wohnung für
400 Mark monatlich zur Verfügung gestellt, bis das Haus saniert wird. Jens Thiel lebt aus dem Koffer. Seine Sachen stehen
in Erfurt in einem Fabrikloft, alle paar Wochen ist er dort zu
Besuch.*

Ich bin im Osten aufgewachsen, in verschiedenen Städten, wir
sind oft umgezogen, weil mein Vater bei der Armee war. Gutes
Provinznomenklatura-Elternhaus, aber ich bin ziemlich früh
auf den ganz komischen Trip gekommen, daß Unternehmer
was Phantastisches ist. Also saß ich als elfjähriger Junge da und
habe mir überlegt, man könnte Bungalowsiedlungen auf Hiddensee bauen. In einem Jahr baut man zwei, dann vermietet
man die, gut, und was kostet so ein Ding, und dann baut man
neue, zack, zack, zack, zack, wird ganz schnell reich und hat
Tausende Bungalows auf Hiddensee stehen. Was damals natürlich völliger Unfug war, sich so was auszudenken allein, und
wie das gekommen ist, weiß ich auch nicht, es war einfach da.
   Daß ich tatsächlich anfing, was zu machen mit einer wirtschaftlichen Zielsetzung und unternehmerischer Autonomie,
war dann ein zwangsläufiger Unfall. Ich hatte mich mit allen
Leuten angelegt, die über meine Zukunft zu entscheiden hatten – Erweiterte Oberschule, Abitur, Studium –, so daß ich
mich mit 16 erstmal in einer Ausbildung wiederfand, beim Ma-
gistrat der Stadt Erfurt, zum Finanzkaufmann. Da hatte ich

Halogenlampen

Jens Thiel und Ingo Niermann auf dem von Thiel mitorganisierten Gründer- und Investorentreffen First Tuesday, Juni 2000 in Berlin. Foto: Antje Majewski

mir die Höhle des Löwen gesucht und bin schnell rausgeflogen, weil ich Nietzsche in der Berufsschule gelesen habe. Dann wußte ich nicht, was ich machen sollte. Hab ich mich erstmal in die Chirurgische Klinik in Erfurt verpflichtet, die Leichen hoch- und runterzufahren als Liftboy. Tierisch viel gelesen und nach einem halben Jahr hat mir das gereicht, da war ich knapp 17 und habe beschlossen: Jens, jetzt wirst du Unternehmer, und hab angefangen, Halogen-Niedervolt-Lichtsysteme zu bauen. Das war 1987 noch ziemlich aufregend, da gab es die im goldenen Westen auch erst seit drei oder vier Jahren. Und bin durch die Republik gefahren, hab mir mein Material besorgt und diese Teile zusammengeschraubt. Die finde ich immer noch relativ schön und verkauft haben sie sich auch. Ich habe richtig nett damit gelebt. Für 100, 120 Mark Material, für 500 Mark verkauft, das ging alles ganz gut.

Ich hab mir erstmal ausgedacht, wie die Dinger aussehen sollten, dann hab ich mir überlegt, was kann ich denn haben. Und
dann hat man das so optimiert, bis man nicht Form und Funktion, sondern Form, Funktion und Verfügbarkeit unter ein
Dach bekommen hat. Ich hab mir Partner gesucht, die das gebaut haben. Ich hatte einen Metalldrücker für die Gehäuse –
aussterbender Beruf, gibts gar nicht mehr. Nach Jena bin ich gefahren, weil ich im Branchenbuch jemanden gefunden hatte, der
dort Trafos wickelte. Das war eine Reise durch ganz Thüringen
alle paar Wochen, um das Zeug zusammenzukriegen. Aber
nachdem mans einmal gefunden hatte, war es eigentlich gar
nicht so ein Problem, ich hatte dann meine sicheren Quellen.

In den Kleinanzeigenteilen der Bezirkspresse hab ich das in-
seriert. Telefon hatte man ja nicht, dann gabs Zuschriften von
den verschiedensten Leuten. Das war auch ganz lustig, diese
Leute kennenzulernen, die sich für so was interessiert haben.
Der eine ist jetzt Architekturprof in Weimar.

Ein Jahr lang hab ich das ungefähr gemacht. Mal hier, mal da
was verkauft, aber nie richtig mit dem Ehrgeiz, das ganze Land
damit zu überziehen. Das ging auch nicht, von den Kapazitä-
ten, die ich hatte. Das war ja alles nicht legal: Ich bin einem Gewerbe nachgegangen, ohne daß ich autorisiert war, ich hab
Geld verdient, ohne daß ich Steuern gezahlt habe, und ich habe
nicht abhängig gearbeitet. Es gab so einen schönen Paragra-
phen im DDR-Strafgesetzbuch: Man konnte wegen asozialen
Verhaltens – keine regelmäßige Arbeit, kein regelmäßiges Einkommen – ins Gefängnis gesteckt werden.

Irgendwann kamen Leute vom staatlichen Kunsthandel,
Galerie in Chemnitz, Galerie in Weimar, die wollten diese Dinger da reinhängen. Das war im Frühjahr 89, aber da wollte ich
nicht mehr, da war ich schon ein paar Monate dabei, dieses
Land zu verlassen. Der Rat des Stadtbezirks hatte mir schon
signalisiert, daß die mich gehen lassen würden.

Ich habe mir gesagt, als ich mich im Juli 89 in den Zug gesetzt habe nach Frankfurt/Main: Um wieder soviel Abstand
zum durchschnittlichen Lebensstandard deines Gemeinwe-
sens zu gewinnen, wirst du einige Zeit brauchen. Das ging aber
schneller, als ich gedacht habe.

Ich bin erst nach Ulm gezogen. Wir hatten einen Jugend-
austausch gehabt mit dem CVJM in Ulm. Ich war in Erfurt,
obwohl ich überzeugter Heide bin, ziemlich aktiv in der Ju-
gendarbeit der Evangelischen Kirche, hatte da zig Leute kennengelernt. Fing dann an, Abi zu machen, da war ich 19, und
hab mich nochmal auf die Schulbank gesetzt mit den Kids zusammen.

Es kam der November 89 und ich bin nach Berlin gefahren,
hab mir das angeschaut. Hab dann im Januar 90 meine Sachen
gepackt und beschlossen: Ich zieh nach Berlin. Kein Plan, wie
das funktionieren sollte, wohin. Aber ich habs gemacht, ich
hab irgendwas gefunden. Ich hatte mein kärgliches Schulbaf-
fög, 600 Mark auf dem Konto und war in Berlin.

Irgendwann kam ich, das ist zwangsläufig, am Bahnhof Zoo
vorbei. Sah die ganzen Menschen vor der Wechselstube mit
Geldbündeln in der Hand, Ostmark, Westmark, hin und her.
Liefen da alle durcheinander, wedelten mit ihrem Geld. Dachte
mir: Na ja, das kannste auch machen. Hab mich mit dem Inhalt
meines Girokontos da hingestellt. Am ersten Abend hatte ich
aber nicht mehr als 600 Mark, sondern nur noch 500 einstek-
ken, ich muß mich zwischendurch mal verzählt haben.

Ich hab mich nicht runterkriegen lassen. Dachte mir: Ging
ja eigentlich ganz gut, und wenn du nicht so einen Blödsinn
machst, klappt das vielleicht. Bin am nächsten Tag wieder hingegangen, und dann waren es schon 750.

So habe ich das Frühjahr am Bahnhof Zoo verbracht. Das
war eine extrem lustige Zeit. Es bildeten sich Cliquen, man
hatte seine Liquidität gepoolt. Die Jungs, mit denen ich zusam-
menhing, kamen von einem naturwissenschaftlichen Elite-
gymnasium, Heinrich Hertz, in Ost-Berlin. Die hatten auch
keine Lust, richtig zur Schule zu gehen, und wollten lieber
Geld verdienen. Für die war das natürlich noch viel extremer.
Ihre Eltern, ihre Freunde haben so ein bißchen Begrüßungs-
geld bekommen, und die haben da jeden Tag 150 bis 300 Mark
eingefahren. Und als es richtig abging, wurden das kleinere
vierstellige Summen, die am Tag rüberkamen. Uns gings richtig gut.

100 Ostmark waren die Handelseinheit. Am Anfang ha-

ben wir für 10, 11 Mark gekauft und für ungefähr 1 Mark, 1 Mark 50 mehr wieder verkauft. Und zum Schluß hatte man auf 100 Ostmark 2 bis 3 Mark Spanne, ohne daß die Umsätze zurückgingen, ganz im Gegenteil.

Wir hatten die besseren Kurse und waren liquider. Wenn du zu einer normalen Wechselstube gegangen bist und gesagt hast, du brauchst 200 000 Mark Ost, haben die gesagt: Kommen Sie morgen wieder, besorgen wir Ihnen das, einen günstigeren Kurs können wir Ihnen dafür aber nicht machen.

Man brauchte eigentlich einen Reisegewerbeschein, den hatten ganz wenige. Da waren Beamte in Zivil auch, die ab und zu rumschlichen, aber die kannte man rasch. Ich erinnere mich, daß ich einmal aufs Polizeirevier mitgenommen worden bin, meine Personalien sind aufgenommen worden und dann hat man mich wieder gehen lassen.

Wir haben niemanden übers Ohr gehauen. Es gab da auch einen Haufen meistens osteuropäische Trickspieler. Aber das wollten wir nicht und hätten es auch von der Fingerfertigkeit her nicht beherrscht.

Eine Sache haben wir zu spät entdeckt: Die Staatliche Münze der DDR hat Gold angekauft zu einen Festpreis von 170 Ostmark für das Gramm Feingold, in der Größenordnung. Das war uninteressant, solange die Ostmark nicht über den impliziten Umtauschkurs gestiegen ist. Aber irgendwann war dieser Punkt erreicht, und dann gings los. Am Anfang haben wir das nicht gecheckt. Plötzlich kamen Leute mit Reisetaschen voller Ostmark an. Wir dachten: Wo karren die das ganze Zeug her? Denn das war immer der Engpaß, du mußtest diese verdammte Ostmark kriegen, um damit zu tauschen. Irgendwann waren die weg, und am nächsten Tag stand im Neuen Deutschland: Goldschieberbande aufgeflogen – so natürlich nicht, sondern schön in dem trocken-bürokratischen Allseits-Gefestigt-Stil. Und da merkten wir, was da abgegangen ist: Die sind nach Luxemburg geflogen, haben Westmark mehrwertsteuerfrei zu Barrengold gemacht, haben das zur Münze gebracht, den DDR-Ausweis vorgezeigt und das eingetauscht. Daß das Barrengold nicht auf den Bäumen wächst, war den Behörden auch irgendwie klar, und dann waren die weg. Wir waren natürlich cleverer, wir sind zu Leihhäusern gegangen und haben gesagt: Hier, gebt uns die häßlichsten Klunker. Große Stücke, fette Armbänder, 750er Gold. Das schleppte man in den Osten und vertickte das. Wir haben uns Ossis gesucht, die das machten; ich hatte ohnehin nur einen Westpaß und den anderen Jungs war das zu heiß. Leider ging es nur zwei Wochen, und dann ist auch der Bruchgoldankauf eingestellt worden.

Das führt natürlich zu so ein paar Verwirbelungen im Kopf. Gib mal einem Haufen 18-, 19jähriger auf einen Schlag so viel Geld in die Hand. Wir sind da mit 20 000 Deutschmark in der Tasche rumgelaufen und dachten: Hey, wir können alles.

Damals fing ich an, Designerklamotten zu kaufen, Boss-Pullover und so Kram. Man hatte Uhren Gott von 500 Mark, das hat man für teuer gehalten, heute sagt man: Mm, na ja, eher so Kaufhausware. Aber damals sah man das aus einer Perspektive: Vor vier, fünf Monaten hättest du da in den Ferien eine Woche für arbeiten müssen.

Ich war relativ bescheiden, glaube ich. Das meiste wurde tatsächlich zur Seite gelegt, weil man wußte, das geht nicht ewig. Computerhandel kann gehen, wir können Gebrauchtwagen handeln. Das haben wir auch versucht, die einen dies, die anderen jenes, und es ist bei den wenigsten gutgegangen.

Das war ein Schuß vor den Bug. Unsere Versuche im Gebrauchtwagenhandel haben zu einer nicht unerheblichen Vernichtung unserer kleinen Vermögen geführt. Wir sind nach Stuttgart oder München gefahren, haben geguckt, was da in den Anzeigen stand, kamen mit zwei, drei Autos hoch und haben versucht, die in Berlin zu verticken. Da gabs Flächen überall, halblegale Automärkte am Wochenende, wo die Ossis hingepilgert sind, um sich ein wunderschönes Westauto zu kaufen. Du hast eine alte Kiste für 3500 Mark gekauft, so einen komischen Kadett, und den konntest du für 6000, 7000 Mark wieder loswerden. Grundsätzlich ging das. Man mußte nur die richtigen Autos kaufen und ein überzeugender Verkäufer sein.

Wir haben oft das falsche Zeug gekauft, da sind zu viele Ladenhüter dabei gewesen. Dann ist jemand mit einem Teil der Kohle abgehauen. Ein paar Sachen haben auch geklappt, aber im ganzen war das ein ziemlich unerfreuliches Erlebnis: ein Kombination von Dummheit und Unglück.

Ich hab da erhebliche Erinnerungslücken, vielleicht hat man das verdrängt. Also an meine Changer-Geschichten kann ich mich ziemlich gut erinnern, als ob das gestern wäre.

Diese Denkkultur: schnell reich werden, die hat sich bei uns gehalten. Nach der Ostmark und den Autos kam ziemlich zwangsläufig die Börse. 1990 kamen Optionsscheine gerade überhaupt in den Markt, daß ein paar Leute wußten, was das ist. Da hat man sich natürlich draufgestürzt, und nach ein paar konservativen Investments gings ganz schnell ans Zocken. Zwischendurch wurde mal Geld verdient mit der Hauptstadt-entscheidung, die Berlin-Werte stiegen, dann wieder Geld verloren und hin und her. Das habe ich zwei Jahre lang gemacht und dann war ich knapp unter dem Betrag, mit dem ich angefangen hatte.

Man hing in der Berliner Börse rum, wo es damals noch was zu sehen gab, richtig schönen Parketthandel, jetzt ist das nur noch ein elektrischer Handelsraum. Das war immer noch die Clique vom Ostmarktauschen. Lecker Wurstbrötchen aus der IHK-Kantine und Kaffee und Cola, und dann saß man oben auf der Empore, wo sich ein paar Jungspunde wie wir und ein paar Hobbytrader, die waren so 50, 60, jeden Tag trafen und fachsimpelten. Dann ging man ganz normal zur Bank und sagte: Das und das will ich kaufen. Da Termingeschäfte zu machen, aus heutiger Sicht kann man sich gar nicht vorstellen, daß das funktionierte, daß man seine Positionen erst bewegt hat, nachdem man am nächsten Tag die Schlußkurse vom Vortag in der Zeitung hatte.

Die Börse hatte einen ganz eigenartigen Geruch, das weiß ich noch. Läßt sich schlecht beschreiben, aber man kam da rein und wußte: Man ist genau hier. Das gab es nirgendwo anders. Das geht, glaube ich, auf die kleine Kantine zurück, die auch Bockwurst verkaufte. Das hat sich vielleicht mit dem Putzmittel zu diesem typischen Berliner Börsengeruch vermengt.

Ich war einer der ersten, die aufgehört haben. Im Sommer 92 habe ich ein Praktikum bei der Sparkasse gemacht, ziemlich exzessiv getradet, weil da hatte ich dann die Kurse auf dem

Schirm, wann immer ich sie wollte, mit 15 Minuten Verzöge-
rung aus Frankfurt. Gut verloren dabei und gesagt: Jetzt ist
Schluß, laß es.

Andere waren risikobereiter und haben auf die richtigen Sachen gesetzt. Wo erst alle gesagt haben: Oh Gott, wenn der
Golfkrieg ausbricht, dann brechen die Weltbörsen zusammen,
da bin ich völlig rausgegangen, während andere gesagt haben:
Son Quatsch, einfach mal probieren. Die sind dann in das Spe-
kulativste gegangen, was es gab. Und dann kam der Dax-
Sprung von 15 Prozent am Tage, als der Golfkrieg ausgebro-
chen ist, und aus 5000 Mark wurden 20-, 25 000 Mark innerhalb von einem Tag. Dann kann man sich schon freuen und
kann erstmal wieder was in den Sand setzen.

Und dann, was kam danach? Dann war eigentlich alles vorbei, dann hatte man alles durch. Als ich die Jungs das letzte Mal
gesehen habe, waren sie alle ziemlich bürgerlich. Hatten Wirt-
schaftsmathematik studiert die meisten. Der eine war bei einer
Wirtschaftsprüfungsgesellschaft gelandet, der andere hatte
zwischendurch in eine Kneipe investiert, die schlecht gelaufen
ist. Also letztlich ein kurzes Feuer am Anfang, und dann eine
Geschichte des Semi-Scheiterns. Man ist nie so richtig vor die
Wand gefahren, aber von dem Erfolg, den man gehabt hat, und
von dem Selbstwertgefühl, das darüber entstanden ist, hat man
sich immer weiter entfernt. Man ist nie wieder dahin gekommen. Inzwischen ist das zehn Jahre her und weg, aber ich
glaube, wir haben das alle noch mindestens drei, vier, fünf
Jahre mit uns rumgeschleppt, diese Zeit damals, weil alles so
schnell ging und supergut war. Das ist ja auch verrückt, daß ein
19jähriger Abiturient an einen Tag 2000 Mark einfährt, dafür
daß er ein paar Stunden vor dem Bahnhof Zoo steht und mit
Geldbündeln wedelt.

Womit wir nicht die Größten waren. Es gab einen netten
Philosophie-Studenten, der kannte die ganzen Auto- und Tep-
pichhändler und war an einem Tag mal 14 000 Deutsche Mark
reicher. Das war im Mai, als es richtig rundging. Den habe ich
sechs, sieben Jahre später als Souvenirverkäufer am Branden-
burger Tor wiedergetroffen, allerdings auch mit einer Sonder-
rolle, wie er nämlich versuchte, Lobbyarbeit beim Senat zu

machen. Damals ging die Diskussion, daß man diesen wilden Souvenirhandel unterbinden wollte, was man letztlich auch getan hat. Er dachte sich, er macht das mal als Großhandel auf und muß da nicht mehr stehen. Der hatte auch Geld an der Börse verloren, sah aber immer noch aus wie vorher und machte im Prinzip auch immer noch denselben Job: Er stand auf der Straße und verkaufte irgendwas, nur nicht mehr mit dem Gewinn.

Im nachhinein war diese Zeit doch zu was nutze, denn ich bin zu den spannendsten Bewerbungsgesprächen eingeladen worden, weil ich so eine lustige Biografie hatte. Ich habe das hemmungslos reingeschrieben: meine DDR-Unternehmervergangenheit, daß mein Vater Politoffizier bei der NVA war, daß ich mit Ostmark gehandelt habe, das mit den Autos habe ich ausgelassen. Gut, ich hatte auch ein super Abi gehabt, und die Noten an der Uni waren immer im Top-5- oder 10-Prozent-Bereich gewesen.

Das hat fast dazu geführt, daß ich auf einen ganzen anderen Trip gekommen wäre, als ich ein paar Monate als Praktikant bei McKinsey war und gesehen habe, wie das Big Business funktioniert, und total fasziniert war.

Du gibst den Praktikanten immer die besten Studien, weil du willst, daß die wiederkommen. Wenn du die Leute durchs Recruiting gebracht hast – das ist ziemlich hart –, dann willst du sie haben und willst sie überzeugen. Wir sind damals in Europa rumgeflogen, haben Reorganisation für eine globale Wirtschaftsprüfungsgesellschaft gemacht, das war ein super Ding. Aber das kriegst du halt nicht als junger Berater, da gehst du nach Bonn auf die Deutsche Post oder nach Leverkusen auf Bayer, und das ist um den Faktor 10 langweiliger.

Das ist immer noch eine geile Firma, weil du bist mit einem Haufen hochintelligenter Leute, die Ende zwanzig sind, zusammen, die von ganz verschiedenen Hintergründen herkommen. Du hast da einen Literaturwissenschaftler und einen Physiker und einen BWLer. Und da finden sich die Cliquen, die irgendwie gleich ticken. Also vom Job her ist es nicht so sexy, von der Arbeitsatmosphäre, von den Leuten ist es ziemlich spannend. Was du da kennenlernst an intellektueller Brillanz. Du siehst, was es tatsächlich gibt, was möglich ist in Köpfen von Menschen. Die holen wirklich das letzte raus. Das sind Tiere. Die Leute sind wahnsinnig schnell, wahnsinnig klug und sie sind wahnsinnig nett. Du liebst sie, du liebst sie alle, die Partner. Die geben dir das Gefühl, es ist alles in Ordnung, es läuft, es funktioniert. Du bist ein netter Mensch, ich mag dich, klar. Die motivieren dich. Also so Universaltalente. Deshalb sind die Jungs auch so teuer.

Nach fünf Jahren unternehmerischer Pause, wo ich brav studiert habe im schönen Gießen und in London und weit hinter Moskau in einer russischen Provinzmetropole, in Kazan, habe ich mich in mein nächstes Abenteuer gestürzt. Die Inspiration kam aus London, wo man an jeder Ecke was Anständiges zu essen gekriegt hat auf die Schnelle. Und was gabs in Deutschland damals: Currywurst – in Berlin, war auch nicht überall – und Döner. Ein bißchen McDonald's, und Pizza Hut war noch das Innovativste.

Dann habe ich mit Freunden beschlossen, die ich von der Schule kannte, einem Wirtschaftsgymnasium in Kreuzberg: Wir machen so was Schönes wie die Briten. Gabs Pret A Manger. Die haben in London eine Filiale nach der anderen aufgemacht, inzwischen über 100. Du kannst da ja kaum noch stehen und fallen, ohne daß du auf Pret A Manger triffst.

In der FAZ haben wir die Anzeige gesehen für einen Businessplan-Wettbewerb. Da hab ich zum ersten Mal gelernt: Was ist ein Businessplan – mir fällt schwer, mir vorzustellen, wie man das damals gesehen hat. Heute ist dieses Wissen viel weiter penetriert in die Allgemeinheit, wie man Business macht, wie man Start ups macht, aber damals war das noch ziemlich exotisch. Das war Ende 96.

McKinsey hatte sich damals zum ersten Mal in diese Entrepreneurship-Geschichte reingehangen, indem sie den Wettbewerb massiv unterstützt haben mit Personal und konzeptionell. Und die Leute haben uns gesagt: Hey, das ist gut. Das ist zum einen eine tragfähige Idee und zum anderen habt ihr das anständig geschrieben und jetzt kriegt ihr hier einen Preis dafür. Wir haben Präsentationen gemacht und sind herumgereicht worden, eingeladen worden zu Treffen, Stammtischen, tolle Prämierung im Operncafé. Sehr pompös, wunderbar geeignet, um junge Gründer zu beeindrucken. Gabs 3000 Mark Preisgeld, jede Menge gutes Feedback und ja, wir mußten dann irgendwie weitermachen. Waren natürlich enthusiasmiert.

Bei einer dieser Veranstaltungen haben wir jemanden getroffen, die war Senior Manager, das ist das Level unterm Partner, bei der KPMG Unternehmensberatung, die fand es auch gut und sagte ziemlich rasch: Ich will hier ein bißchen Geld investieren und mich bei euch beteiligen, und wenn ihr an die Börse geht, dann bin ich reich. Das was man einen Business Angel nennt heutzutage. Damals war das noch ein sehr neuer Begriff.

Haben wir eine Aktiengesellschaft gegründet, und mein Freund Gregor und ich waren plötzlich Vorstand einer Aktiengesellschaft mit der für das, was wir vorhatten, ziemlich lächerlichen Summe von 130 000 Mark auf dem Konto, mit einem Investitionsplan für die ersten drei Läden von 600 000 Mark, die wir nicht hatten, wo wir dachten, wir würden sie von der Bank kriegen, und jeder Menge Elan und gutem Willen.

Eine Aktiengesellschaft, weil wir hochfliegende Pläne hatten, wir wollten ganz Deutschland mit unseren Bars beglükken. Das war bis zum Börsengang im Prinzip durchgeplant. Der zweite Grund war, daß wir in einem Geschäft waren, das ein bißchen wie Monikas Nähstübchen klang: Ihr macht eine Imbißbude auf, näh. Das nimmt keiner richtig ernst. Aber wenn es eine Aktiengesellschaft ist, dachte man: Die Leute haben was vor, die sind professionell. Das ist heute ganz anders, das war vor drei Jahren ein anderes Spiel. Heute gründen alle möglichen Leute Aktiengesellschaften.

Ich war der größte Einzelgesellschafter mit einem Drittel, Gregor und seine Freundin Petra haben zusammen knapp unter der Mehrheit gehalten, und der Business Angel hatte 15 Prozent. Dann haben wir noch zwei Leute gefunden, ein junges Designbüro, Held & Seeler Gestaltung. Die haben wir ein bißchen an dem Unternehmen beteiligt, denen noch ein bißchen Honorar gezalt, und die haben alles entworfen.

Jens & Friends war nur ein Arbeitsname, und wir waren uns alle 100prozentig sicher: Das wird nicht so heißen. Wir hatten eine Liste von zig Namen, es sind alle möglichen Leute in Brainstorming-Sessions geschleift worden. Wir haben nie einen besseren Namen gefunden, und dann sind die Designer gekommen mit einer sehr guten Idee, den zu visualisieren, nämlich Sandwich & Coffeebar und Jens & Friends – dieses & bei den beiden Sachen hat sich überkreuzt. Jens & Friends – es reimt sich, es läßt sich merken, es hat so ein bißchen was Frisches, was Unbekümmertes. Wir machen alles anders, wir sind irgendwie deutsch und englisch – mit der Ambivalenz haben wir auch ausführlich gespielt. Der Name hat funktioniert, aber es war aus Versehen.

Die Designer haben einen Pol gemacht, den haben sie genannt: Alimentari. Das war so italienische Salumeria. Die Würste hängen von der Decke, Eichenholztische, Holzfußboden, sehr kleinteilig, sehr organisch. Und einen anderen Pol gemacht: Tech. Da gab es in der Collage die Küche von Richard Rogers, glatte Edelstahlflächen, mattes, gestrahltes Glas, kalte Farben, Alu, Stahl, Technizität in großem Grad. Und es gab dann die Synthese, die hieß Brazil, nach dem Film von Terry Gilliam, wo High Tech in einer sehr archaischen Anmutung verpackt ist. Das ist dann gemacht worden. Es gab die Eichenholztops, aber die saßen auf Aluwannen. Es gab Schieferboden, aber darauf standen Hocker mit einem Alugestell. Es gab ein modulares System von Regalen, transluszente Laminate, die in Italien extra bedruckt wurden mit dem Logo, extra bedrucktes Geschirr, auf dem das Logo angeschnitten war. Das war nicht furchtbar teuer, die Jungs haben sich wahnsinnig engagiert, Materialien und Gestaltungswege zu finden, die ökonomisch vertretbar, aber ungemein eigenständig und corporate waren. Es ist Wallpaper-reif meiner Meinung nach. Die Leute waren begeistert. Vielleicht fanden sie es ein bißchen kalt, von den Farben.

Das war einer der Punkte, die mich in dem ganzen Projekt getrieben haben, ich wollte etwas Schönes machen, wo die Leute hinkommen und sagen: Bah, das habe ich noch nicht gesehen! Ich bin besessen von Schönem und von Neuem. Wie das gekommen ist, von meinem Elternhaus her, kann ich nicht erklären, aber eine prägende Erfahrung war: Ab 1986 hat mir ein

Trolley für den Mobilverkauf. Foto: André Baschlakow

Freund aus Westdeutschland Wiener und Tempo mitgebracht oder geschickt, manchmal ist es auch rausgenommen worden aus dem Paket, manchmal ist es angekommen. Und ich habe die Dinger verschlungen und weitergegeben. Man hat da gelernt, die Welt zu sehen aus einer Perspektive, die anders war als in diesem bürgerlichen, normalen Leben, sondern einfach auch mit einer gewissen Beliebigkeit sich ganz woanders hinstellt – so zwischen hingerotzt und hochintellektuell.

Ich weiß gar nicht, ob wir unsere Einrichtung in irgendein Design-Magazin hineingekriegt haben. Da gabs Versuche, aber das ist nicht konsequent betrieben worden, weil alle Haufen anderer Sachen zu tun hatten.

Was uns fehlte, waren dummerweise die 600 000 Mark, und es hat ein ganzes Jahr gedauert, bis die da waren. Wir haben mit einem Mobilverkauf begonnen, weil wir uns gesagt haben: Wir müssen mit irgendwas anfangen. Da gabs ein Auto, die Jungs und Mädels hatten nette Overalls an und sind mit kleinen Wägelchen durch die Büros gezogen.

Zwischendurch haben wir uns verkracht, kann man nicht anders sagen. Wir hatten diese klassische Konstellation: zwei von den drei Gründern waren ein Paar. Da treffen natürlich Loyalitäten aufeinander, und wenn die in Konflikt geraten, ist sehr wahrscheinlich, daß man sich dafür entscheidet, daß zu Hause Frieden herrscht und das Geschäft drunter leidet.

Wir haben unsere Differenzen damit gelöst, daß ich rausgegangen bin aus dem Vorstand, aber meine Anteile behalten habe. Die haben acht Monate weitergemacht und dann gabs Geld, weil Gregor einen Bereichsvorstand der Deutschen Bank auf einer Veranstaltung angesprochen hatte: Hey, ihr sagt, ihr macht soviel für die Gründer. Ihr sponsort hier diese tolle Veranstaltung. Wir waren bei euch im Firmenkreditgeschäft und die haben sich das angeguckt und wollten das machen, und dann hat aber irgend jemand eine Ebene höher gesagt: Nee, laßt die Finger davon, in die Branche gehen wir nicht. Was ist denn nun? Da hat der gute Mann gesagt: Na ja, schicken sie das nochmal rein, hat sich das angeguckt und gesagt: Sieht ja ganz vernünftig aus, lassen Sie uns das machen. Drei Wochen später hatten wir unseren Kredit.

Jens & Friends am Checkpoint Charlie. Foto: André Baschlakow

Dann gings los. Dann wurden Flächen gefunden, nach einigem Hin und Her, in der Friedrichstraße – am Checkpoint Charlie im Triangelhaus von Kleihues – und in Oberbaum City – dem alten Narva-Gelände, das zu einem Loftbüroquartier umfunktioniert wurde –, und Anfang 1999 gab es die ersten beiden Läden.

Den Leuten hats super gefallen, die kamen auch immer wieder. Nur es kamen zu wenige.* Das klingt jetzt: Ahh, wir warens nicht und die böse Welt ist dran schuld, aber unser entscheidender Fehler ist es gewesen, an Standorte zu gehen, wo es einfach zu wenig vermietete Büroflächen gab. Andere Läden haben wir als junge Firma nicht bekommen. In Oberbaum City hatten die nicht mal 20 Prozent vermietet und am Checkpoint Charlie war es auch nicht viel besser. Das ist inzwischen anders, aber davon haben wir ja nichts mehr.

* Häufige Kunden waren die Gesellschafter von Stylegames (siehe Seite 122), deren Büro und Lager am Checkpoint Charlie lag.

Man hat also kräftig Verluste produziert und diese wunderbaren Sandwiches jeden Morgen machen lassen von drei Leuten, die in der Küche standen. Ein Sandwich, das 5 Mark gekostet hat, wo die Leute schon gesagt haben: Oh, das ist aber ziemlich teuer, machen wir nicht jeden Tag, hat in der Herstellung mindestens genausoviel gekostet. Kaffee hat man nicht genug verkauft, mit dem man Gewinn machen konnte.

Die Zutaten waren ziemlich teuer. Wir wollten alles biologisch frisch machen. Wir hatten ein extra für uns entwickeltes Demeter-Sandwichbrot. Wir hatten eine Verpackung, die nicht aus Plastik bestand, sondern aus Pappe und Zellglas, die tierisch teuer war. Also alles sone Gimmicks, das kam super an, das war super gebrandet. Es hat geschmeckt, es war frisch, es wurde abends alles weggeschmissen natürlich, was übrig war.

So dümpelte das vor sich hin, jeden Monat 10-, 15 000 Mark Miese. Hat man der Bank dann schöne Geschichten erzählt, hat so ein bißchen ein kleines Effizienz-Steigerungs-Programm gemacht.

Ich hätte nicht so weitergemacht. Ich habe gesagt: Leute, laßt uns weg von den Sandwiches, laßt uns den Kaffee mehr in der Vordergrund stellen und was Billigeres machen vor Ort – Muffins, Bagels, Baguette. Da kannst du dich auch mal eine halbe Stunde hinstellen und ein paar Lachsbagels nachmachen, das kannst du mit Sandwiches nicht, das ist viel zu aufwendig. Oder du arbeitest mit tiefgefrorenen Fillings, aber kriegst die Qualität nicht so hin. Und meine Partner haben gesagt: Nee, Sandwiches, dafür stehen wir, das wollen unsere Kunden, und Kaffee macht sowieso jeder, ist kein Differenzierungsmerkmal mehr. Was falsch war, denn die richtig erfolgreichen Kaffeekonzepte sind erst danach gekommen.

Mit Willy Andraschko vom Café Einstein wollte ich, nachdem ich bei Jens & Friends aus dem Vorstand gegangen war, ein pures Kaffeekonzept machen. Wir haben uns kennengelernt in einer Phase, wo er inspiriert war von dem Erfolg von Starbucks in den USA. Und da hat sich das im Zuspiel herauskristallisiert: ich mit einem Plan für das Business-Coffeerama sollte das heißen, geiler Name, sollte ich mir eigentlich noch schützen lassen – und er als einer von fünf Menschen in

Deutschland, die alles über Kaffee wissen, ein Besessener, und mit 20 Jahren Gastronomieerfahrung. Das war ziemlich synergetisch, aber hat sich nie in einem Business realisiert. Er war damals noch nicht so weit, zu risikoscheu, und ich war vielleicht nicht pushy genug. Jetzt hat er Einstein Kaffee gemacht, Balzac in Hamburg hats gemacht, World Coffee haben sogar Venture Capital reinbekommen. Nur Jens & Friends ist Geschichte.

Das ist eine ganz seltsame Zeit gewesen, als ich versucht habe, das Kaffeeprojekt zu stemmen, und dann meine Reserven zu Ende gegangen sind. Man wills immer noch machen. Man ist besessen. Man denkt, das wird, kommt schon irgendwie in Ordnung. Sieht, da taucht plötzlich ein Investor auf, der vielleicht reingeht, und an einer anderen Stelle springt wieder einer ab. Es passiert immer etwas und letztlich doch nichts. Man muß sich wirklich zwingen, irgendwann zu sagen: So, jetzt hör ich auf, es hat keinen Sinn. Wenn es bis jetzt nicht geklappt hat, ist die Wahrscheinlichkeit, daß es in Zukunft klappen wird, ziemlich gering. Aber das macht eigentlich niemand. Da muß man wirklich von den äußeren Umständen gezwungen werden oder von jemanden, dem man ein Urteil zutraut und der einem psychologisch geschickt beibringt, daß es vorbei ist.

Ich hab in Köpenick auf dem Markt Äpfel geklaut, weil ich nur 2 Mark 50 am Tag zu leben hatte. Ich hab einen guten Freund, bei dem ich in seiner alten Wohnung wohnen und mir ab und zu ein bißchen Geld pumpen konnte. Nur dummerweise war er vier Wochen in Urlaub. Ich konnte auch meine Mutter in Erfurt anpumpen, aber irgendwann ging das nicht, und dann hatte ich eine Woche vor mir und 40 Mark in der Tasche.

Man neigt dazu, so Sachen zu romantisieren. Genauso wie die Jugend in der DDR – man erinnert sich an phantastische Augenblicke, und der geistigen Armut, unter der man gelitten hat, gewinnt man auch etwas ab, weil alles sortiert war und Dinge so leicht zu erreichen waren. Die Differenz – relativer Wohlstand, interessante Lektüre – war in dem Moment, wo man sonen Westkontakt hatte und da drin war mit gewissen Leuten, so einfach. Und ähnlich ist das wahrscheinlich auch mit dieser Geschichte. In Wirklichkeit war es eine schiere Katastrophe, aber ich glaube, ich bin nie so offen mit der Welt um mich umgegangen. Ich erinnere mich, an ner Telefonzelle am Rosenthaler Platz gewartet zu haben und da auf einen anderen gescheiterten Unternehmer, der inzwischen voll auf Alkohol war, getroffen zu sein. Der hat uns noch zwei Bier geholt und dann saßen wir bis drei Uhr nachmittags neben der Telefonzelle, haben uns unterhalten und unser Schultheiß getrunken. So was würde mir heute nicht mehr passieren.

Man sieht die Stadt auch anders. Man hat es nicht so eilig, man hat nicht den Konsumkick, daß man zu Essenbeck geht, eine schicke neue Hose für 250 Mark kauft und sagt: Das ist jetzt ein Erlebnis von Besitz und von Schönheit, sondern muß halt irgendwo durch die Straßen gehen und nach links und rechts gucken, die Fassaden hoch und rauf in den Himmel und sagen: Hey, das ist jetzt was.

Das ist eine Erfahrung, die schlägt bei anderen Leuten vielleicht völlig anders an, aber bei mir hat sie in einer Art und Weise gewirkt, daß ich sagen kann: Da bist du dran gewachsen, da hast du einfach einen Möglichkeitsraum erkundet.

Drei Monate war es wirklich eng, dann habe ich mir einen Job gesucht bei einer Bank. Pikanterweise Sanierungskredite. Das waren fünf Monate von November 98 bis April 99. Dann war bei Jens & Friends die erste große Krise, Land unter, und die haben mich zurückgeholt. Kurz bevor das Geld alle war und die nächste Runde anstand. Die Bank hat gesagt: Wir geben ihnen nochmal 200 000, und ich mußte entscheiden, der ich für den ersten Kredit im Gegensatz zu den anderen nicht gebürgt hatte: Geh ich jetzt rein, was bedeutet hätte, da mir ein Drittel von der Company gehörte: eigentlich für die gesamten 200 000, oder laß ich es bleiben. Ich hab lange überlegt, als Faktor kam hinzu, daß der Frieden im Geschäft inzwischen wieder fast genauso schiefhing, und hab mich schließlich entschieden, nicht reinzugehen. Hab zusammen mit einem der beiden Designer meine Anteile verkauft an den Business Angel, weil sie war der einzige Mensch in der Runde, der in der Lage war, irgendwelches Geld zu zahlen. Ihr war das auch nicht unrecht, weil sie hatte in dem Moment eine Mehrheit, 51 Prozent.

Nicht daß ich wirklich was verdient hätte. Ich hab das Geld, das ich reingesteckt hatte, wieder rausgekriegt für Anteile an einer Firma, die fast pleite war, am Tropf der Bank hing. Davon hab ich den Sommer 99 nett gelebt, hab angefangen, meine Dissertation zu schreiben.

Ich wollte nichts mehr damit zu tun haben. Aber ich hätte nicht gedacht, daß ein paar Monate später die Sache zu Ende ist. Die haben sich nochmal vier, fünf Monate durchgeschleppt und dann ist Gregor zum Amtsgericht gegangen und hat Insolvenzantrag gestellt. Dann war das ein Abenteuer gewesen von knapp drei Jahren von der ersten Idee bis zur großen Pleite. Mit dem Ergebnis, daß jetzt vier von den sechs Gesellschaftern auf einem Schuldenberg sitzen von ungefähr 600 000 Mark. Und die anderen beiden sagen: Es war eine schöne Sache, wir haben Glück gehabt, aber ziemlich schade drum.

Hart ist es für den Business Angel gekommen, weil der verdient richtig Geld und kann kräftig was zurückzahlen. Aber von Gregor wird die Bank nie einen einzigen Pfennig sehen. Der wird sich gutwillig zeigen, wird sagen: Ich kann nicht zahlen, ich verdien nur so ein bißchen was, ich hab ein Kind, ich hab meine Wohnung. Wird noch vier Jahre fertigstudieren, dann promovieren, ist Doktor jur., die sieben Jahre sind vorbei und er ist schuldenfrei. Das gibts jetzt ja glücklicherweise, daß man die Schulden irgendwann los ist.

Das ist das Schöne bei der neuen Start-up-Kultur: Da kommt keine Bank, da kommt ein Investor. Der versucht die Leute natürlich auch zu binden, aber die Konkurrenz um gute Projekte ist so groß, daß die einfach keine Chance haben, die Leute privat in die Haftung zu kriegen. Das entspricht auch nicht der Kultur des Geschäftes. Da funktioniert die Motivation nicht über die Androhung von monetären Sanktionen.

Auch Jens & Friends suchten Venture Capital, weil World Coffee hatte das bekommen und es war klar, die Firma kann nur wachsen, wenn jemand einen mindestens einstelligen Millionenbetrag investiert. Wir sind das damals noch völlig unprofessionell angegangen, und im nachhinein muß man auch sagen: Das Unternehmen war nicht geeignet für eine Venture-Capital-Finanzierung, da waren zu viele offene Fragen. Aber das Thema hat mich ausreichend fasziniert, um zu beschließen, ich schreib meine Diss über so etwas. Und habe zwei Leute kennengelernt, die gerade dabei waren, eine Unternehmensberatung zu gründen, die jungen Firmen, die gute Ideen haben, den Weg zum Geld erleichtert, indem man mit ihnen über ihre Business Models spricht, indem man Netzwerke zusammenwirft, Schwachstellen im Team erkennt, dafür sorgt, daß die ausgeglichen werden, den Businessplan so schreibt, daß er wirklich sexy ist für einen Investor, dann die Kontakte macht und dem Team reibungslos durch den Deal hilft.

Wir kriegen einen ganz kleinen vierstelligen Betrag, wenn wir anfangen zu arbeiten. Es ist mehr symbolisch. Weil eine Leistung, für die du nichts bezahlt hast, da fühlst du dich auch nicht gebunden. Und wenn die Klienten das Geld bekommen, kriegen wir davon drei Prozent. Das kann eine ganze Menge sein. Wenn jemand eine Drei-Millionen-Finanzierung macht, sind das 90 000 Mark. Wenn man sich vertut und auf ein Projekt setzt, was zwischenzeitlich auseinanderfällt vom Team her oder von den Investoren doch nicht angenommen wird, hat man 10 oder 20 Beratertage reingesteckt und dafür mal 3000 Mark bekommen.

Wir machen nur Internetgeschichten, weil das in den letzten Monaten am Markt das heißeste war, da ist alles mögliche finanziert worden. Das ist auch einfach zu verstehen. Ein Internet Business Model verstehst du, da brauchst du nicht einmal eine Stunde. Das sind Bausteine, da hat selten jemand wirklich was technologisch Innovatives.

Wir werden mit Venturepartner – so heißt unsere Company – in diesem Jahr eine Million umsetzen. Was bei den Kosten, die wir haben, ganz phantastisch ist, da bleibt eine Menge übrig, aber trotzdem ist momentan nicht grad so üppig was da. Das braucht ein bißchen Zeit. Wenn die Leute zu uns kommen, bis sie dann Geld auf dem Tisch haben, das kann drei, vier Monate dauern. Da wird einiges die nächsten Wochen kommen, es reicht auch zum Leben momentan. Das sah vor zwei Wochen schlechter aus.

Mein Handy ist immer noch abgestellt. Ich schaffs auch nicht, Anzüge und Hemden in die Reinigung zu bringen. Ich bin sehr unorganisiert, wenn es um solche privaten Dinge geht. Es nervt mich einfach nur. Das ist ein ganz seltsamer Kontrast: Im Job sehr strukturiert, sehr straight zu sein, aber private Dinge – vielleicht brauche ich das als Ausgleich – läßt man laufen.

Es kommen jede Woche mehr Projekte rein. Das sind momentan pro Woche vier, fünf, die bei uns aufschlagen, und wir machen alle zwei Wochen vielleicht eins. Und man trifft nochmal genauso viele Leute, die einem irgendwas erzählen, wo man gleich sagt: Schön, und versucht, ein bißchen intelligent zu reagieren, aber sich insgeheim sagt: Wann haut der Spinner hier endlich ab, das ist ja wohl gar nichts. Man trifft auch manchmal Leute, die komische Sachen vorhaben, aber wo du dir sagst: Hey, der Junge ist gut, und da steckt man sich die Karte ein in der Hoffnung, daß man den mal anrufen kann, wenn ein anderes Team Verstärkung braucht.

Für die Firmen ist es momentan tierisch schwierig, gute Leute anzustellen. Am Anfang war es schwierig, sie zu halten, weil sie alle gesagt haben nach zwei, drei Jahren: Komm, ich mach Internet. Inzwischen ist es schwierig, sie überhaupt zu kriegen. Es ist sogar so, das haben wir bei einem erlebt, der ist auf INSEAD, einer Business School bei Paris, erste Adresse, traumhaft, wenn du da angenommen bist, ist deine Karriere mehr oder weniger gelaufen. Und der sagte: Die Leute sitzen da und überlegen: Was mach ich eigentlich hier? Warum mach ich kein Internet Start up? Also das geht immer weiter zurück.

Es geht natürlich nicht mehr weiter. Das ist jetzt zu Ende. Mir fällt es von Woche zu Woche schwerer, das alles mitzugehen. Ich hab eigentlich überhaupt keine Lust mehr auf diesen ganzen Internet-Quatsch. Weil es ist overhyped. Es kommt so viel Müll an den Markt. Jeder denkt, er kann jetzt ein Internet Start up machen. Leute, die, nachdem jeder dritte von ihren Freunden ein Start up gegründet hat, sagen: Das kann ich auch. Das will ich auch machen. Ist doch gar nicht so schwer. Denk mir irgendwas aus. Lets go. Aber sie könnens nicht machen, weil sie nicht die Brains haben. Es laufen so viele Idioten rum inzwischen in dieser Branche.

Die Branche ist supernovamäßig in ihrem letzten Aufbäumen. Wenn du jetzt im Mai 2000 beginnst, ist das Verrennen vielleicht schon vorprogrammiert. Viele von den Projekten, die jetzt finanziert sind, werden in ein paar Monaten tot sein.

Die Uhr tickt derartig schnell in dem Geschäft. Das, was vor einem halben Jahr noch möglich war, geht nicht mehr. Die Leute investieren schon jetzt nicht mehr rein. Die, die jetzt Geld haben, werden es innerhalb der nächsten Monate verbrennen, und dann werden sie Neues brauchen und werden sich billig aufkaufen lassen müssen. Diese ganzen Pläne, große Unternehmen aufzubauen, selber natürlich auch Millionen zu verdienen, werden sich in den meisten Fällen nicht realisieren.

Und ich frag mich, was passiert mit diesen Leuten? Da ist so viel Kreativität, die haben auch alle soviel gelernt. Die wissen jetzt, wie man Unternehmen führt, die innerhalb von zwei, drei Monaten von 5 auf 20, 40, 60 Mitarbeiter wachsen. Und sie werden nie wieder die Chance haben, so schnell ein Unternehmen aufzubauen, wenn sie je wieder die Chance haben werden. Nicht weil sie diskreditiert sind, sondern weil einfach nicht mehr so gespielt wird. Weil man als Quereinsteiger nicht mehr kommen kann und sagen: Ich mach jetzt ein Start up. Es wird ein Haufen Kreativität rumlaufen, ein Haufen Know-how rumlaufen. Und wohin? Ich hab keine Ahnung.

Ich find das ungemein frustrierend, einerseits weils natürlich auch für mich leichtes Geld war oder jetzt langsam wird. Jetzt, wos dummerweise schon vorbei ist. Andererseits aber auch, weil damit ein Geist sterben wird: daß Dinge möglich sind.

Vielleicht ist jetzt der Zeitpunkt zu sagen: Okay, das wars dann – komm, mach was anderes. Ich hab gelernt in den letzten Jahren, daß ich in Dingen funktioniere, die schnellgehen, wo es eine steile Lernkurve gibt, wo es eine steile Entwicklungskurve gibt. Und wenn die abflacht, verlier ich die Lust. Nicht unbedingt, wenns Krisen gibt, da kommt man durch. Wenn ich an meine Geldtauscherzeiten denke, wo ich einmal 50-Mark-scheine als 100-Markscheine gezählt habe, und das war ein ziemlich dickes Bündel, und irgendwann feststellte: Ups, du hast hier 7000 D-Mark weniger in der Tasche, als du eigentlich haben solltest, und der Typ, dem du das gegeben hast, der ist über alle Berge. Da macht man weiter, was solls. Hilft ja nichts, irgendwie muß es wieder rein.

Aber ich komme nicht damit zurecht, daß Dinge statisch sind. Das hat den uncharmanten Nachteil, daß man als ein solcher Nomade nie etwas richtig können wird. Man funktioniert irgendwie in einem Geschäft, in dem große Unsicherheiten herrschen, wo es noch nicht ein generelles Übereinkommen gibt, was denn wahr ist, was denn richtig ist. Aber wenn das hergestellt wird und man das Boot verläßt und auf ein neues geht, verpaßt man natürlich die Chance, nach dieser Konsolidierung dabei zu sein und zu sagen: So, ich hab das überlebt, ich weiß jetzt, wovon ich spreche, und Big Business zu machen.

Ich hab zum einen das Gefühl, daß ich mich geographisch verändern sollte. Ich liebe Berlin, aber ich habs auch irgendwie satt. Und es gibt eine technische Sache, die mich fasziniert, eine einzige eigentlich: Kevin Warwick, der sitzt irgendwo in England und hat sich vor ein paar Jahren in den Oberarm einen Chip einbauen lassen, der seine Muskelbewegungen steuern kann. Und läßt sich jetzt einen Chip in die Schulterblätter setzen, der die elektrischen Signale seines Rückenmarks aufzeichnet. Die Idee ist, zu testen, ob man Emotionen aufzeichnen kann. Das führt tatsächlich zum neuen Menschen.

Die Schnittstelle zwischen dem Biologischen und dem Elektrischen, das zu kombinieren, auch in der Hardware. Es kam Matrix, eXistenz, 13th Floor – also ein Hollywoodthema, es liegt in der Luft. Was das Faszinierende ist: Es beginnt, möglich zu werden.

Hinzu kommt, daß die realweltliche Lebensqualität immer schlechter wird. Viele Dinge, die man machen möchte, werden immer schwieriger zu realisieren sein. In 40 Jahren wird sich kein Mensch mit durchschnittlichem wirtschaftlichen Erwerb mehr leisten können, nach Thailand in den Urlaub zu fliegen. Er will aber trotzdem Palmen sehen.

Ich will jetzt wirklich nicht wie Matthias Horx klingen, so mit Stochern im Nebel und der nächste Megatrend. Aber ich glaub, das macht alles ziemlich viel Sinn, das paßt alles ziemlich gut zusammen.

Ingo Romeo Mocek
*1975

April 2000. Sein kaum ein Meter breiter Schreibtisch, das Ikea-Modell Ingo, steht zwischen zwei offenen Türen eingeklemmt in der Ecke. Hier schreibt Ingo Romeo Mocek seine Artikel für Prinz, Spex, BZ und Die Woche. Hoch über dem Tisch, an der Rauhfasertapete seiner Vormieterin, hängt Pierre Brice als Winnetou. Die weiteren Posterhelden seiner Wohnung sind Michael Jackson und der kleine Junge, dessen Schatten ankündigt, daß aus ihm einmal Darth Vader wird.

Das einzige Buch, das nicht eingeordnet im Regal steht, ist der Ikea-Katalog. Aber bei Moceks sich am Rand auswölbenden Gläsern und gedrungenen, in der Lehne eng zulaufenden Stühlen handelt es sich um Modelle, die auch häufige Ikea-Kunden gerne übersehen. So wie mir in den Tankstellenshops, gleich unter der Kasse, neben Twix und Mars, nie Scho-ka-kola ins Auge gefallen war.

Seit dem ersten Monat dieses Jahres bin ich schuldenfrei. Das ist ein schönes Gefühl, wie wenn es beständig warm ist. Aber es ist nicht der Kick, nicht wie wenn du mit 200 Sachen durch den Regenwald fliegst.

Jetzt gibt es noch kleine Sachen, bei jemandem habe ich privat noch 600 Mark Schulden. Die letzte Rate betrug 400 Mark. Ich weiß nicht, ob das die Menschen überhaupt interessiert. Jeder BZ-Leser hatte wahrscheinlich im letzten Monat eine Rate von 400 Mark zu bezahlen.

Ich kann mich gar nicht daran erinnern, ob richtig ein Unternehmen gegründet und aufgelöst wurde und wie das mit der Bank war, das weiß ich überhaupt nicht mehr. Ich möchte mich auch nicht daran erinnern, ich bekomme dann richtig schlechte Laune.

Ich weiß nur: Es war eine fünfstellige Zahl, die erste Ziffer war bestimmt keine Eins. Das pendelte so zwischen 20 000 und

Ingo Romeo Mocek. Foto: Sebastian Wehlings

80 000 Mark. Das ist ja nicht viel Geld. Wenn du das einem erzählst, der einen Tag nur in der freien Wirtschaft irgendwo gearbeitet hat, wo mit Gewinn gewirtschaftet wird, dann sind es ja überhaupt keine Beträge. Dann scheint es absurd, daß es das Leben eines Menschen beeinflußt.

Ich glaube, daß es für meinen Kompagnon nur ein Spiel war und daß ihm – aufgrund seiner ökonomischen Situation – auch das Geld egal war und er sich dem nächsten Projekt zuwenden konnte. Als es nicht mehr so gekickt hat, ist ihm dann auch meine Person egal geworden.

Ich komme aus Dortmund, studierte Jura in Bochum. Alle meine Schulfreunde studierten Jura. Ich lernte ihn beim Tutorienprogramm kennen.

Man wurde dafür bezahlt, daß man den Erstsemestern beibringt, wie sie richtig studieren. Ich unterrichtete zwei Klassen, war aber selbst erst im zweiten Semester. Ich glaube, daß ich objektiv betrachtet nicht die Befähigung habe, jemandem beizubringen, wie man richtig studiert. Aber wir fanden es beide lustig, daß man um zehn Uhr morgens reinkommt, daß da die Erstsemester mit ihren angespitzten Bleistiften sitzen, und man selber ist wahnsinnig übermüdet. Dann sagst du Dinge wie: Überlegt euch nicht, was ihr bis jetzt getan habt – überlegt euch, was ihr ab jetzt tun könnt. Dann gucken die dich mit total großen Augen an und denken, du bist Gott. Das fanden wir toll. Und die ganzen inhaltlichen Schulungen, wie der Studienplan, der ganze Ablauf aussieht, das konnten wir unseren Klassen gar nicht vermitteln.

Das war eine Art Experiment. Weil irgendwann kannst du das Bild, das sie von dir haben, total zum Einsturz bringen. Du kannst Dinge sagen, die komplett nichts mit dem zu tun haben, was du davor gesagt hast, und dann hast du gemerkt, daß beim nächsten Treffen schlagartig acht Leute wegbleiben.

Wir selbst wurden in Rhetorikkursen geschult. Wir waren die einzigen, die dann diese Schulungen weitergegeben haben. Wir haben ausschließlich Sätze gesagt wie: Nur Nullen haben keine Ecken und Kanten.

Wir haben uns gedacht: Wenn es so leicht ist, Menschen von irgendwelchen Dingen zu überzeugen, dann müssen wir mit diesem Wissen auch in die freie Wirtschaft gehen. Wir haben uns erst bei Team Action Sports beworben, einer Promotionfirma. Wir sind sofort angenommen worden. Es gab eine seltsame Assessment-Schulung, wo man gefragt wurde: Warum meinst du, daß du für diese Aufgabe geschaffen bist und die, die jetzt neben dir sitzt, nicht? Wenn du dann gesagt hast, daß du die Frage blöd findest, war das die beste denkbare Antwort.

Am Wörthersee haben wir für den italienischen Sportartikelhersteller Diadora Fußballturniere organisiert. Wir haben gesehen, wieviel Geld da zu machen ist. Wir haben die Fußballturniere moderiert, aber irgendwann kam es zu Ausschreitungen, weil wir überhaupt keine Ahnung von Fußball hatten. Wir haben die gewinnen lassen, die besser ausgesehen haben, aber für die Teilnehmenden ging es wirklich um etwas. Die Gewinner durften gegen eine Auswahl der deutschen Nationalelf spielen. Deshalb sind wir dann auch gefeuert worden.

Ich hatte schon in Dortmund ein Jahr davon gelebt, daß ich zu Hause mit meinem Mitbewohner bewußtseinserweiternde Substanzen verkauft habe. Bevor die Leute in die Disco gehen, kannst du noch Geschäfte mit denen machen. Aber wenn die so weinend im Club vor dir stehen und du hast nichts mehr. Oder du gibst denen so ne Pille und dann gucken die dich zwanzig Minuten an und sagen: Was hast du mir denn da gegeben?

Zu Hause dealen ist sehr angenehm. Bei E ist das ein sehr angenehmes Publikum. Ich habe mal Gras verkauft, das war widerlich. Unglaublich ekelhaft. Es gehört zum guten Ton, daß man ein Teil mit dem raucht, der es einem verkauft hat. Die Leute bringen ihre Wasserpfeifen mit und Plastiktüten, verpesten die Luft und bleiben stundenlang und hören Reggaemusik.

Das hat sich noch aus dem Ende der Schulzeit entwickelt und hat immer größere Kreise geschlagen. Wenn Leute kamen, die wir nicht kannten, haben wir denen Johanniskrautkapseln verkauft und gesagt, das sei After E. Am Tag, nachdem man Ecstasy genommen hat, würde dem Körper wieder das ganze Kalzium zugeführt und so. Für 25 Mark. Aber das ist bei Ecstasy genauso: Die kosten, Dortmund ist ziemlich nah an der holländischen Grenze, das Stück 80 Pfennig – oder 1 Mark 80.

Wir haben die irgendwann testen lassen – in Holland kann man das ja –, und dann sahen die Testergebnisse sehr schlecht aus und die meisten Leute sind auf Koks umgestiegen. Das nahm total komische Züge an. Dortmund ist eine relativ proletarische Stadt. Leute haben zwölf Es genommen und gewartet, was passiert. Man hat ausprobiert, wie man es noch steigern kann, ein bißchen wie Kampftrinken.

Da war ich 21 und habe wahnsinnig schnell wahnsinnig viel Geld verdient. Das Geld war so da, es kam immer mehr Geld. Ich hätte genausogut alle meine Freunde für einen Monat in einen Südseearchipel einladen können. Das wäre vielleicht schöner gewesen – oder anders schön.

Ich hatte viel Geld durch den Drogenverkauf, mein Kompagnon hatte viel Geld, einfach weil er viel Geld hatte. Wir hatten einen Freund, der ist immer in den Skiurlaub nach Österreich

Scho-ka-kola Gastronomievertrieb 45

So sieht Scho-ka-kola aus, als Mocek es verkaufen will.

gefahren und hat von Red Bull erzählt. Ein Jahr lang dachten wir, wir müßten uns die Lizenz für Deutschland holen. Und dann gehst du auf einmal ins Kino und siehst, es gibt Red Bull, und überall steht es. Erst haben wir versucht, Orangina zu bekommen. Dann haben wir die Lizenz für den bundesweiten Abendverkauf von Scho-ka-kola gekauft.

Das ist eine koffeinhaltige Schokolade, die es seit dem zweiten Weltkrieg gibt. Die Flieger haben sich ein Stück abgebrochen, um wach zu bleiben. Es gibt jetzt Pocket Coffee, das ist ein bißchen ähnlich, nur daß Scho-ka-kola viel besser aussieht. Das hat einmal den Wachmachereffekt und dann noch den Retrobonus. Sieht ein bißchen nach 50er Jahre aus, hatte die Technoästhetik, so wie die Flyer aussahen, und Kola wird auch mit K geschrieben. So wie die Erdal-Schuhcreme ist die Form, rot und weiß sind die Farben, und drin ist eine Scheibe Schokolade. Man kann die in die Hosentasche stecken, das sieht natürlich wahnsinnig gut aus, wenn eine kleine Dose aus der Carhartt-Hose lugt.

In Holland ist es ziemlich bekannt, da liegt es ganz normal im Supermarkt neben den Süßwaren. Bei uns kriegt man es häufig an Tankstellen. Wir wären auch nicht wesentlich teurer gewesen. Es hätte sechs Mark gekostet oder vier – statt drei in der Tanke. Einmal hatten wir uns auch überlegt: zwölf.

Mein Partner hat die Lizenz organisiert. Ich weiß nicht mehr, wieviel das gekostet hat. Ich glaube, sie läuft sogar noch. Wir haben aber auch das Produkt an sich gekauft, in einer großen Menge, 40- oder 60 000 Dosen.

Meine Aufgabe war es, die Betreiber von Nachtclubs und Diskotheken zu überzeugen, es in Kommission zu nehmen. Wir durften selbst das Produkt gar nicht bewerben, nur den Betreibern vorstellen. Wir haben aufwendige Mailingaktionen gemacht, in drei, vier Monaten haben wir Scho-ka-kola, ich denke, knapp 10 000 Mal verschickt. In dem Gebiet, in dem wir gewohnt haben, sind wir auch selbst zu Gesprächen gefahren, aber es hat überhaupt nicht geklappt.

Hätten sie es angenommen, glaube ich auch heute noch, hätten wir ziemlichen Erfolg haben können. Der Punkt war: Wir sind an die Konsumenten nicht direkt herangetreten.

Vielleicht ist es auch ein Frage der Medikation. Du kannst ja nicht sagen: Hey, guck mal, ich habe mir gerade Schokolade gekauft. – Wow, cool, Schokolade. Vielleicht hätten wir die Wirkung mit dem Koffein mehr in den Vordergrund stellen müssen. Vielleicht hätte es mehr wie ein Medikament aussehen sollen.

In der Werbung wird oft mit Gegensatzpolen gearbeitet. Daß Produkte sehr kalt oder warm sind, sehr sachlich und geordnet oder sehr emotional aufgeladen. Diese Dose, da kann man schlecht von vornherein sagen, ob die ihren Weg gehen wird. Du kannst entweder sagen, sie ist total häßlich, und mit der gleichen Rechtfertigung kannst du sagen, sie sieht total super aus. Zum einen kannst du sagen: Sie hat viel mit der Ästhetik zu tun, die damals die Flyer hatten: ein simples, klares Erscheinungsbild. Und zum anderen kannst du sagen: Die sieht aus wie das Zwieback, das meine Mutter in den 50er Jahren gegessen hat, und da will ich nichts mit zu tun haben. Und du kannst natürlich schlecht sagen: Wow, das haben unsere Jungs im zweiten Weltkrieg genommen.

Wir hatten mit großem Interesse gerechnet. Aber ohne jeden Erfolg. Das ist das eigentlich Extreme daran: daß niemand es wollte. Das ist eine Art Wand. So, als wenn du dein ganzes Leben lang –. Das wäre ja noch lustig gewesen, wenn ein einziger es gewollt hätte.

Ich sehe jetzt selbst bei den Zeitungen, für die ich arbeite, daß man so wahnsinnig viel Post von unglaublich schwachsinnigen Menschen bekommt. Ich glaube, daß da schwerfällt zu unterscheiden: Was kann für uns gewinnbringend sein? Wer tritt da an uns heran? Wenn es neue Produkte gibt, dann sind es große Firmen, die sie vertreten. Oder wenn du derjenige bist, der seit zwanzig Jahren dem Geschäftsführer oder Betreiber seine Cola oder sein Bier verkauft. Der sagt: Das lege ich noch drauf, da brauchst du gar nichts zu zahlen, und wenn es angenommen wird, dann kostet es aber Geld.

Wenn du keinen Namen hast, können die Betreiber gar nicht überprüfen, ob du das auch liefern kannst. Wir hatten auch überhaupt keine Vertriebswege. Wir hatten nur diese riesengroßen Garagen, in denen die Dosen lagen und vielleicht heute noch liegen.

Wir haben die Lizenz und die Dosen gekauft: Toll, jetzt haben wir unser ganzes Geld ausgegeben, es bringt ja überhaupt nichts, wenn wir jetzt nicht noch Geld leihen, um die Dosen auch verschicken zu können. Und wenn du dein Geld immer regelmäßig zur Bank bringst, dann kannst du, auch ohne daß du eine Firma gründest, sagen –.

Ich kann weder mit Banken noch mit Geld umgehen. Aber Herr Mocek, sie haben doch da etwas unterschrieben: Das ist immer der erste Satz. Dann weiß man ... Bei einer Firmengründung sind das meiste die Gründungsmodalitäten und die Geldsachen. Das ist das, was mich genervt hat. Die Ideen sind nur ein sehr kleiner Bestandteil.

Ich bin vor zwei Wochen verhaftet worden, als ich schwarzgefahren bin. Erst kam ein normaler Kontrolleur und dann auf einmal vier Polizisten. Jetzt läuft ein Verfahren gegen mich wegen Erschleichung öffentlicher Leistungen. Wenn ich so ein richtiger Zocker wäre und alles als so ein Spiel sehen würde – und das müßte ich auch tun, um Erfolg zu haben –, dann würde ich mir denken: Jetzt sehe ich zu, daß ich widerlege, daß das eine Straftat ist. Aber allein die Vorstellung, da hinzugehen und mich mit diesen Menschen unterhalten zu müssen, finde ich so schrecklich, daß ich mich dazu überhaupt nicht motivieren kann. Selbst wenn ich 800 Mark mehr bezahlen müßte, wenn das meine Anwesenheit bei dieser Polizeistelle nur um wenige Minuten verkürzen sollte, nehme ich das gerne in Kauf. Und genauso ist es bei Firmengründungen. Manche denken, jetzt muß ich ein Jahr lang nur Akten einsehen, um zu schauen, wie ich diese Firma auf den Markt bringen kann, und ich könnte das überhaupt nicht. Ich kann vielleicht gut in manchen wahnsinnigen Momenten Sachen machen, die ein bißchen größenwahnsinnig sind, wenn mir dann alles so völlig egal ist und mir sowieso alles so wahnsinnig absurd erscheint.

Mir kam es damals gleich absurd vor, Drogen zu verkaufen, Jura zu studieren, Scho-ka-kola auf den Markt zu bringen. Das hat mir alles gleich viel oder gleich wenig bedeutet.

Als es mit Scho-ka-kola nicht klappte, dachte ich mir: jetzt wieder studieren. Ich habe mich mit meinem Kompagnon zerstritten und bin nach Berlin gezogen. Ich bin nicht der Mensch, der sagt: So, jetzt habe ich hier die Schulden, dann mache ich die nächste Geschichte und die klappt vielleicht. Vielleicht hätte ich das schon gerne gemacht, aber da gab es gar kein Finanzierungskonzept.

Das blöde ist ja, wenn es einem mental wieder besser geht: Dann kommt die Bank. Wenn man sagt: Lag nicht an mir, die blöden Discobetreiber sind selbst schuld, dann kommt der Brief: Sicher ist ihrer Aufmerksamkeit entgangen, . . .

Ich war bestimmt mit 80 000 Mark verschuldet. Ich glaube, daß es mehr war. Es ist mehr geworden. Im Laufe der Jahre ist mehr draus geworden. Dann wird aus dem Dispositionskredit auf einmal ein richtiges Darlehen, und dann ergibt eins das andere.

Ich habe nicht mehr gedealt, und dann ist so auch überhaupt kein Geld mehr auf mein Konto gekommen. Ich habe bei der Citibank ein zweites Konto eröffnet unter Vorspiegelung falscher Tatsachen und mußte den Dispositionskredit umgehend zurückzahlen.

Laß es mal an laufenden Zahlungen im Monat 1000 Mark sein. Wenn du 22 bist und dir ist alles egal und du gehst auf den Strich, dann verdienst du das in einer Nacht. Dann ist es ja auch nicht soviel. Das ist dann eine Frage, was für Prioritäten man setzt. Finde ich es unmoralisch, auf den Strich zu gehen, oder zu eklig und kann das nicht, oder finde ich es zu eklig, mir Gedanken über diese Mark zu machen. Ich kann es zum Beispiel nicht ertragen, daß man denkt: Ich gehe nicht in die Disko, weil das 15 Mark kostet und das ist mir zuviel Geld. Das finde ich viel schlimmer, als Arbeiten anzunehmen, die ich nicht als Traumjob bezeichnen würde – zumindest nach gängigen gesellschaftlichen Konventionen.

Sparsame Menschen sind mir ein Greuel. Ich habe sehr freigebige, freie Menschen am ehesten noch auf dem Strich kennengelernt. Die dann, wenn sie mal Geld hatten, das verschenkt haben und mit Freunden ausgegeben haben und die Freude teilen wollten. Das habe ich nie wieder in solcher Intensität gesehen. Man fährt zusammen zum Flughafen und fliegt in den Urlaub, bis es nicht mehr reicht.

Beim Ausgeben habe ich nie die Mark umgedreht und beim Einnehmen mußte ich solche Tätigkeiten verrichten, die mir das erlaubt haben. Im Journalismus ist es ja der Weg vieler, anfangs für die Taz zu schreiben. Bei der Jungen Welt bekommt man vielleicht 50 oder 30 Pfennig pro Zeile. Studenten können sich das leisten. Das wäre bei mir nie machbar gewesen. Oder die Zeit, einen Roman zu schreiben, hätte ich gar nicht gehabt. Wenn du arbeiten gehst und dir sagt jemand: Bei mir verdienen sie 10 Mark die Stunde, dann denkst du: sinds für mich 5.

Ich habe einfach immer etwas bezahlt, und dann kamen irgendwelche Briefe. Dann habe ich mir angewöhnt: Wenn die zweite Mahnung kommt, muß ich das bezahlen. Dabei ist mir bis zum letzten Monat noch oft das Telefon abgestellt worden. Ich hab nie geschafft, das zu professionalisieren.

Du mußt dich bei der Bank ja nicht regelmäßig melden, von daher war das ganz anonym. Die Frage war nur, ob mich mit meinem Umzug nach Berlin die Berliner Sparkasse übernimmt. Das wurde dann doch gemacht. Das war relativ kulant, aber letzten Endes ist das so eine traurige Sache, diese Sparkasse. Das ist das Allerschlimmste überhaupt. Ich hasse diese Sparkasse in der Torstraße, da arbeiten nur Frauen, die Übergrößen-Blusen tragen. Die haben so wahnsinnig große Brüste, da wölben sich fliederfarbene Stoffe drüber, und die sagen so erzieherische Sätze zu dir: Mein Junge, so ist das Leben. Du möchtest denen am liebsten ins Gesicht schlagen. Was haben diese Frauen für eine Berechtigung, mir etwas über das Leben zu erzählen. So wie im Kindergarten. Wie eine böse Kindergärtnerin sprechen die mit einem. Oder sie sagen: Für einen Studenten sehen wir hier ja relativ große Tilgungen.

Ich war mal als 16jähriger in Berlin und habe, als Clown geschminkt, Folienluftballons auf dem deutsch-französischen Volksfest verkauft. Das hat mir so gut gefallen – und ich dachte mir einfach: Fahr ich nach Berlin. Aber warum das so war? Erzählungen werden ja immer im nachhinein erst logisch gemacht. Man sucht sich dann eine Stringenz: Nach Berlin bin ich gekommen, weil es eine große Stadt ist und weil ich zu faul bin, noch Französisch zu lernen und dann zum Beispiel nach Paris zu gehen.

Ich habe ein Praktikum gemacht bei einer Jugendgerichtshelferin. Die Anwälte trugen Brillantohrringe und sind mit ihren Handys zwei Minuten vor der Verhandlung zu ihren Mandanten gekommen, kannten die Namen überhaupt nicht. Die Staatsanwälte haben sich in der Kantine immer nur darüber unterhalten, wie viele Jahre sie durchgekriegt haben, und das summiert. Meine Sympathie war immer auf der Seite der Delinquenten. Für mich ist das sehr nachvollziehbar. Wenn ich jetzt in Polen wohnen würde, daß man hier hinfährt, schaut, daß man ein Notebook zockt und dann kann man zwei Jahre vielleicht davon leben oder zwei Monate.

Für die Richter ist es natürlich auch total frustrierend, weil die Leute, die sie da verurteilen, die sind zwei Monate später alle wieder da. Aber wer Jura studiert, glaubt auch oft an das Rechtssystem. Ich glaube überhaupt nicht daran, daß es gut ist, Menschen ins Gefängnis zu sperren. Mein Interesse ist es überhaupt nicht, etwas aufrechtzuerhalten. Ich kann mir nicht sagen: Ich muß es schaffen, den Weg durch die Instanzen zu gehen, und vielleicht werde ich mal Außenminister.

Ich habe eine Anzeige im Stadtmagazin Tip gesehen, daß junge Tresenkräfte gesucht werden. Eagles hieß das, in Charlottenburg. Das sah von außen sehr seriös aus, mit verschiedenen Kreditkarten im Fenster, daß man dachte, das sei ein besseres Restaurant. Ich wurde gefragt, ob ich das schon mal gemacht habe. Dann habe ich gesagt: nur privat. Schnell entpuppte sich das als Mißverständnis, als man mir die einzelnen Zimmer zeigte, denn ich dachte: privat nur so Getränke ausschenken.

Das lief nicht so gut. Das hat 200 Mark gekostet, und es gibt ganz viele, die das telefonisch anbieten und viel billiger. 100 Mark waren für dich, 100 für das Lokal. Zum großen Teil waren es alte, häßliche Männer, die einem zugucken wollten, wie man sich einen runterholt.

Das waren fast zwei oder anderthalb Jahre. Dann habe ich in einem Schöneberger Café gearbeitet. Der Geschäftsführer war total drogenabhängig, hat mit seinen Mitarbeitern nur gekokst. Weit über eine Viertelmillion sind da pro Jahr rausgetragen worden. Du hast 300 Mark pro Tag verdient, 100 Mark waren der Lohn, 100 das Trinkgeld und 100 so gezockt. Das war so mafiamäßig, die haben dir alle beim Umzug geholfen. Alles ging gegen den einen Inhaber. Es gab lustigere Szenen als auf dem Strich. Ganz viele Leute, die sonst gar nichts miteinander zu tun hätten, da haben zum Beispiel fast gar keine Studenten gearbeitet, sondern Neuköllner Familienmütter, Bosnier, die zusammen das Interesse hatten, diesen Inhaber zu schädigen, und die das vereint hat.

Scho-ka-kola war die Initialzündung, daß man denkt, letzten Endes kann man alles machen und nichts ist verboten. Es hat nicht geklappt, aber was geklappt hat, ist, daß man es durchgeführt hat und gemerkt hat, wenn es nicht hinhaut, ist auch nichts zu Ende. Das war das Versprechen eines angstfreien Lebens – das war eigentlich der Beweis. Daß man eigentlich machen kann, was man will. Und wenn man gut ist, dann schafft man es auch. Auch Leute, die frei von Talent sind, schaffen große Dinge.

Mir war es ein bißchen zu egal. Mir war es nach einem Monat zuwider, nochmal ein Pröbchen auszusenden. Für mein Ego wäre es vielleicht besser gewesen, wenn es geklappt hätte.

Das ist die Gefahr, daß du viele Sachen machst, die nicht klappen, und du gewöhnst dich auch und bekommst eine Verliererphysiognomie.

Ich blicke auf ein bewegtes Leben zurück, schon in jungen Jahren, aber manchmal wünschte ich mir, ein etwas normaleres Leben geführt zu haben oder schon mehr Wert auf meine Ausbildung gelegt zu haben. Ich mußte immer Geld verdienen und hatte zum Studieren keine Zeit – obwohl, das ist eigentlich nur eine Entschuldigung, ich hatte auch überhaupt keine Lust. Man macht natürlich auch immer das, wozu man Lust hast.

Ich habe diese Erfahrung gemacht, das ist ein schönes Glücks- und Erinnerungskapital, daß man dieses Geld verdienen kann, und man kann dabei auch schnell unter die Räder geraten.

Jetzt habe ich eine Arbeit, die mir Spaß macht. Daß ich davon leben kann, ohne je eine Ausbildung absolviert zu haben. So, wie ich im Moment arbeite, verdiene ich zwischen zwei und sechs netto im Monat. Das ist nicht viel, aber mir reicht es, um ein zufriedener Mensch zu sein.

Die Größenordnungen für das Ganz-viel-Setzen sind jetzt andere. Wenn du 22 bist und du setzt 80 000 Mark auf ein Produkt, das absolut unverkäuflich ist, ist das noch interessant, aber in meiner Situation: Was könnte ich setzen? Was soll ich setzen? Mittlerweile müßte ich höhere Beträge setzen. Mittlerweile gibt es genug 18jährige, die ihre erste Million im Internet verdient haben, da wäre es doch schwachsinnig, wenn ich jetzt 40 000 ausgebe, um – ich weiß nicht, was gibts noch?

Ideen, die ich jetzt habe, sind solche für Bücher, die man veröffentlichen könnte. Oder wie ich meinen Roman stringent runterschreiben könnte. Aber ich könnte mir nicht vorstellen zu sagen: Hey, da läßt sich total billig das Auto importieren und da ist der Abnehmer. Und das verticken wir im Internet. Und da brauche ich 80 Quadratmeter im Friedrichshain und acht Praktikanten, die das raushauen, und dann habe ich in einem Jahr 300 000 Mark gemacht. Das finde ich so ein bißchen irr, eigentlich.

Vor kurzem war ich in einem Beraterclub, in dem sich Menschen mit Ideen – mit grünen Buttons – mit Menschen mit

Geld – mit roten Buttons – treffen. Das sind Orte, zu denen ich gerne gehe. Aber da ist mir aufgefallen, daß ich eigentlich gar keine Ideen habe.

Ich bin nicht so ein Checker, daß ich immer gucke, wo ich die nächste Geschäftsidee wem andealen kann. Als ich noch Schulden hatte, habe ich fieberhaft und rasend nach Aufträgen gesucht, und sobald irgendein Auftrag kam, den sofort angenommen. Jetzt kann ich es mir leisten, Aufträge auszusuchen.

Ich bin für Kulturwissenschaften eingeschrieben. Ganz viele Stellen im journalistischen Bereich sind geknüpft an ein abgeschlossenes Studium oder eine Ausbildung, und da denke ich mir, es wäre vielleicht gut, dieses Studium abzuschließen.

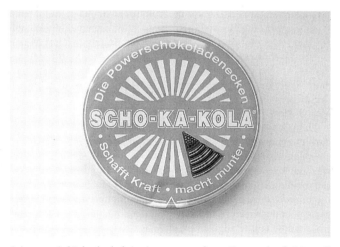

Seit 2003 wird Scho-ka-kola in einer neu gestalteten Dose verkauft. Man soll nun schon von außen erkennen, was in der Dose ist. Bei einem Gespräch mit Product Manager Anja de Haar von der Stollwerck AG erfährt der Verfasser, daß gerade zu dem Zeitpunkt – Ende April 2003 – geplant wird, Scho-ka-kola speziell an die Szenegastronomie zu vertreiben. Solche Bemühungen seien allerdings ganz neu.

Jörg Tensing
*1967

Mai 2000. Vor zwei Jahren zog Jörg Tensing, weil er in der alten Wohnung fälschlich eine Mieterhöhung von 200 Mark erwartete, in sein jetziges WG-Zimmer. Ein Regal voll mit Videokassetten bedeckt die lange Wand, darunter aber kaum ein Titel, den sein Verleih Amazonas einmal führte. Zwei Sessel stehen einen Meter vor dem sehr großen Fernseher.

Angefangen, mich für Film zu interessieren, habe ich mit sechs, sieben Jahren. Bei uns im Kino im Dorf gabs jeden Mittwoch nachmittag Juniorkino, um 15 Uhr, die eine Woche lief ein Karl-May-Film, die nächste Woche ein japanischer Monsterfilm – immer im Wechsel. Das sind eigentlich auch meine Hauptinspirationsquellen geworden. Ich hab bei Amazonas dann jahrelang versucht, den Schatz im Silbersee nochmal rauszubringen, heute versuche ich krampfhaft, einen Karl-May-Film als Drehbuch zu verkaufen, will aber keiner.

Damals fand ich Kino schon großartig, das ganze Ritual, das damit verbunden war. Sich in den Raum zu setzen, am besten eine Viertelstunde vorher, die Lichter gingen nacheinander aus, was jedesmal einen großen Applaus unter den Kindern hervorrief, und dann öffnete sich der Vorhang. Dazu gehörte, daß all die Filme vom Constantin-Verleih kamen, und der hatte einen ganz wunderbaren Vorspann, so einen Fächer, zu dem eine wahnsinnig tolle Fanfare verkündete, daß es nun losgeht.

Mit neun hatte ich meine erste Filmkamera und hab meine ersten Western gedreht. Ich hab immer einfach eine Super-8-Rolle vollgemacht, Schneiden konnte ich erst zwei Jahre später. Meistens waren sehr viele tot zum Schluß. Es war immer sehr dramatisch. Meine Schwester hatte eine Indianerinnenperücke, damit konnte man wunderbar Leute skalpieren. Das wurde in vielen dieser Filme gemacht. Aber es war ein steter Wechsel der Genres. Immer die Filme, die im Central-Theater

Der junge Jörg Tensing. Foto: Linus Goertz

liefen, entstanden dann in mageren Versionen auf dem Rasen hinterm Haus: Western, Sandalenfilme.

Ein Film, den wir in einer Schulvorstellung mal gesehen haben, war Spartacus. Wo ich schwer beeindruckt war, gerade auch von dem tragischen Schluß. Danach hatte ich ewig Alpträume von Kreuzigungen und so weiter. Außerdem habe ich damals noch Spartacus mit der Geschichte von Jesus durcheinandergebracht, das war ein bißchen verwirrend, weil beide gekreuzigt wurden.

Ich hatte dann auch einen Projektor und wollte auch Filme haben, die Super-8-Kurzfassung von Krieg der Sterne und, na ja, so Walt-Disney-Sachen. Ich habe meine Freunde eingeladen und die mußten sich das angucken. So nach zehnmal Krieg der Sterne in der 10-Minuten-Fassung waren sie dann etwas frustriert.

Später habe ich komplexere Sachen gemacht. Kleine Spielfilme, der längste war, glaube ich, 12 Minuten lang. Auf der anderen Seite mochte ich überhaupt Filme sehr gern, hab die ganze Zeit vorm Fernseher gesessen und mir statt einem Mofa zur Konfirmation einen Videorekorder gekauft und so viel, wie ich konnte, aufgenommen. Ich konnte mich immer sehr schlecht entscheiden zwischen diesem Filmemögen und auch Zeigenwollen und dann Filme Selbermachen. Das stand sich ziemlich im Weg und hat auch später den Verleih belastet, daß ich nie richtig glücklich war, nur das eine zu tun. Daß ich noch davon träumte, wie eigentlich so viele Verleiher, Filme selber zu machen. Auch mit dieser gewissen Arroganz immer zu glauben: Man weiß, wie es besser geht.

Ich bin mit 20 nach Berlin gekommen und hab mich gar nicht erst an der Filmhochschule beworben. Denn was sollte ich zeigen? Mein Abitur? So toll war das nicht. Und das, was ich gedreht hatte, das waren keine richtigen Filme, das war nichts, was man – das war alles Super-8-Zeugs. Ich habe Theaterwissenschaften studiert und gehörte auch zu diesen verkrachten Filmemachern, die da zuhauf rumhängen, also Leute, die das Studium selber wenig interessiert und die sich zunutze machen wollen, daß da Kameras, Schneideräume und so weiter zur Verfügung stehen. Ich habe aber nur einen Dokumentarfilm gemacht, der nicht einmal besonders gut war.

Knapp ein dreiviertel Jahr, nachdem ich in Berlin angekommen war, hatte ich angefangen, im Videodrom zu arbeiten, einer Videothek, die auf englische Originalfassungen spezialisiert ist, die damals noch relativ am Anfang war. Jetzt haben sie an die 10 000 Filme, damals hatten sie 150. Das ist für mich wichtiger geworden als das ganze Studium.

Aber bei Videokassetten hat man nicht das Gefühl, man arbeitet richtig mit Film. Damals hatte ich den Eindruck, daß es eine Ersatzlösung ist. Daß man Filme eigentlich im Kino sehen sollte. Das Angebot, Originalfassungen im Kino zu sehen, war klein. Daher bekam ich, weil das Videodrom sehr gut lief, immer mehr das Gefühl, daß ein Bedarf da war.

Ich hatte einen Dozenten, Frank Arnold, der ein Cary-Grant-Seminar gemacht hat. Da gabs diesen Film The Awful Truth von Leo McCarey, den Frank Arnold als unglaublich miserable schwedische Videokassette projiziert hat. Da kam dieser Film in einer Zeit, in der ich eigentlich alles furchtbar fand, was im Kino kam. Und in diesem recht tristen Seminarraum, in seiner wahnsinnig verranzten Qualität, lagen die Leute alle lachend unter den Tischen. Dieser Film war zugleich sehr komisch und ungeheuer rührend.

Das Negativ war verschollen und es gab auch keine spielbare Filmkopie mehr. Den meisten Studios waren bis in die 50er Jahre ihre Filme im nachhinein nichts mehr wert. Die Negative sind meistens in irgendwelche Lager verschifft worden und haben dort vor sich hin gegammelt. Fernsehauswertung war am Anfang nicht so interessant – das, was später eine Goldgrube wurde. Die Wiederauswertung auf Video, auf DVD, auf Laserdisc zwischendurch, daß es ständig neue Trägermedien gibt, und Internet wird das nächste sein. Seltsamerweise war selbst in den frühen 90ern die Aufarbeitung noch nicht besonders weit gediehen.

Ich wollte, daß dieser Film zu sehen ist, daß mehr Leute ihn sehen können. Das war grad eine Zeit, in der ich, was noch dazu kam, relativen Liebeskummer hatte. Da habe ich angefangen zu recherchieren. Das war eine Suche, die nochmal anderthalb Jahre gedauert hat. Die Bürokratie hat lange gedauert, Zugang zu den Akten zu kriegen, vorher herauszukriegen, wo sind die Akten.

Während der Zeit ist die Idee geboren, einen Verleih zu machen, der erst einmal diesen einen Film verleihen sollte. Noch eine relativ begrenzte Idee, von der ich dachte, es wird nicht so besonders teuer, das zu realisieren, außer daß es Zeit kosten wird, und eventuell ihn auch gar nicht zu finden. Der Film lag letztlich in einem winzigen Kopierwerk in Denver, Colorado. Nachdem feststand, da liegt das einzige Internegativ, was sie behalten haben, wars eine Sache von vier Wochen, Kopien davon zu ziehen.

Ich hatte eine gute Freundin, die ihre Mitarbeit angeboten hat. Mit ihr kam die Idee auf: Was für Filme gibt es eigentlich noch, die man immer schon wieder im Kino sehen wollte. So kamen dann sehr schnell To Catch a Thief (Über den Dächern von Nizza) und Roman Holiday (Ein Herz und eine Krone) ins Spiel. Von denen wir dachten, die müßten einfacher zu kriegen sein, das sind bekanntere Filme, und mit denen fangen wir mal an.

Dazu kam, daß ich auf der Berlinale einen neuen irischen Film gesehen hatte, December Bride. Das war ein kleiner, sehr ruhiger Film, das Drama einer Frau zwischen zwei Brüdern auf einem abgelegenen Bauernhof, die sich nicht für einen der beiden entscheiden möchte und letztendlich beide wählt. Obwohl er zu den anderen Filmen gar nicht paßte, wollte ich den Film sehr gerne machen. Da ich dann auch die Firma gegründet hatte, Gewerbeanmeldung und so weiter, habe ich das schnell entschieden. Sollte halt sehr klein sein, mit zwei Kopien.

Der Plan bei allen Filmen war: Wir starten zentral in Berlin, weil hier die nötige Kinoszene existiert, versuchen hier die Kosten wieder einzuspielen und im Rest von Deutschland ein bißchen Gewinn zu machen, was so den Laden am Laufen hält. Bei December Bride war die Rechnung, daß wir 5000 Zuschauer brauchten, und wir hatten gut 9000, bei The Awful Truth brauchten wir 7500, 8000 und hatten 15 000, 16 000.

Über den Dächern von Nizza wurde dann zum Fiasko. Der Lizenzgeber hatte immer gesagt: Es gibt keine Probleme mit den Kopien. Einen Monat vorm Start haben sie zugegeben: Das Negativ war kaputt. Die Kopien waren wahnsinnig teuer, weil die ganzen Kopiermaschinen neu eingestellt werden mußten. Mehr als zwei Kopien zu ziehen, ging nicht. Die zwei Kopien wurden genauso teuer wie die geplanten sieben. Wir mußten ausweichen zum teuersten Untertitelungswerk überhaupt, um den Film noch zum Ersatztermin fertig zu bekommen. Die mußten Nachtschichten einlegen. Es wurde unglaublich teuer, diesen Film herauszubringen, das konnte er überhaupt nicht mehr einspielen.

Gleich danach kam Spartacus. Er war gerade in Amerika restauriert worden und paßte wunderbar in unser Programm. Eine der Ideen bei Amazonas war: Wir behandeln die alten Filme so, als wären sie neu. Spartacus schien damit, daß es neue Kopien gab, daß es neues Werbematerial gab, genau diesen Geist aufzugreifen. Du hast außerdem einen Film, der in einer neuen Fassung kommt, mit restaurierten Szenen, die es vorher nicht zu sehen gab. Bei Über den Dächern von Nizza war die

Restaurierung eher eine zufällige, dadurch, daß du das erste
Mal die Originalfassung mit Untertiteln hattest. In der Synchronfassung ist die ganze Vergangenheit von Cary Grant um-
geschrieben worden. Im Original war er Resistancekämpfer,
der in großem Maßstab Deutsche in Frankreich getötet hat,
das ist zu einer Vergangenheit im Zirkus geworden. Und bei
Spartacus gab es diese intime Szene zwischen Laurence Olivier
und Tony Curtis, die vorher nie gezeigt worden war. Außerdem Schlachtszenen, die wieder drin waren. Die Ouvertüre
war wieder da. Es war ein richtig großes Kinoerlebnis. Die ge-
brauchte 70 mm-Kopie sollte zwar teuer sein, 12 000 Mark,
aber ich dachte, das spielt er wieder ein.

Dann sind in Amerika bei einem Lagerbrand die beiden exi-
stierenden intakten 70 mm-Kopien verbrannt. Plötzlich war
ich wieder auf der Suche nach einer Kopie. Eine neue Kopie
hätte 25 000 Mark gekostet, das hätte sich niemals gerechnet.
Es ist ein wahnsinniger Zeitdruck entstanden: Das große Berliner Kino Filmpalast hatte einen Starttermin frei, zu dem er
Chancen hatte, ein paar Wochen zu laufen – und die Kopie war
nicht da.

Letztendlich konnten wir die australische kriegen, die ist
über Hawaii zum Untertitelungswerk nach Belgien geschickt
worden. Die einzige Möglichkeit weltweit, 70 mm-Kopien zu
untertiteln, war in Belgien. Die Kopie ist dann erstmal in Hawaii auf dem Flughafen verschollen. Da habe ich Tage damit
zugebracht, mit Honolulu zu telefonieren, was schon absurd
genug war. Eine normale Filmkopie ist schon ein riesiger
Klotz, und eine 70 mm-Kopie paßt bequem in ein Zimmer, sie
ist halt riesig, sie wiegt 250 Kilo – so was geht eigentlich nicht
einfach verloren, man kann sie nicht übersehen. Der Zeitdruck
wurde immer schlimmer. Ich weiß nicht mehr, welche Stadt in
Belgien das war, wo dieses Kopierwerk stand, jedenfalls flogen
keine Maschinen von dort nach Berlin, die eine Kopie mit diesem Gewicht aufnehmen konnten. Die erste Woche lief er
dann nur auf 35 mm, und es gab einen 70 mm-Fanclub in Berlin, der hat vor dem Kino eine Demonstration gegen die
35 mm-Fassung gemacht. Dieser Fanclub startete eine Tele-
fon-Tirade, jeden Tag riefen sie an und gingen auch ins Radio.

Das einzige, um von den Schulden, die diese beiden Filme aufgetürmt hatten, runterzukommen, war, die Verleihtaktik zu ändern. Meine Eltern haben das zwar zuerst noch großartig unterstützt und die Lücken gefüllt, aber jetzt mußte mal Geld her, daß ich ihnen das wiedergeben konnte. Außerdem hatte nach diesen beiden Desastern mit den Kopien keiner im Verleih mehr Lust, einen alten Film zu machen. Die Nerven lagen blank, die drei Leute, die damals hauptsächlich bei Amazonas arbeiteten, haben sich eigentlich die ganze Zeit nur noch angemacht und angepöbelt. Es war eine enorme Zerreißprobe, keiner kriegte Geld.

Erstmal kam die Idee: Wir brauchen endlich einen Film, mit dem wir eine Förderung abgreifen können. Was zum miserabelsten Film, den wir je rausgebracht haben, geführt hat. Les Equilibristes, ein französischer Film, der locker auf dem Leben von Jean Genet basierte. Er war schon ein ziemlicher Langweiler, ein ziemlicher Heuler. Die Finanzierung war sicher – wir haben da circa 50 000 Mark Förderung gekriegt –, aber es war ein erster Verrat an den Idealen. Damals kamen diese ganzen furchtbaren Filme raus, nur weil man dafür Förderung kriegte. Weil sie irgendwelche seltsamen europäischen Koproduktionen waren oder deutsche Produktionsgelder drin stecken. Die Filme waren schrecklich, aber sie wurden bis zum Ende durchgefördert. Ein System, das unglaublich viel Geld vernichtet hat.

An alle Filme vorher glaubten wir. Bis Spartacus gefiel jeder Film sowohl den Kritikern als auch den Zuschauern. Spartacus lief ja gut, er war nur zu teuer gewesen. Die Begeisterung, die dieses Konzept, nur Sachen im Original mit Untertiteln rauszubringen, hervorgerufen hat, war großartig. Die Presse hat enorm mitgemacht und die Filme nochmal so präsentiert, als ob sie neu wären. Es war wunderbar, dann The Awful Truth mit Publikum im Kino zu sehen, weil das, was in dem Seminarraum passiert ist, sich im Kino noch viel größer wiederholt hat.

Die Equilibristen waren ein falscher Ansatz. Auf der anderen Seite war klar: Wir brauchen neue Filme. Mit den Klassikern sind nie die Zuschauerzahlen zu machen, die wir brauchen, um den Laden am Laufen zu halten und uns auch selber ein bißchen Geld auszuzahlen.

Die neuen Filme mußten irgendwas haben, was besonders war. In Cannes 92 gab es zwei Filme, über die ich viel gehört hatte. Reservoir Dogs von Quentin Tarantino hatte ich auch gesehen, den zu kriegen, war nicht möglich. Dann hatte ich von Abel Ferraras Bad Lieutenant unglaublich viel gehört, aber keine Karte für die Vorstellung gekriegt. Sie wollten mir auch keine Kassette geben, der Lizenzinhaber wollte einen größeren Verleih. Bis zum Herbst hatten sie den Film zwei deutschen Verleihern gezeigt, und ich hatte von beiden Vorführungen gehört, daß die Verantwortlichen nach zehn Minuten aus dem Kino gegangen sind. Mein Angebot war mickrig, ich habe 10 000 Mark als Garantiesumme geboten und ihn dann gekriegt.

Ich hab den Film nie gesehen, bevor ich den Vertrag unterschrieben hab. Es war damals schon ein unheimlicher Hype um den Film entstanden, und wir haben auch sofort, als wir ihn hatten, eine exklusive Pressevorführung gemacht, um den Hype hochzuhalten. Meine erste Mitarbeiterin hatte ihn vorher schon auf Video geguckt, auf einer miesen Raubkopie, und mich gewarnt: Jörg, es wird dir nicht gefallen. Ich war danach schon ziemlich – also ich fand ihn toll, aber es gab dann diesen krassen Gegensatz. Dieser Film war ganz anders als die Klassiker, die wir im Programm hatten, und plötzlich ahnte ich, daß Amazonas sich so profilieren muß. Diese wilden neuen Filme, die dir irgendwas im Kino zeigen, was du so vorher noch nicht gesehen hast, und auf der anderen Seite diese wunderschönen Klassiker, die dir was zeigen, was so nie wieder gemacht wird, weil die Zeiten einfach vorbei sind.

Bad Lieutenant war ein Erfolg, kein Riesenerfolg, aber ein Film, der sehr solide lief und endlich einmal Geld einspielte. Als Klassiker hatten wir dann noch King Kong in demselben Jahr, 93, das wurde ein Riesendesaster, und der nächste wilde neue Film sollte das erste Mal ein deutscher sein: Sommer der Liebe von Wenzel Storch. Eine No-Budget-Hippie-Komödie, auf Super 8 gedreht. Das war das erste Mal auch eine Auseinandersetzung mit einem Regisseur, der da war, der mitarbeitete.

Ferrara habe ich erst wesentlich später getroffen. Wir haben Zoe Lund eingeflogen, Darstellerin und Koautorin von Bad

Lieutenant, weil Ferrara selber nicht kommen wollte – ich denke, aus ähnlichen Ängsten, die Zoe hatte: daß er hier nicht genug Drogen hätte. Und bei Zoe haben wir gemerkt, daß diese Angst berechtigt war. Keiner von uns hatte je mit so einem richtigen Junkie zu tun, sie ist uns auf Turkey gekommen, und wir waren froh, sie wieder lebend ins Flugzeug zu kriegen.*

Wenzel ist auch sehr egomanisch, ein richtiger Filmemacher halt, der alles selber machen möchte. Was schlecht mit meiner Arbeit zusammenpaßte. Ich muß zugeben, daß ich auch sehr egomanisch war. Das hat den Bruch mit meiner ersten und besten Mitarbeiterin gebracht. Sie sagte, King Kong floppt, ich habs entschieden, ihn zu machen. Der Film ist wahnsinnig gefloppt. Sie hatte recht und ist dann gegangen.

Es war immer ein sehr enges Arbeiten, dadurch auch, daß man seine 10 Stunden, 12 Stunden am Tag im Büro zusammen saß. Ich wollte, daß alles so gemacht wird, wie ichs will, und habe damit Leute vertrieben. Kein Mensch hat Lust, sich für die Träume von jemand anderem auszubeuten. Nicht auf längere Zeit. Manchmal geht das über einen Monat hinweg, aber eigentlich geht das gar nicht. Auch diese Anmaßung, daß die eigene Vision groß genug ist, daß das Opfer der anderen sich lohnt: So ein Quatsch.

Es sollte eigentlich feste Anstellungen geben, das ging nie, weil das Geld nicht da war. Es ist auf Honorarrechnungen hinausgelaufen. Erst ab 94 gabs Festangestellte, die Festkosten haben dann auch Amazonas ziemlich zugesetzt. Wir hatten nur den Kinobetrieb und keine Fernsehrechte, die einen absicherten, wenn ein Film im Kino floppte. Wir hatten nicht das Kapital, Fernsehrechte zu kaufen, und bei den Klassikern auch gar nicht die Möglichkeit. Die Programmkinos, die hauptsächlich unsere Kunden waren, hatten noch dazu eine wahnsinnig miserable Zahlungsmoral. Ein Kino allein hatte mal 36 000 Mark Außenstände. Das war immer so ein Ding, daß sich zwar rein rechnerisch Außenstände und offene Rechnungen noch ausglichen, aber daß das trotzdem nicht funktionierte. Die Außenstände kamen nicht rein, die offenen Rechnungen wurden

---

* Zoe Lund stirbt sechs Jahre später in Paris an Herzversagen.

angemahnt. Es war immer ein Geldumschichten, und für die Leute im Büro war zuwenig da.

Der nächste Film, Light Sleeper von Paul Schrader, paßte genau in die Linie American Independents. Wir haben den Film ohne Mindestgarantie gekriegt, die einzige Verpflichtung, die wir eingehen mußten, war, eine Synchronfassung zu machen. Das war bei allen neuen Filmen eine Forderung, mit der wir konfrontiert wurden. Nachher war es dann sogar so, daß wir nicht mal die Synchronfassung bezahlen mußten, die wurde uns zur Verfügung gestellt, wenn wir nur den Film rausbrachten. Wir haben uns darauf eingelassen. Wir hatten in den Verträgen, daß wir zur Hälfte Originalfassungen verleihen durften, aber es war ein fauler Kompromiß. Das Profil, das wir in den zweieinhalb Jahren vorher gekriegt hatten, verschwand langsam.

Dann kam der Herbst 94, diesmal hatten wir gleich fünf neue Filme, und wir waren alle sehr, sehr enthusiastisch: Snake Eyes – den neuen Abel Ferrara –, Young Americans mit Harvey Keitel, Romeo is Bleeding, Killing Zoe und The Thing Called Love – mit River Phoenix in seiner letzten Rolle. Nur was da passierte, war ein Umbruch im Kinomarkt. Was sich vorher andeutete, wurde im Herbst 94 massiv, nämlich daß die großen Verleihe ihre Filme mit viel größeren Kopienzahlen starteten und viel mehr Werbung schalteten. Worauf die Zeitungen die Anzeigenpreise auf eine Art und Weise erhöhten, die wir überhaupt nicht mehr bezahlen konnten. Es fand auch bei den Kinobesitzern eine Veränderung statt. Diese ganzen Programmkinos waren in den 70ern von Enthusiasten gegründet worden, und die begannen, alt zu werden, und langsam ging es ihnen darum, ihr Alter abzusichern, jetzt auf Nummer Sicher zu gehen, beziehungsweise die nächste Generation, ihre Kinder rückten nach, die Kino wieder mehr als ein Geschäft verstanden.

Amazonas hatte das Glück, noch die letzten zwei Jahre vor der eigentlichen Veränderung mitzumachen. Aber 94 war dann der Knackpunkt, die ersten Multiplexe entstanden ja auch zu dem Zeitpunkt. Selbst wenn unsere Filme gut starteten, merkten wir, sie wurden aus den Kinos genommen, weil die großen

Verleiher einen ganz anderen Druck machen konnten, weil sie eine ganze mächtige Staffel hinter sich haben, wo sie dann indirekt sagen: Wenn du diesen Film nicht einsetzt, kriegst du auch den anderen nicht.

Ganz schlimm haben wir das bei The Thing Called Love gemerkt. Das war der Film, in den wir am meisten Geld investiert hatten. Für den wir sogar einen Bravo-Fotoroman gekriegt haben, wo wir dachten, das ist jetzt der Durchbruch, daß wir auch Filme haben, in die die Jugendlichen reingehen, die neue Generation. Was für ein Desaster! Das war so schlimm. Beim Verbuchen kriegten wir kein Bein auf den Boden. Kinos, die ihn gebucht hatten, schmissen ihn noch vor dem Start wieder raus, der Starttermin wurde ständig verschoben. Plötzlich brechen dir die Städte weg, und du kannst die Werbung nicht mehr umbuchen. The Thing Called Love zeigte mir, wir haben keine Chance mehr. Das waren 21 000 Besucher, und wir hatten mit 60-, 70 000 gerechnet.

Plötzlich begannen Filme mit 400 Kopien rauszukommen, was damals als unglaublich viel erachtet wurde. Das hat sich dann soweit verändert, daß letztes Jahr mit dem neuen Stars Wars die Schallgrenze von 1000 Kopien durchbrochen wurde. Dieses Mittelfeld, in das Amazonas geraten war, mit Kopienzahlen von 20, 25 Stück, begann zu verschwinden. Das ist in den nächsten Jahren noch viel, viel schlimmer geworden, da fing auch das eigentliche Verleihsterben an. Entweder sind die kleinen Verleiher Pleite gegangen oder sie haben sich von Kinowelt aufkaufen lassen. Kinowelt hat in den 80ern als winziger Verleiher begonnen, auch so als Liebhaberprojekt, ist an die Börse gegangen, hat enorm viel Geld und saugt kleine Firmen auf.*

Man konnte Filme noch ganz winzig rausbringen, in extremer Selbstausbeutung, oder man mußte ganz groß werden. Heute gehört ja zum Standard, daß du Fernsehwerbung machst, und alles andere funktioniert nicht mehr. Wenn ich mir jetzt die Zahlen angucke, was ich immer noch jede Woche mach: Magnolia ist so ein Film, der ist in den Unistädten einigerma-

---

* Im Dezember 2001 meldet die Kinowelt AG Insolvenz an.

Amazonas 65

ßen gelaufen, so wie früher ein mittelprächtiger kleiner Film gelaufen wäre, und wo alle Studenten sich drüber unterhalten. Aber heute ist es ein Film, der durch eine große Marketing-kampagne, wo mindestens 1 Million oder 1,2 drinstecken, erst diesem Zielpublikum nahegebracht wurde.

Es gab bei uns im Verleih enorme Meinungsunterschiede. Ich war der Meinung: Wir müssen etwas Neues machen, sonst sitzen wir hier bald alle nicht mehr. Und einer meiner engsten Mitarbeiter war der Meinung: Wir müssen zu den Wurzeln zurück, kleiner werden. Ich hab ihn dann den Verleih machen lassen. Der Verleih hat 95 noch zwei Filme rausgebracht, die liefen so lala – und das wars. Da haben noch zwei Leute festangestellt im Verleih gearbeitet. Weder das Repertoire noch die beiden neue Filme schafften es, die beiden Arbeitsplätze zu finanzieren. Weil auch die alten Filme nicht mehr ausgeliehen wurden.

Ich selber fing 94 an, an dem zu arbeiten, von dem ich dachte, es könnte das neue Standbein sein, nämlich filmbezogene CD-Roms. Einer meiner Angestellten hatte angefangen, sich dafür zu interessieren, und versucht, mir das nahezubringen. Erst war ich ein bißchen skeptisch, und dann plötzlich fing ich an zu sehen, daß dieses Medium spannend sein kann, begriff die Möglichkeiten. Und vor allem gab es die Kirch-Gruppe, die interessiert war, uns das abzukaufen. Woran wir dann konkret gearbeitet haben, war eine CD-Rom, die filmhistorisch und biographisch Laurel & Hardy aufarbeiten sollte.

Ende 94, richtig intensiv, nachdem The Thing Called Love gefloppt war, direkt in der Woche danach, fingen wir an, diese CD-Rom zu machen. Wir machten eine Demo-Version, die phantastisch funktionierte, weil sie nicht von der CD, sondern von der Festplatte lief. Die wir auch auf einer Messe in Cannes zeigten, wo alle Besucher am Stand schwer begeistert waren. Ich glaub, da bin ich ein bißchen größenwahnsinnig geworden für nen Zeitpunkt. Ich dachte: Das wirds jetzt. Wir arbeiteten mit dem, was ich immer liebte – die alten Filme. Wir haben im Verleih versucht, Leo McCarey in die Kinos zu bringen, und Leo McCarey war auch der Schöpfer von Laurel & Hardy, es gab eine Kontinuität. Und jetzt macht man was, was als erstes

Medium Film, Literatur und auch den Konsumenten mit ein-
bezieht. Laurel & Hardy sollte eine CD-Rom sein, die enorm
viele Links aufwies. Es sollte möglichst wenig tote Enden geben. Bei anderen CD-Roms frustrierte mich immer, daß sofort
irgendwo Schluß war. Du hattest zwei, drei Optionen, wo du
hingehen konntest, und dann war Bums, Ende.

Das Problem war: Ich wollte was machen, wofür das Medium eigentlich noch nicht geeignet war. Ich hatte einen Auftraggeber, der das Medium überhaupt nicht richtig einschätzen
konnte, der nur wußte: Er will damit was machen, aber dann
zunehmend verunsichert wurde. Es gab einen enormen Krieg
zwischen den Leuten, die die Inhalte brachten, und den Leuten, die die Technik machten. Eine unglaubliche Arroganz auf
seiten der Programmierer, sich nicht mit den Inhalten ausein-
anderzusetzen, und eine wahnsinnige Geldgier: Wir machen
was ganz Tolles, was die Zukunft ist, also müssen wir enorme
Summen verdienen. Zwischendurch fiel ihnen ein, sie brauchen noch mehr Geld, sonst machen sie nicht weiter, Vertrag
hin oder her. Wir standen unter Zeitdruck, waren erpreßbar.

Das Ganze war so aufgebaut wie eine Studiotour. Du konntest durch das Hal Roach Studio gehen, und es wurden Aus-
schnitte aus Filmen gezeigt, die an bestimmten Stellen des
Studios gedreht worden waren. Was eine Heidenarbeit war
rauszukriegen: Was ist wo gedreht worden? Wo ist was gebaut
worden? Da haben die Programmierer einfach die Filmaus-
schnitte ausgetauscht, weil sie meinten, dann wärs lustiger, und
sich geweigert, das wieder rückgängig zu machen. Nach dem
Motto: Wenn dus rausnehmen willst, machs doch selber. Was
hieß: Um diesen Krieg überhaupt zu beenden, mußte ich selber
programmieren lernen. Letztendlich haben sie dann hintenrum bei unserem Auftraggeber intrigiert und auch dem gesagt:
Das was wir wollen, wär nicht lustig genug und wär gegen das
Produkt.

Die Auftraggeber haben dann Zahlungen zurückgehalten,
weil sie nicht sicher waren, ob sie das kriegen, was sie wollten.
Wobei das Problem war, daß keiner, glaube ich, wußte, was er
will. Ich wußte zwar genau, was ich da will, aber man konnte
keinen richtigen Vertrag drüber machen. Unsere Auftraggeber

kamen aus dem Filmgeschäft. In deren Verträgen wird ein Film
definiert über Film, Regisseur, Länge. Wie lang ist eine CD-
Rom? Eine CD-Rom hat keine Länge. Du kannst sagen, wieviel
Speicherplatz draufpaßt, und das ist es. Allein schon den Vertrag abzufassen, hat Monate gedauert. Und das, was sie erwartet haben und was ich zum Teil auch erwartet hab, ging am Ende
nicht. Grad die Qualität, wie Film abgebildet ist, sieht halt beschissen aus. Die Rechner waren überhaupt noch nicht so weit.
Die meisten hatten damals 2-fach-CD-Rom Laufwerke und 8
MB Arbeitsspeicher. Es war ein Witz, das zu dem Zeitpunkt zu
machen. Das war alles überhaupt nicht möglich. Nur vom
Textvolumen her – dieses Scheißding hat 1500 Seiten Text – ist
es tatsächlich fast das, was es sein sollte. Wenn du durch das
Ding durchfindest, hast du das dickste Buch über Laurel und
Hardy, was zu kriegen ist. Wir hatten 15 Autoren dran sitzen –
einen Haufen Filmwissenschaftler –, wir haben die Rechte an
einem Buch dazu gekauft. 15 Leute, die mich hassen seitdem,
weil ein Großteil dann nicht bezahlt werden konnte.

Das Ding hätte für 250 000 Mark produziert werden sollen.
Es ging schon bald übers Budget hinaus. Dann hatten wir noch
einen Auftrag für eine zweite CD-Rom über Die kleinen Strolche. Es war sehr schnell klar, die muß billiger werden, wir müssen einen Teil des Budgets rübernehmen, damit Laurel und
Hardy fertig werden kann. Aber bei Kirch konzentrierte man
sich da schon auf das Digitalfernsehen DF 1 und hat die kleinen
Strolche auf Eis gelegt.

Dann war Schluß. Ich hatte ungefähr 250 000 Mark Schulden, teilweise über Banken und teilweise bei den Leuten selber.
Dann gabs diese süßen Geschichten, daß ich das ganze Geld
für die CD-Rom in die Karibik verschoben hätte. Oder daß ich
nach Dänemark abgehauen wär. Jeder sagte: Das ist ein Boom-
projekt, das ist eine Boombranche, da muß doch ein Vermögen
geflossen sein.

Es kam erstmal zwei Jahre eine ziemliche Scheißzeit, weil
ich mich mit den Leuten auseinandersetzen mußte, bei denen
ich Schulden hatte, die halt auch so nette Formulierungen auf
den Lippen hatten wie: Wir verfolgen dich bis ans Ende deines
Lebens.

Ich habs mit einem Job bei einem Filmverleih in München versucht, es ging nicht. Ich war völlig am Ende, nervlich am Ende. Ich brauchte superdringend Geld und ich hab da gut Geld gekriegt, aber meine Gläubiger brachen in eine Panik aus und wollten alle ihr Geld sofort haben. Durch die Gerüchte hatten alle das Gefühl, da gibts irgendwo noch viel Geld.

Gläubiger riefen ständig im Büro an und drängten. Das paßte natürlich meinen Chefs nicht. Haben mich dann rausgeworfen, weil ich unter dem Druck beschissen gearbeitet hab. Es war ja auch ein Rückschritt von der Arbeit her, und jetzt wieder Filme an Kinos zu verbuchen. Das hat mich ziemlich marode gemacht. Du bist die ganze Zeit nur am Feilschen, es ist ein Vertreterjob, und da mußt du Spaß dran haben. Du mußt diesen Verkaufsprozeß lieben, also deine Begeisterung daraus ziehen, daß du verkaufen kannst.

Bei Amazonas fiel es mir relativ leicht, die Filme anzupreisen, weil ich die auch wirklich großartig fand. In München hab ich versucht, jeden Film großartig zu finden, aber das haute nicht mehr hin. Knackpunkt war Kondom des Grauens, da habe ich das erste Mal einen Film mit sehr vielen Kopien verbuchen müssen. Hatte die Verleihbezirke Hessen und Bayern. Bisher hatte ich durch die kleinen Filme nur mit größeren Städten zu tun und plötzlich mit den ganzen kleinen Käffern. Ich habe die Leute am Telefon kaum verstanden, weil sie doch ihren heimischen Akzent sprachen. Die auch eine ganz andere Mentalität hatten, das waren kleinstädtische Kaufleute. Vom Bewegten Mann hatten sie gehört, darüber konnte man es anbieten, aber der Film war halt furchtbar. Den Kinos war sehr viel Werbung und Werbematerial versprochen worden, und nach den Pressevorführungen, als sich rausstellte, daß der Film ein Flop wird, fanden die meisten Maßnahmen einfach nicht mehr statt. Die Kinos wurden immer unzufriedener und wütender, und ich wußte immer weniger, was ich sagen sollte. Das war mein Ende.

Die Arbeit in München hat nicht einmal ein Jahr gedauert, danach war ich völlig gaga. Bin ich nach Berlin zurückgekommen und wußte erstmal gar nicht weiter. Ich war arbeitslos und sämtliche Abzahlungsvereinbarungen waren geplatzt. Hab überlegt, was ich mach, zwei, drei Monate lang. Dann kam ein Angebot. Einige kleine Verleiher wollten gemeinsam einen Videovertrieb gründen, um die Lizenzen an den Filmen, die sie haben, weitergehend auszuwerten: Absolut Medien. Da suchten sie jemand, der billig war und viel Zeit hatte. Da haben sie mich gefragt.

Es gab Fördergelder, es gab die Filme, deren Videorechte einfach rumlagen, und Konzepte. Absolut hatte wunderbare Voraussetzungen. Eine Videokassette ist sehr günstig herzustellen, und ich merkte, daß mit dem Medium eine vernünftige Kalkulation möglich war. Im Filmverleih, wenn man da eine Kalkulation gemacht hat, hat man sich immer die Hucke vollgelogen. Beim Videovertrieb passierte eigentlich alles relativ flüssig. Die potentiellen Kunden, Groß- und Versandhändler, Läden, reagierten sehr positiv auf dieses Programm. Aber nach zehn Monaten hatte ich einfach keine Lust mehr. Der Mißerfolg von Amazonas wurde ein bißchen wettgemacht durch Absolut, weil es lief und auch so lief, wie ich es mir vorgestellt hatte. Aber es war auch das letzte Mal, daß ich so eine Firma aufbauen wollte. Dieses 12, 14 Stunden im Büro hocken und an nichts anderes denken können.

Ich hatte schon in München angefangen zu schreiben. Ich hatte es früher immer mal versucht, aber in München tatsächlich zum ersten Mal einen kompletten Text hingelegt. Das war durch einen Zufall entstanden. Ich bin mit einem Freund, der Regisseur war, bei einem Besuch in Berlin durch den Wald spazierengegangen. Vorher war grad ein Gewitter gewesen, es war eine wunderbare Luft, die Regentropfen fielen von den Blättern, alles sehr romantisch – da kamen uns zwei Skinheads entgegen. Und ich meinte zu meinem Freund: Das ist eigentlich das, was du als nächstes machen könntest. Brandenburg 2020 – Mad Max im Osten. Und er meinte: Ja, schreib mir das mal auf. Ich habs dann halt aufgeschrieben. Die ganze Frustration und Aggression, die in mir war, hab ich in eine apokalyptische Geschichte gesteckt. Es war das Düsterste, Zynischste, was ich je zustande gebracht hab. Der Grundplot war: Ein Meteor schlägt in Brandenburg ein, seine Strahlung sorgt dafür, daß sämtliche Bewohner mutieren. Damit sich das nicht weiter ausbreitet, wird eine Mauer rund um das verseuchte Gebiet gezogen, das rein zufällig ungefähr den Grenzen der ehemaligen DDR entspricht. Nur Abenteurer wagen es, in dieses Gebiet vorzudringen, wo alles fröhlich vor sich hin mutiert und wilde Banden sich bekämpfen. Hauptsächlich geschändet, gemordet und Auto gefahren wird.

Letztendlich war es aber nur wieder eine moderne Karl-May-Adaption. Es gab den Helden und seinen Kumpan aus der Mongolei. Das waren eigentlich Winnetou und Old Shatterhand auf Mad Max getrimmt. Und es gab eine Produzentin in München, die tatsächlich versucht hat, dieses Machwerk als Serie an einen Sender zu verkaufen. Ich dachte, das erste, was sie rausnehmen, ist diese dämliche Idee mit der Mauer. Aber die Mauer hat nie jemanden gestört, es waren immer irgendwelche Kleinigkeiten, die gestört haben, bis das Ganze tatsächlich keiner wollte, weil es zu düster und zu gewalttätig war.

Danach habe ich überlegt, ob ich nicht noch andere Sachen schreibe. Meine damalige Mitbewohnerin hatte sich im neu gegründeten Fach Drehbuch an der Berliner Film- und Fernsehakademie (DFFB) beworben und war genommen worden. Ein halbes Jahr später hab ich mich beworben, in den letzten Wochen bei Absolut. Alles andere ist immer so passiert, und in dem Fall gab es plötzlich die Chance, etwas richtig zu lernen, bevor ich es mache.

Von 97 bis 99 war ich an der DFFB. Das war die beste Zeit meines Lebens. Es war vor allem ein richtiger Neuanfang. Die Sachen, die ich vorher gemacht hatte, spielten überhaupt keine Rolle mehr. Die Leute wußten nichts davon.

Niemand traut einem Filmverleiher zu, auch Bücher schreiben zu können. Deshalb ist es so angenehm, daß es diesen völligen Bruch gab. Ich werde nur nach dem beurteilt, was ich tatsächlich kann. Keine Sau erinnert sich mehr dran, daß ich Filme verliehen hab. Selbst Leute, die ich früher kannte, erinnern sich nicht daran, woher wir uns kennen.

Die Schulden liegen noch immer da. Das muß ich abwarten. Im Moment ist eh der Zustand, daß ich nichts verdien. Die Besuche von Gerichtsvollziehern waren ziemlich nervig. Aber Gerichtsvollzieher sind immer sehr nette Menschen. Und der

eine, noch in Berlin, hat mal gesagt: Das, was ich habe, abzu-
transportieren, wäre teurer als das, was es nachher einbringen
würde. Der Witz war, daß wir an der DFFB mal eine Comedy
über einen Gerichtsvollzieher schreiben sollten, der ein Arschloch ist. Dabei stellten wir fest, daß in unserer Klasse, jedenfalls von den Älteren, wenigstens jeder zweite schon einmal einen Gerichtsvollzieher bei sich zu Hause hatte. Nur waren die
Beträge sonst nicht so hoch wie bei mir.

Den großen Gläubigern hab ich gesagt, daß da nichts zu holen ist. Ich habs nicht geschafft, alle kleineren anzurufen, aber
auch, weil mir von denen am meisten Abneigung entgegen-
schlug. Da war ich nicht stark genug, mir wieder und wieder
diese ganzen Drohungen von In-die-Schnauze-Schlagen und
blablabla anzuhören. Das kam ein bißchen zu oft dann.

Da gabs auch eine kurze Zeit, in der ich dauernd mit einer
Waffe rumlief. Das war 96, 97. Ich hatte kurz hintereinander
zwei unangenehme Unfälle. Erst einen Autounfall auf meiner
Rückfahrt von München nach Berlin. Als ich meinen ganzen
Krempel im Auto hatte, gabs einen Eisregen, ich bin von einem
anderen Auto gerammt worden, bin über die Autobahn ge-
schleudert, gegen eine Leitplanke. Auto zerdetscht, meine
ganzen Sachen im Arsch und mir gings auch nicht so gut. Und
als es mir wieder halbwegs gutging, habe ich nicht direkt in
Berlin gewohnt, sondern mußte mit der S-Bahn in den Norden
fahren. Da bin ich drei, vier Wochen später einem Neonazi in
der S-Bahn begegnet, der gerade schlechter Laune war. Der
mich ursprünglich um Feuer bat, dann, da ich kein Feuer hatte,
der Meinung war, ich wär keiner Deutscher. Dann hat er mich
mit einem Messer durch die S-Bahn gejagt und mir zum Schluß
das Messer in den Bauch gesteckt.

Was ich nach diesem Vorfall gerne machen wollte, war eine
Skinhead-Sitcom. Aber dummerweise sagte mir jeder, dem ich
das Konzept gezeigt hab, daß das absolut unverkäuflich ist.
Dann kam ein Regiestudent von der DFFB letztes Jahr zu mir,
der eine Geschichte über einen italienischen Sozialarbeiter machen wollte, der es geschafft hat, in einem Dorf, in dem fast hundert Prozent der Jugendlichen rechts und arbeitslos waren, die
dazu zu bringen, weder sich gegenseitig noch Ausländer zu ver-

möbeln. Da wurde jemand gesucht für eine Stelle in Wilmersdorf. Aber es war ein Tippfehler: Es war nicht Berlin-Wilmersdorf, sondern Milmersdorf in der Uckermark. Und da ist wirklich jemand hingegangen, mit den schlechtesten Voraussetzungen, der gesagt hat: Ich schaff das, an die Jugendlichen ranzukommen. Er hat Reisen mit ihnen unternommen, nach Indien und nach Elba. Wo die Jungs gemerkt haben, daß sie mit ihren Treterstiefeln und Glatzen bei den italienischen Mädchen, die am Strand lagen, verdammt schlecht ankamen. Daß sie mal sahen, wie die Reflektion ist, wenn sie irgendwo fremd sind.

Es ist eine Heldengeschichte, wie man sie eigentlich nur aus der Mythologie kennt. Man muß die Geschichte im Film ganz anders erzählen, merke ich gerade. Die Jungs sind sehr einfach gestrickt, das haben wir am Anfang unterschätzt. In dem neuen Entwurf werde ich die Jungs ein bißchen intelligenter machen, als sie in Wirklichkeit waren, und dadurch die Sache spannender gestalten.

Das ist aber nur eine von den Geschichten, an denen ich arbeite. Ich habe inzwischen 23 Karl-May-Exposés geschrieben, immer, wenn mir nichts anderes einfiel. Jetzt habe ich gehört, daß eine große amerikanische Produktionsfirma eine neue Karl-May-Serie machen will, da ist eh keine Chance mehr. Seit einem Jahr schreibe ich auch keine Karl-May-Exposés mehr.

Ein Film muß für ein Publikum gemacht werden, ein Film ist auch ein Wirtschaftsprodukt und nichts, um eine persönliche Eitelkeit zu befriedigen, weil er dafür viel zu teuer ist. Einen Roman kann man gerade noch schreiben. Wenn man einen Roman schreibt, schadet man niemandem. Wenn ich mal eine persönliche Geschichte schreiben wollte, würde ich einen Roman schreiben.

Beim Drehbuchschreiben hast du genug Kontrollmechanismen: Du hast deinen Produzenten, deinen Regisseur, du hast genügend Leute, die dich stoppen. Bei meinem Abschluß-Drehbuch am DFFB gabs die noch nicht und ich bin wieder durchgedreht. Trotzdem ist das einer der wenigen Filme, von dem ich glaube, daß er sich refinanzieren könnte. Weil er groß genug angelegt ist, daß mans sich auch im Kino anschauen kann. Das ist die Geschichte von der deutschen Terroristin Monika Ertl, die in Bolivien in der Nachfolge Che Guevaras den Freiheitskampf gemacht hat. Die ganze Dimension der Geschichte, gerade auch die Beziehung zu ihrem Vater, der Kameramann von Leni Riefenstahl und im Faschismus großer Naturfilmer und Kriegsberichterstatter war, großer Abenteurer war, das konnte in keinem der Dokumentarfilme richtig erzählt werden. Du hast ein großes Drama, das dieses Mädchen durchlebt in drei Stunden an optisch attraktiven Schauplätzen.

Zu meinen Verleihzeiten waren es Eintrittspreise von 9 oder 10 Mark und immer noch diese kleinen Schachteln und Minikinos. Die Kinos sind nicht nur teurer geworden, die Leinwände sind größer geworden. Du sitzt vor einem riesigen Bild, und dadurch kacken die meisten deutschen Filme ab.

Meine Dschungelgeschichte wollte keiner haben, aber sie hat Aufsehen erregt, so daß sich relativ viel dadurch getan hat. Ich hab immens viel produziert in den letzten Monaten, und überall sind Gespräche im Gange. Die Sachen, die jetzt am konkretesten werden, sind eine sehr märchenhafte TV-Komödie für Columbia und ein Boxerfilm mit dem Kleinen Fernsehspiel.

Ich rechne nicht mehr damit, daß irgendwas mal klappt, weil es sah oft großartig aus und ist den Bach runtergegangen. Sondern ich denk einfach: Ich wart mal ab. Ich habe eine größere Gelassenheit gegenüber Katastrophen.

Eigentlich kocht der Frust nur hoch, wenn ich so irreale Einschätzungen von DFFB-Regisseuren höre, was für Filme sie machen wollen. Daß sie auch unbedingt Kinofilme machen wollen. So ein Scheiß, mein Gott. Die meisten Vorführer sind schlecht, meistens sind die Filme nicht scharf, der Ton kann lausig sein. Du hast neue Kopien gemacht, dann hast du sie an die Kinos geschickt, und nach drei Wochen sahen sie saumäßig aus, als wären sie Jahre alt. Waren diverse Male gerissen, hatten Streifen, weil die Vorführer keine Erfahrung mit den Maschinen hatten und sorglos waren. Das hatte auch mit dieser zunehmenden Kopienanzahl zu tun. Es war egal, eine Kopie war nichts mehr wert. Die großen Verleiher hatten genug, die konnten einen Tag später eine neue schicken. Dieses Medium 35 mm ist völlig veraltet.

Bei Amazonas dachte ich noch: Wenn Film nicht mehr im Kino gezeigt werden kann, dann will ich auch mit Film nichts mehr zu tun haben. Die ganze Videoästhetik und das, was elektronische Kameras an Bildern erzeugten, fand ich scheußlich. Das hat sich völlig geändert. Ich denke heute, daß alte Filme auf DVD besser als im Kino aussehen. Jetzt schaffen DVDs genau das, was mir als Verleiher vorschwebte. Eigentlich ist DVD das Medium, was all das schafft, was ich erreichen wollte.

Ich glaube nicht, daß ich jetzt noch die Energie und die Lust hätte, mich an ein Set zu stellen und Regie zu führen. Das ist wieder so ein Streß wie mit dem Verleih. Du hast mit einer Bande von 50 Neurotikern zu tun, denn die meisten Leute, die im Film arbeiten, sind stark neurotisch, sonst würden sie sich das nicht antun. Man kann wunderbare Geschichten über diese Menschen erzählen, aber es würde mir zuviel, sie immer zu treffen.

Das wär mein Wunsch: zwei, drei Regisseure finden, mit denen man wunderbar arbeiten kann, vielleicht noch zwei, drei Produktionsfirmen, und dann zehn, zwanzig einigermaßen ordentliche Filme machen, und das reicht.

Norbert B.
*1957

*Mai 2003. Bevor wir uns an den Tisch setzen, räumt Norbert B.
zwei der vier Gedecke beiseite. Die Tafel steht immer für kurz-
fristige Essenseinladungen bereit. Hinter B., hoch oben an der
Wand, hängt ein Portrait Friedrichs des Großen.*

Für mich ist das Barock die letzte Epoche, in der man sinnlich
lebte. Die körperliche Sinnlichkeit ist identisch mit der von
Gemälden, von Musik, von Essen, von Gewändern, von Klei-
dern, von Architektur, von Bildhauerei. Das findet man später
mit der Industrialisierung und mit dieser ganzen Zerfächerung
überhaupt nicht mehr.

Natürlich kann ich mir jetzt nicht mehr Bilder, Möbel und
Bücher kaufen, wie ich es möchte, um in einer vollkommenen
Inszenierung zu leben und wie für mein Seelenheil günstig. Ich
würde gern Perücke, Seidenrock und rote Stöckelschuhe tragen, in einem Gutshaus Gäste empfangen und Racine im Original lesen. Es hieß ja auch von meinen Pornos, sie hätten eine
barocke Sinnlichkeit.

Ich bin in Schwerin aufgewachsen, das Elternhaus stand direkt am See. Gespielt haben wir im Sommer in riesigen Schilf-
wiesen, auf verrosteten Dampfern, wir haben Höhlen gebaut.
Unmittelbar am Elternhaus war ein Judenfriedhof, die Kapelle, ich hab als Fünfjähriger das letzte zeremonielle Judenbe-
gräbnis gesehen.

Ich bin streng religiös erzogen worden, ich möchte das ein
katholisches Korsett nennen, was mir da umgelegt wurde, der
sonntägliche Gottesdienst war wie der Religionsunterricht ob-
ligat. Mit 13 habe ich mir dann schon erlaubt, den Kindergot-
tesdienst zu schwänzen, ich bin im Hafen meine Wege gegangen oder ins Museum, hab aber natürlich meinen Eltern von
der Kanzelpredigt erzählen müssen. Das waren vielleicht
meine ersten Dichtungen.

Mit meinen Eltern bin ich regelmäßig Zelten gefahren. Wir fuhren nicht auf Zeltplätze, die hab ich mein Lebtag nicht betreten, sondern zelteten wild, das war damals völlig unkompliziert. Im Sommer fuhren wir an einen kleinen Fluß, bei dem kleinen Ort Garwitz gelegen, und mein Vater nahm Freunde mit. Ich als einziges Kind spielte dann meistens an der Uferböschung und baute riesige Burgen aus Sand. Nicht Kleckerburgen, das waren schon ganz akkurate rechtwinklige Festungen mit Zinnen und Türmen, die waren stellenweise größer als ich, während die Erwachsenen Pilze sammelten, einer jagte auch – Dinge, die mich als Zehn-, Zwölfjährigen nicht interessierten. Einmal fuhr ein Boot vorbei, wo die gesamte Familie nackt an Deck herumturnte. Ich sah einen nackten Jungen. Sein Zuwinken empfand ich wie eine Einladung. In den nächsten Jahren wartete ich vergebens auf das Boot, und es wurde langweilig, immer wieder die Uferböschung umzupflügen und neue Buchten zu schlagen. Es hat mich dann ins Dorf getrieben, das war nicht weit, und in diesem Dorf hatte es mir die kleine gotische Dorfkirche angetan – mit einem freistehenden Glockenturm und alten Grabsteinen, die ich dann sehr gerne gelesen habe.

Daraufhin ging ich ins Pfarrhaus und fragte: Was ist denn mit der Familie, was ist denn mit jener? Der Pfarrer, Borchardt hieß er, war mir zugetan. Gemeinsam haben wir in alten Kirchenregistern nach den Familien gesucht. Und im Pfarrhaus oben wohnte eine alte Dame, die bekam zu der Zeit Besuch von ihren Kindern, und ihr Schwiegersohn war der Freiherr von Eschenbach. Bald sprach mich der ältere Herr an, neugierig, warum ich als so junger Bub solche alten Sachen lese und ob ich das auch verstünde. Man muß bedenken, es war tintegeschriebene, schwer lesbare Handschrift aus dem späten Mittelalter, das hat den alten Herrn fasziniert. Wir kamen schnell ins Gespräch, und ich kam auch die nächsten Tage ins Pfarrhaus. Das wiederholte sich im folgenden Jahr und im dritten und vierten Jahr war ich schon bei ihm in Potsdam eingeladen. Sein Vater war Kustos beim Kaiser noch, und er wohnte in einer riesigen Wohnung – neun Zimmer, direkt am Park von Sanssouci, vollgestellt mit Kunst. Er hat Parkführungen gemacht, sehr viel gelesen und hat seine Töchter erzogen. Ein Haus- und Töchter-Mann. Er hatte drei sehr kultivierte Töchter und seine Frau war die Chefrestaurateurin für Textilien in Sanssouci. Sie lief in schönen alten Gewändern, der Mann in kostbarem Tuch. Alles lebte zusammen.

Es dauerte gar nicht lange, daß ich mich in seiner Bibliothek so frei bewegen konnte wie im Pfarrhaus zwischen den alten Chroniken. Da fiel mir meterweise Geschichte Preußens in die Hände, insbesondere zu Friedrich dem Zweiten. Was mich sehr beeindruckt hat, waren auch diese vielen Menzel-Abbildungen. Die Schlacht, die geschlagen wurde, und Friedrich gebeugt, mit Krückstock durchs Land ziehend, die ganze Last auf ihm, aber die großen Augen und der kluge Blick, die Gewißheit, das irgendwie zu richten, was da um ihn herum wogt und tobt. Ich hab mir dann auch einen Stock geschnitzt und bin zu Hause in unserem Vorgarten in Schwerin auf und ab gegangen mit diesem Stock und wollte auch richten und fand mich auch sehr wichtig. Man muß bedenken, ich war damals nicht älter als 12, 13 Jahre.

In der fünften Klasse bekam ich eine Deutsch- und Biologielehrerin, Hildegard Priester, auch schon ergraut, um die 50, ledig. Während der Biologiestunden kamen oft Themen, die mich überhaupt nicht interessiert haben, wie Photosynthese – schrecklich langweilig. Ich hab gezeichnet, Schlösser und Burgen und Parkanlagen. Die Zeichnungen wurden natürlich in schöner Regelmäßigkeit konfisziert, aber nicht, wie befürchtet, zerrissen und weggeschmissen, sondern ich bekam sie jedes Jahr zu Weihnachten hübsch mit einem Buch – jeweils Architektur Deutschlands im 18., im 17., im 16. Jahrhundert – wieder zurück. Nach drei Jahren hatte ich dann schon eine kleine Reihe und wußte, was ich falsch gezeichnet hatte.

Schon nach ein paar Monaten hat sie mich auch eingeladen, sie zu besuchen. Sie hat gemerkt, daß ich überborde von Energie, daß ich Talente habe, die aber nicht gebündelt, die nicht gelenkt sind, das schoß kreuz und quer, es war anstrengend mit mir. Die Dame hat sich dann wirklich die Mühe gemacht und mich immer wieder zu sich nach Hause eingeladen, in eine dunkle enge Wohnung, wieder mit Büchern bis zur Decke gefüllt, diesmal Goethe, Schiller, Lessing, und hat herauszufinden versucht, wie ich zu bändigen sei: Möchtest du zeichnen, möchtest du fotografieren, möchtest du Musik machen? Was ist es, was du möchtest? Sie wurde zeitweise sogar zum Mutterersatz. Einmal ging die Liebe zu dieser Dame so weit, daß ich ihr in der Pause mein Schulbrot angeboten habe. Ich wollte ihr auch ein Geschenk machen, nur kam ich nicht auf den Gedanken, ihr Blumen nach Hause zu bringen oder auch ein Buch zu schenken, meinethalben über die Weimarer Klassik, die sie so gerne mochte.

Wir haben sehr viel musiziert, sie hat mir innerhalb eines Jahres das Flötespielen beigebracht – ein Instrument, das ich eigentlich gar nicht mag, aber es diente einer Artikulation von Gefühlen, die herauswollten. Nur die Noten, die da präsentiert wurden, waren nicht gerade angetan, das zu bedienen. Telemann-Gedudel oder Vivaldi, also Nähmaschinenbarock. Kein Herz und Schmerz.

Dabei gab es etliche Gleichaltrige, die mich umwarben, nur richtige Freundschaften wurden es nicht, weil sich unsere Interessen kaum deckten. Einer, Tom, später Komponist und vor einigen Jahren in den Tod gegangen, kam mir allerdings nahe und schenkte mir zu meinem 14. Geburtstag ein altes Grammophon, mit Kurbel und Trichter. Samt zwei, drei Dutzend Platten, da war aber alles bei: Märsche, Offenbach, Rossini, Lohengrin – so eine Klassikhitparade. In meinem Elternhaus wurde Klassik wenig gepflegt.

Zum 14. Geburtstag habe ich auch ein eigenes Dachzimmer bekommen, und dort konnte ich dann meinen Grammophon-Orgien frönen. Das Ding wurde ans offene Fenster gestellt, und der Trichter ging nach draußen, so daß das ganze Viertel beschallt wurde. Brahms sprach mir sehr aus dem Herzen, das war die Seelensituation, in der ich mich befand: Dynamik, Trauer, Kampf und Hoffnung. Das war mit der Flöte aber nicht zu machen.

Dann hat die Lehrerin mich einem Komponisten vorgestellt. Komponiert habe ich sehr früh schon, auch als ich noch gar nicht Noten lesen konnte. Als 13jähriger habe ich mich erkühnt, mein eigenes Werkverzeichnis zu verfassen. Das war zuerst da und dann die Musik. Zuerst habe ich beschlossen, fünf Flötensonaten zu schreiben und dann wurden sie geschrieben. Natürlich mit Kiel und schwarzer Tinte.

Der Komponist war den Zeitgenossen zugetan und dann noch Stockhausen oder Nono, dafür hatte ich kein Verständnis. Gleichwohl hat er mir Kompositionsunterricht gegeben, das ging über ein Jahr, aber ich war nicht in der Lage, das, was mir im Kopf rumspukte an Tönen und Klangwelten zu bändigen. Ich konnte gar nicht so schnell die Noten notieren, und dann warens die auch nicht, und dann war die Ungeduld da. Es war kaum möglich, daß ich länger als eine halbe Stunde konzentriert am Klavier saß, dann fing ich an, an dem Ding rumzuhämmern und rumzuhacken. Ich habe das Klavier zur Werkbank genötigt.

Kurzum, der Unterricht wurde beendet und mit 15 wurde ich Radsportler. Ich mußte mich körperlich betätigen, um die vielen Spannungen abzubauen. Spannungen im Elternhaus, das durchaus großbürgerlich lebte: Meine Mutter ist eine geborene Horten, und mein Vater hat viel Geld nach Hause gebracht als hoher Beamter bei der Reichsbahn. Aber mein Vater war selten da. Er trug zwar eine prächtige Uniform, das hat mich sehr begeistert, in der Uniform sah ich Geborgenheit, Macht, Sicherheit, aber all das hat mein Vater eben nicht bedient. Er bändigte mich nicht, und er hat mich auch nie in den Arm genommen. Ähnlich meine Mutter, sie hatte mich ungewollt zur Welt gebracht und paddelte bei jeder Gelegenheit allein auf den Schweriner Seen. Mein Vater hat der Wehrmacht nachgetrauert, er war Wehrmachtsoffizier, und auch meine Mutter ist im Dritten Reich groß geworden und geprägt geworden – sie hängt noch heute der Zeit nach.

Auch mein Kontakt zu Gleichaltrigen blieb schwierig. Das mag mit einem Trauma zusammenhängen, das mir als Sechs- und Siebenjähriger widerfahren ist. Meine Eltern fuhren nach Ungarn in den Urlaub. Ich war zu jung und wurde nach Dreilützow ins katholische Internat abgeliefert. Das war für mich der erste und vielleicht intensivste Schock: Meine Mutter gab mich weg. Ich bin sonst nie weggegeben worden, ich kenne keinen Kindergarten.

Meine Mutter fuhr mit mir in einem Bus eine dreiviertel Stunde über Land, zu einem alten barocken Schloß, darin lebten die Nonnen und einige Waisenkinder. Dann sagte meine Mutter: Du bleibst jetzt drei Wochen hier. Ich weiß, daß ich mindestens drei, vier Tage nur geschrien und geweint habe, und meine Eltern waren nicht zu erreichen. Ich bin da schon gut behütet und verwahrt worden, aber es war die Angst, die Eltern kommen nicht wieder, sie sind nicht mehr zu haben.

Das fiel zusammen mit einem zweiten Urerlebnis. Es waren Jungs da, Waisenkinder in der Pubertät, und die waren nicht sehr gottesfreundlich in der Marienkapelle im Park, sondern machten ihre Onaniespiele. Man mußte zeigen, was man hatte und was man konnte, und ich war der einzig junge da und hatte einen schweren Stand. Ich wußte nicht, was los ist, ich hatte von nichts eine Ahnung. Ob ich mich da in irgendeiner Weise beteiligen mußte oder beteiligt habe, weiß ich nicht, das habe ich nicht in Erinnerung, scheinbar war da nichts. Aber rein das Bild, da einen Haufen mehr oder weniger nackter Jungen zu sehen, die ziemlich viel mit und an sich machten, hat den anderen Schock nicht kompensiert, aber überlagert. Das war nachher so eine kompakte Masse von Angst und Panik, dort nicht wieder wegzukommen, und einem seltsamen Hingezogensein in diese kleine Kapelle. Aber auch Angst, da mit involviert zu werden, denn ich konnte überhaupt nichts beitragen. Biologisch hing ich noch arg zurück.

Mit dieser Erfahrung kam ich aus Dreilützow zurück und konnte mit niemandem darüber sprechen. Schon weil ich es nicht benennen konnte. Das war eine Episode, die später zu einer Art Dampfkesselphänomen führte, und es kamen viele andere hinzu. Ich habe leidenschaftlich gerne Tiere gehabt und habe in der Nachbarschaft alle möglichen Volièren und Behausungen von Kaninchen und Hunden geöffnet und die Tiere dann möglichst mit in mein Dachkämmerchen genommen. Und als ich sie nicht haben durfte, weil die Mutter sagte: Das ist hier kein Schweinestall – es hat sie nie interessiert, daß ich sie gestohlen habe, nur sie sollten nicht in der Wohnung sein –, da habe ich sie zum Teil auch aus dem Fenster gestürzt. Pseudoliebesobjekte, die man kuscheln und streicheln kann, wenn man die eigene Mutter nicht kuscheln und streicheln kann, dann auch nicht haben zu dürfen – dann sollten sie auch nicht sein.

Da war der Sport sehr wichtig, weil ich endlich auf Gleichaltrige traf, mit denen ich auch gleiche Erfolgserlebnisse hatte. Man mußte tüchtig treten, um schnell zu sein. Wenn man schnell war, hatte man Erfolg, stand auf dem Siegertreppchen, war anerkannt. Da brauchte ich nur treten, und treten konnte ich. Das war ein Phänomen, über das ich lange nachgedacht habe: Man bewegt sich oder so ein Stück Eisen, das könnte auch irgend etwas anderes sein, und plötzlich wird man geachtet. Vorher hat man Musik gemacht, hat sich bemüht und ist nett gewesen, und keiner hat einen beachtet.

Die andere Erkenntnis war, daß der Körper nicht ganz unwichtig ist, die Sexualität. In so einem Männersport waren die von leichter Hand vollzogenen sexuellen Praktiken überhaupt kein Tabu. Jeden Tag von 15 Uhr bis abends fuhr man Rad, spielte Fußball, machte Krafttraining, ging in die Sauna und duschte sich. Da fand die Sexualität einfach statt. Es war eine reine Triebabfuhr, und das hat mich sehr beeindruckt. Also wie ungezwungen meine Kumpel miteinander umgingen und einfach machten, was sie da machten. Ohne daß einer von denen schwul gewesen wäre oder geworden ist. Das Wort schwul oder homosexuell gabs damals gar nicht.

Da kam die Erinnerung an das Waisenheim in Dreilützow wieder hoch, als wäre das einen Tag vorher gewesen. Das klang sofort im Hinterköpfchen an, wie eine Melodie. Einerseits was Geheimnisvolles, andererseits ist das völlig natürlich und selbstverständlich wie Essen oder Trinken oder Radputzen – das war alles eine Ebene. Und jeder wurde da auch gleich behandelt. Es gab keinen Oberanführer, es hat niemand gesagt, was jetzt zu machen ist an sexuellen Praktiken, das ergab sich. Gleichwohl habe ich mich anfangs rausgehalten, mir kams nicht geheuer vor. Ich bin nicht der Aktive gewesen, sondern der Beobachter, der Voyeur.

Anders bei den Mädchen. Mit 15 habe ich mich leidenschaftlich in ein Mädchen verliebt, das mich aber nicht haben wollte. Ich habe ihr mehrmals beim Versteckspielen, hinter der

Mülltonne oder in Gebüschen, in Baumhöhlen, erklärt, wie heiß ich sie liebe, aber es hat nichts geholfen. Da habe ich es dann sein gelassen. Ich war der Meinung, es hat keinen Sinn. Einem Mädchen die Liebe zu erklären, das funktioniert so nicht, du mußt irgendwas anderes machen, um Aufmerksamkeit zu produzieren, zum Beispiel halbnackt auf dem Dach balancieren und von oben hinunterpinkeln. Als 14-, 15jähriger blieben die Mädchen, mit denen ich spielte, 13. Ich wurde den Jüngeren Regisseur: Man kolportierte Roy Black oder Katja Ebstein oder verkleidete sich als Olsenbande.

Dann ging die Schulzeit zu Ende, und ich begann eine Lehre als Stuckrestaurateur. Das war ein Beruf, den mir der Freiherr von Eschenbach über die vielen Potsdamer Aufenthalte nahegebracht hatte: Altes zu pflegen, Altes zu hüten. Ob man den Furz, den die vor 200 Jahren gelassen haben in dem alten Stoff, noch riechen kann, oder ob man den Schweiß noch spürt an den Sitzlehnen – das wollte ich alles herausbekommen und war der Meinung, mit dem Beruf bekomm ich es raus.

Die Lehre war alles anderes andere als angenehm. Ich mußte Gipssäcke schleppen, 40 Kilo schwer, einen Laster ausladen, den anderen beladen und durfte nur, wenn der Meister montäglich besoffen nicht aufs Gerüst steigen konnte, im Stuck arbeiten. Die Mitlehrlinge waren langweilig, sie hatten kein Interesse an Kunst, konnten Klassizismus nicht von Gotik unterscheiden. Der Theorieunterricht war auch sehr langweilig: Statik, Baustoffkunde, und dann fing ich wieder an zu zeichnen, diesmal stürzende Engel mit Schwert und Schild, schreiende Krieger. Es sind nackte oder fast nackte Körper, eigentlich Aktstudien, die das Muskulöse und vor allem das Ästhetische betonen, immer das Ästhetische.

Was mir auch beim Radsport aufgefallen ist: Ich habe mich zu Leuten hingezogen gefühlt, die einen sehr ästhetischen Körper hatten. Weniger sexuell als vielmehr vom Gesamtkunstwerk. Es war einfach schön anzuschauen, alles an ihnen war schön: die Füße, die Hände, die Kniegelenke, die Oberschenkel, die Hüften waren nicht zu breit, die Brustwarzen waren gut ausgebildet. All solche Details wußte ich, kannte ich, danach suchte ich, und das gab es, nicht aber in der Lehre.

Ich hatte keine Freundin, keinen Freund, die Sexualität sublimierte sich in Zeichnungen, auch in diffusem Begehren. Ich war schon 18, aber es war noch gar nicht klar, was ich eigentlich wollte.

Nach der Lehre habe ich ein Angebot bekommen, am Schweriner Theater als Plastiker zu arbeiten. Das war dann schon eine Sache, die mich viel mehr interessiert hat. Also Bühnenplastiken in Polystyrol zu schnitzen, so ein Plastikschaumstoff, meistens war es dieses Material. Das wurde dann beklebt oder vergoldet, aber ich konnte immerhin mit einem Dutzend Messern und mit Raspeln, Feilen und Schleifen barocke Puttis – die ich auswendig beherrschte –, die Venus und alle meine griechischen Ikonen in Szene setzen. Das Theater war ein Betrieb mit hunderten Leuten, jeder kannte jeden, es war ein sehr gelöstes Klima, es waren alles freie Leute, viele waren Künstler, die Handwerker waren Künstler. Die Schauspieler konnten stundenlang in Kostüm und Maske auf dem Balkon sitzen und ihr Bier trinken und ihre Zigarette rauchen. Die Ballettänzer tanzten, wenn Pause war, fast nackt im Kantinenraum rum. Ich konnte sie fast anfassen, ich roch ihren Schweiß und sah ihre durchgeschwitzten Körper.

In Proben sah ich die Kammersängerin Birgit Jastram als Salomé. Sie war das stimmgewordene Begehren. Ich habe neulich das Foto von der Premiere wiedergefunden, wo sie in ihrem langen weißen Gewand mit ihren langen schwarzen Haaren singt, auf ägyptisch geschminkt mit den hochgezogenen Augenbrauen und den langen Wimpern. Sie war schon eine große schöne schlanke Frau, aber in dieser Kleidung war sie wirklich eine Königin, sie stand über den Dingen, ich habe sie die Sphäre genannt. Ich war leidenschaftlich in Jastram verliebt, weil sie alles ausdrückte, was mich bewegte. Nur wie sag ichs ihr? Die Frau war um die 40, ich war 20 und war nicht in der Lage, zu einem gleichaltrigen Mädchen ein gesundes Verhältnis aufzubauen. Ich sah Jastram in den Gängen, sie kam zum Essen, sie blieb lange auf dem Balkon sitzen, sie hatte immer irgendwelche Leute um sich und hat mich nicht wahrgenommen. Sie lebte in Schwerin am Schloß in einer großen Villa, Lichter waren immer alle an, und sie ging auch zu Hause in ganz weiten großen Gewändern am Fenster auf und ab. Mein voyeuristischer Blick wurde also wieder bedient.

Ich habe ein musikalisches Liebesgeständnis komponiert, drei, vier Seiten lang. Dann hatte ich das Problem, ihr das nahezubringen. Ich wußte mir nicht anders zu helfen als sie abzufangen im schmalen Gang zur Kantine. Als sie endlich kam, bin ich gestolpert und vorbei wars. Ich kam mir so deppert vor, aber hatte immer noch meine Noten und ging dann zu Hartmut Haenchen, dem Dirigenten, er war wie Jastram auf internationalem Sprungbrett. Ich habe ihn gebeten, es Jastram zu geben. Der hat sich aber nur ans Pult gestellt, drübergeschaut, hat Aha gesagt und mir die Seiten zurückgegeben. Ich habe also versagt, ich habe es als Versagen empfunden, ich konnte weder musikalisch noch verbal ausdrücken, was sie mir bedeutet.

Der Stachel blieb, und am Theater kam ein neues Erlebnis. Christoph Schroth hat erst den Faust inszeniert und dann politisches Theater pur, also Heiner Müller und Volker Braun. Das war sozusagen meine Lehrzeit am Theater. Da habe ich die Dialektik begriffen, also den Umgang zwischen Masse, Macht und Individuum. Ich bin zum politisch denkenden Menschen geworden, und dann mußte ich mich natürlich auch wieder artikulieren zu dem, was ich da gelernt habe. Daraus wurde mein erstes Theaterstück, 13 Seiten. Christoph Schroth hat das gelesen und geschrieben: Lieber Norbert B., tut mir leid, aber ich kann damit nichts anfangen.

Das zweite Stück hieß Alltage, das war eine Mischung aus Nietzsche und Heiner Müller. Ich kannte dann auch schon von den Theaterbesuchen in Berlin einen Dramaturgen vom Berliner Ensemble. Dem habe ich das Stück gegeben und der hat das auf der Probebühne aufgeführt einfach mal, auch um mich sehen zu lassen, wie das gesprochene Wort wirkt. Daran habe ich keine Erinnerung mehr, aber an die Abende und Nächte bei dem Dramaturgen, denn in seinen Bücherregalen war moderne Westliteratur, und was ich zuerst gegriffen hab, war Theweleits Männerphantasien. Das hat viel ausgelöst, vieles zum Ausbruch gebracht. Die vielen Abbildungen. Ich vergesse bis heute nicht: Die Rolling Stones, alle fast nackt, und Mick Jagger mit erigiertem Glied, die Hose drüber, aber er präsentiert es so, daß man das sehen muß. Das hat mich sehr tief beeindruckt. Das nächste, was mir in dem Bücherschrank auch noch in die Hände fallen mußte, waren Bildbände von Arthur Tress und Mapplethorpe.

Ich kam nach Hause nach diesem langen Wochenende in Berlin mit einem elektrisierten Herzen, mit tausenden Plänen und wußte nicht: Wie kanalisieren? Das große Problem, wie immer. Wem präsentiere ich mich? Was präsentiere ich? Und da bliebs erstmal nur wieder beim Schreiben und beim Malen. Der Radsport hatte zu dem Zeitpunkt schon keine Bedeutung mehr für mich. Ich habe gemerkt: Ich brauch immer nur so weiterfahren, ich siege und fertig. Andererseits wußte ich auch, wo meine Grenzen sind. Ich bin auf DDR-Ebene und auch international gefahren, aber ich war immer noch arbeitend. Ich war in einem Polizeisportverein, das ist eine Kaderschmiede gewesen. Wir wurden oft freigestellt und von vorne bis hinten bepäppelt – wir waren quasi Profis, nur daß wir kein Geld bekommen haben. Man hat die Leute soweit hoch gebracht, daß sie wirklich in einem Proficlub in Berlin oder Dresden oder Leipzig international arbeiten konnten. An diesem Scheideweg hab ich mich zurückgezogen, es hat keinen Reiz mehr gehabt. Auch der sexuelle Reiz hat nachgelassen. Ich suchte jemanden, ich wollte nicht nur diesen mechanischen Abläufen nachkommen, es sollte auch jemand bei mir sein. Ich wollte jemanden zu Hause haben, jemanden abholen können, mit jemandem essen gehen.

Ich lernte dann diese blonde schöne Claudia aus Erfurt kennen, meine erste Liebe. Mit dieser Zweiung war das Radfahren unbedeutend geworden. Aber sie wohnte in Erfurt, ich in Schwerin, das hielt ein halbes Jahr, und ein Radsportler, den ich noch kannte, wurde für mich plötzlich zum Liebesobjekt. Er hatte all das, was ich mir an ästhetisch perfekten Phänomenen vorstellte, und aus der Spaßfreundschaft aus dem Radsport wurde schnell auch ein Verhältnis. Er war sechs Jahre jünger und dem Sexuellen in keiner Beziehung abgeneigt, ohne daß jemals das Wort schwul fiel. Er meinte manchmal: Wir Männerliebe. Das hat er auch manchmal zu seinem Vater gesagt: Ich gehe jetzt zu Norbert, wir machen Männerliebe. Das war für ihn wie Kartoffelzählen, so habe ich manchmal das Gefühl gehabt. Das hat mich dann schon ein bißchen verletzt. Für mich war das schon heiß und innig und dieses unbefriedigte Entlassenwerden aus der Claudia-Beziehung hat dann auch zu Tagebuchschreiben geführt, zu wilden Schwüren, mein Gott, entsetzliche Dinge habe ich da runtergewälzt, ihm dann vorgelegt fast unter Tränen. Er war nicht derjenige, der mich da rausgeholt hat, er ließ sich da mit mir treiben und war mehr an technischen Dingen interessiert: Axel wollte ein Motorrad haben. Also habe ich zugesehen, daß ich Geld zusammenbekam für ein Motorrad.

Ich habe damals Antiquitäten zusammengesammelt, wo man es konnte. In Schwerin standen viele Häuser leer mit sehr viel altem Bestand, zum Teil noch von vor dem Krieg, man brauchte es nur herausholen, aufarbeiten und verkaufen. Ich habe die vielen Freistellungen, die ich weiterhin für den Radsport bekam, genutzt, um andere Dinge zu tun, und bin am Theater entlassen worden. Die Antiquitäten brachten Geld, aber nicht die 2000 Mark, die nötig waren für das Motorrad.

Daraufhin bin ich mit Axel in eine Kirche eingebrochen, um das Motorrad zu finanzieren. So asozial im Verständnis von Normen bin ich damals gewesen. Ich habe eine Scheibe eingeschmissen, bin mit ihm in die Kirche eingestiegen, um just auch noch den Moses mit den Gesetzestafeln vom Sockel zu nehmen. Ich habe nach irgendwas gegriffen, und dann war der Plan, das am nächsten Tag in Polen zu verkaufen. Aber wir haben es nicht nach Polen gebracht, sondern erstmal in die Badewanne, weil da soviel Leim dran war und soviel Übertünche. Drei Tage später klingelte es, das war die Polizei, man bat uns freundlich, mitzukommen und die Figur nicht zu vergessen. Ich sagte: Ja, ja, wir haben sie gefunden, da und da, lag da rum, wir wollten sie gerade waschen und zurückbringen. Mein Freund hat sich dann schnell aus der Affäre gezogen, hat ausgesagt, daß es meine Idee war. Man hat ihn laufen lassen, weil er auch unter 18 war. Da brach für mich natürlich eine Welt zusammen, ich habe mich durch ihn verraten gefühlt. Es war für mich ein fürchterlicher Schock, mindestens so schlimm wie in Dreilützow in einem Heim abgegeben zu werden.

Ich hielt treu an meiner Version fest: Wir haben das gefunden. Da ich so haarsträubend gemauert habe, hat man mich mehrere Monate im Gewahrsam behalten. Aber gut, es hat mich nicht gebremst.

Ich habe dann in verschiedenen Berufen gearbeitet: als Krankenpfleger, als Rettungsschwimmer. Es trieb mich die Neugier um, aufs Leben, auf was man noch erkennen muß, und war fasziniert von dem, was die Pathologen machten. Zugleich habe ich gemerkt, daß das Künstlerische, was schon da ist, aber irgendwann bitteschön – was kommt denn jetzt mal? Soll das Gestümper, das Marginale so bleiben? Bring doch jetzt was zustande. Büchner, Berg oder Rossini haben in dem Alter schon ganz andere Sachen fabriziert. Nicht daß ich berühmt werden wollte, aber ich wollte was Fertiges haben, und dann kam eben das, was relativ einfach war von der Anlage und vom Aufwand her: das Schreiben.

Anfangs waren es Briefe an Axel, die bald zur Selbstanalyse gerieten, also die klassischen Debüt-Ingredenzien, dann aber uferten diese aus. Meine Eltern spielten eine Rolle, die Zeit, in der sie so alt waren wie ich, aber was wußte ich über das Dritte Reich? Ich habe also recherchiert und stieß auf Bildbände mit Breker-Statuen und Fotografien von Riefenstahl. Nackte kalte Schönheiten. Und dann las ich zum ersten Mal über den Lebensborn, wo – zumindest in meiner enthemmten Phantasie – Riefenstahl-Herrlichkeiten den Führernachwuchs zeugten. Es hat 13 Fassungen bedurft, den Stoff – von Axel über meine Eltern bis zum Lebensborn – in eine vertretbare Form zu bringen, das wurde mein erster Roman, Kontrollverlust.

1985 habe ich angefangen, ihn zu schreiben, und als die ersten Fassungen vorlagen, bekam ein mir sehr wohlgesonnener Journalist das Manuskript, und der reichte es an einen wiederum sehr feinfühligen und wachsamen Lektor im Hinstorff Verlag, den Johnson-Spezialisten Jürgen Grambow, und der sagte: Das ist viel viel Arbeit, da was draus zu machen, aber es lohnt sich. So bekam ich 86 ein Verlagsstipendium, das bis 88 mit monatlich 500 Mark dotiert war. Das war viel Geld, ich brauchte nicht mehr arbeiten und konnte mir viele Bücher kaufen. Die Miete für meine kleine Dachkammer, die ich zehn

Jahre lang, bis 1991, bewohnte, betrug 30 Mark, ein Brötchen kostete 5 Pfennig.

In diese Zeit fiel auch meine zweite intensive Liebesbeziehung zu einer Frau: Jutta. Etwas größer als ich, mit einem großen Busen, langen schwarzen Haaren, lange Kleider tragend. Sie machte wenige, aber sehr weite Gesten, sie ging sehr gemächlich und hatte einen großen Mund, einen Sängermund. Lange habe ich mich gefragt: Wer ist Jutta? – Jutta war niemand anderes als die Salomé Birgit Jastram. Ich bin da einem Idol, einer Prägung aufgesessen, das ging aber gut.

Aber es hat mich nicht ganz, sondern nur zur Hälfte erfüllt, denn ich gab auch noch dem Verlangen nach einem Freund nach, Steffen, den ich auch noch aus Radsportzeiten kannte. Der mir auch körperlich gefiel, aber er war nicht die Mutter, er hatte die Seele nicht, die Weichheit. Beide brachte ich zueinander. Selten, aber es gab ganze Tage, wo wir zu dritt miteinander kommunizierten. Wir haben sicher nicht zu dritt Sex gemacht, aber jeder wußte von jedem, es gab keine Eifersucht. Das war ein sehr sehr schönes Erlebnis für mich, es paßte zu meinem – in Anführungsstrichen – asozialen Verständnis vom Leben. Nämlich niemandem Rechenschaft schuldig zu sein, machen zu können, was man will. Das ging über ein Jahr lang, aber keiner von uns dreien hat die Kraft gehabt, so eine Bindung in der Intensität und auch Fairneß zu pflegen. Am Ende ging dann die Liebe raus, und es blieb das körperliche Begehren mal nach der einen oder mal nach dem anderen. Das hat sich dann über die Jahre, bis zur Wende 1989 so gehalten.

Diese Phase von 85 bis 89 würde ich als ruhig bezeichnen. Ich fiel nicht von der Klippe. Ich hab nie geraucht, nie getrunken, ich war nie in Not. Alles, was mich bedrängte, versuchte ich in Worte zu fassen. Das war jetzt mein Medium, und die Freude am Radfahren ist geblieben. Eine meiner Touren endete bei einer Windmühle in der Nähe von Dambeck. Sie stand kurioserweise nicht auf einem Berg, sondern in einem Tal. Ein Bildhauer hatte dort sein Atelier eingerichtet, und ich traf auf eine Gesellschaft, die gerade Sommerwende feierte. Christa Wolf las aus den Vorbereitungen zu Kassandra, Sarah Kirsch rezitierte Homer. Eine gelassene Landpartie, Till Lindemann –

jetzt Sänger der Rockband Rammstein –, der wie die anderen in der Nähe wohnte, war neben mir der einzig junge. Wild war er damals nicht, nur chaotisch. Das wollte ich nicht, sondern bei den Dichterkollegen bestehen, und habe später selbst in der Mühle erste Passagen aus Kontrollverlust gelesen.

1988 erschien der Roman und wurde ein Erfolg. Er wurde auch im Westen, bei Bertelsmann, aufgelegt und in vielen anderen Ländern. Ich bin zu vielen Lesungen gereist und habe sehr viele Leute kennengelernt. Und mußte dann mit der Rolle klarkommen, endlich erwachsen sein zu sollen. In einer DDR, die von Schriftstellern Ratschläge und Lebenshilfen verlangte. Die Schriftsteller hatten ja relative Narrenfreiheit, konnten also die vielen Wunden relativ beim Namen nennen. Was ich erst lernen mußte: Daß die Leute gar nicht unbedingt über meinen Text reden wollten, sondern sie wollten mir ihre Probleme sagen. Es war eine einzige Ratgeberstunde. Für Leute, die Chefarzt waren, Anwalt waren, Busfahrer, Lehrer. Da hatte ich Farbe zu bekennen, mal mehr und mal weniger.

Ich habe nicht bei einer Lesung an die Stasi gedacht. Ich habe mir nicht einmal Gedanken gemacht, ob ich wegen einer Äußerung Schwierigkeiten bekommen würde. Ganz im Gegenteil, ich habe mir schon 1986 mit Andreas Dresen einen richtigen Spaß erlaubt. Dresen war damals am Schweriner Theater tätig – Stiefsohn von Christoph Schroth –, und hat einen kleinen Film über das Ausreiseproblem gedreht. Ich spielte den Stasibeamten, der ein Mädchen von seinem Arbeitsplatz in die Zentrale brachte, und Dresen hatte sich zum Dreh das tatsächliche Stasigebäude ausgesucht, zum Arbeitsschluß um 16 Uhr. Uns kam die ganze Besatzung entgegen. Ganz klar, daß die Polizei bei Schroth eine größere Hausdurchsuchung machte, bei mir lief das fast belanglos ab. Schroth hat beim ZK gegen dieses Vorgehen interveniert, und innerhalb von einer Woche war das Ganze vom Tisch.

88 bin ich auch zum ersten Mal rübergefahren in den Westen. Dank Christa Wolfs Bürgschaft und meiner Kandidatur für den Schriftstellerverband wurde die Reise genehmigt. Ich hatte den Slip voller Briefmarken, die ich mal irgendwann ge-

erbt hatte und die ich in Hamburg versilbern wollte, um mir davon Bücher zu kaufen. Die Grenzkontrolle dauerte Stunden, und danach waren meine Briefmarken klitschnaß geschwitzt und die Stempel waren zerlaufen. Ich konnte sie wegwerfen. Diese Sache ging wirklich in die Hose.

Im selben Jahr habe ich meinen zweiten Roman angefangen, Lord Müll. In einem Knast, weitab von der Stadt, bricht eine Seuche aus. Aber nur die Offiziere und Wächter werden krank. Der ganze Knast wird unter Quarantäne gestellt, also übernehmen die Gefangenen das Regime, und die Schließer müssen in die Zellen. Die Kriminellen entfesseln ein Chaos, dann holen sie aus Angst vor sich selbst den kranken Gefängnisleiter zurück.

Das war ein Vorweggriff der Wende. 1989 war das Buch fertig, durfte aber nicht erscheinen. Da kam ein kurzes Schreiben vom Kultusminister in Berlin: Lieber Herr B., Sie müssen einsehen, die innere Ordnung und Sicherheit sind momentan wichtiger als politische Reizthemen und Debatten. Da bin ich sofort nach Berlin gefahren, in das Ministerium hinein und hab verlangt, den Minister zu sprechen. Dann kam Höppke raus und guckte mich nur entgeistert an, konnte mich nur ganz dunkel zuordnen, holte ein kleines Etui raus, klappte es auf und sagte: Gucken Sie mal, das sind sechs Orden, die muß ich jetzt verteilen. Klappte es zu und verschwand.

Dann begann die Wende, auch in Schwerin wurde kräftig demonstriert. Zusammen mit Bekannten habe ich Schilder gebastelt, und wir schrieben alles mögliche drauf: Freiheit für Solschenizyn. Und: Ich will zum Mond fliegen. Wenn der Chor schrie: Stasi in die Produktion, schrien wir in den Pausen: Stalin in die Produktion. Für mich war das eine große Gaudi, ich hab mich da mit der Masse treiben lassen, und die Macht stand an den Ecken von den Straßen und paßte auf, daß der Strom in den vorgegebenen Bahnen lief. Die stand einfach gelangweilt da, keiner hat jemals einen Stock gezogen, nirgendwo war die Gefahr von Putsch oder Feuerwehr oder Wasserwerfern. Wir haben also unserer eigenen Abschaffung fröhlich zugedödelt. Ende 90 erschien dann auch ganz schnell Lord Müll. Die Zensur fiel zusammen wie der Staat, und Papier war

plötzlich massenhaft da, aus Finnland, wenn auch nicht holz-
frei, aber billig. Das Buch ging in der Wende unter.

Das dritte Buch, die Erzählung Viertes Deutschland, behandelt die Nachwende. Eine kleine Stadt tritt einer großen Stadt
bei, aber die kleine soll bleiben, wie sie ist, ein Menschenzoo.
Was ist ein Menschenzoo? Das Buch ist ein philosophischer
Entwurf, eine sehr abstrakte Geschichte. Es ist wenig sinnlich,
das Deklamieren einer neuen Stadtverfassung in zehn Punkten. Dafür bekam ich den Döblin-Förderpreis, worauf es 92
bei Suhrkamp erschien. Ich wurde in das Literarische Collo-
quium Berlin eingeladen, lernte dort Grass, Höllerer, Kolbe
kennen, wir debattierten naturgemäß über Gott und die Welt,
nur intellektuell heimisch wurde ich dort genausowenig wie
Jahre zuvor in der Windmühle. Allerdings hat sich ein privater
Kontakt zu Günther Grass erhalten, ich war Gast in Beelen-
dorf, es zog mich förmlich dorthin. Vermutlich, weil ich wieder nach einem Vater hurte. Das gottlose Selbständigsein ist
schwer, das Nirgendwo-Dazugehören wohl nur durch eine eigene Vaterrolle zu überwinden.

Von den schnell einfließenden Westerlösen hatte ich mir
schon Anfang 89 einen Videorekorder und eine Videokamera
gekauft. War dann, nach dem – was weiß ich – zehnten Grenz-
übertritt, auch im Besitz einiger Pornos. Ich habe auch andere
Filme gekauft, von Derek Jarman oder Greenaway, und war in
meinem Bekanntenkreis der sehr gern in Anspruch genom-
mene Gastgeber für Videoveranstaltungen. Es muß sich rum-
gesprochen haben. 1990 bin ich eingeladen worden, beim ersten Filmfest in Schwerin die Eröffnungsperformance zu
gestalten, und zwar als Videokünstler.

Es ging mir um den nackten Körper, die Medienmacht und
die Anonymität. Ich hab drei Schauspieler vom Theater geholt,
hab drei Monitore ausgeliehen von einem Sponsor und die drei
gewesenen TV-Kartons waren die letzte Höhle. Diese neun
Versatzstücke habe ich unter dem Thema Die Kinder des Mar-
quis de Sade miteinander kommunizieren lassen.

Ende 90 kam vom Kultusministerium ein Angebot an mich
wie an andere Künstler, Schülern mit künstlerischen Mitteln
Dinge des Alltags nahezubringen. Ich habe den Bereich Video

Norbert B.
Viertes Deutschland
Erzählung
edition suhrkamp
SV

gewählt. In den Nachmittagskursen waren das meist technik-
begeisterte Jungen aus der 9. und 10. Klasse. Video, nach der
Wende, alles neu. Das war gerade die Zeit, da wurde der Bäcker
dichtgemacht, und dann kam ein Pornoshop rein. Die Eltern
hatten zwar keinen Videorekorder, aber schon die ersten Por-
nokassetten. Und dann kam ein 15-, 16jähriger nicht mit Brötchen, sondern mit den Videos seiner Eltern in meinen Videoclub. Und dann haben die Schüler sich, und ich war dabei – ich
hab mir nichts dabei gedacht –, diese Pornos reingezogen. Klar,
für mich gehörte das zur Aufklärung. Das waren ganz ge-
wöhnliche Pornos, keine üblen Dinger. Ich war der Meinung,
das können sie sehen.
   Ich hab sie machen lassen. Meine Eingriffe waren ganz gering. Ich ließ sie schon mal Texte ausdenken zu einem bestimmten Thema: Freund und Freundin oder Vater macht
Streß. Dann wurden Vorabendserien nachgestellt, und dann
griff man schon mal an die Brust und dann flog schon mal der

Pullover runter und dann waren plötzlich beide oben ausgezogen, und so wurde immer mehr preisgegeben.

Einige sind natürlich abgesprungen, wie das so ist, und am Ende warens sechs, sieben Jungen – der harte Kern, und dann war Action das Wichtigste.

Was sie zuerst hatten, bevor die Eltern auch die geliebten Pornos an Land zogen, war die Nato-Kluft. Da man die gehaßte FDJ-Uniform nicht mehr tragen konnte, aber auch nicht uniformlos sein wollte, sah man ganze Klassen, in denen die Jungs Springerstiefel, Camouflagejacke und -hose trugen, manche haben sogar eine Koppel umgehabt und gingen damit in die Schule. Keiner ist eingeschritten zu der Zeit, man war froh, daß die Klassen überhaupt besucht wurden. Und diese Halbwüchsigen haben einen etwas anderen Handschlag als ein paar volltrunkene Alkoholiker, die nicht wissen, ob sie morgen zur Arbeit gehen oder nicht.

So kam es, daß die Militaria-Filme ganz in waren. Aber dann kam auch die Sexualität dazu, keine Frage. Man präsentierte sich über die Uniform und den Schwanz. Es wurde Frühling, Sommer, und wenn die Jungen im Videoclub in Kampfkluft Krieg spielen wollten oder wenn sie am Strand toben wollten und waren nackt, dann haben sie das gemacht. Dann kam auch die Sexualität dazu, gar keine Frage. Das habe ich auch überhaupt nicht gesteuert, in keiner Weise, das fand statt. Aber es fand auch in meinem Kopf die Überlegung statt, daß man das konkreter zusammenbringen mußte. Es mußte Struktur bekommen in kleinen Szenen. Also: Gruppe A kämpft gegen Gruppe B; wer verliert, ist den anderen sexuell hörig. Das wurde dann spielend umgesetzt in mal zehn, mal fünf Minuten. Der entscheidende Tenor war immer der militärisch-sexuelle, der gehörte zusammen, und den habe ich dann auch bedient, nachdem ich merkte, die Jungens fahren drauf ab.

Auf einer meiner vielen Reisen in die gelobte neue Welt habe ich ein Lexikon des pornographischen Films gekauft. Ich fand hinten im Index eine Menge Adressen von Gesellschaften, die Pornos herstellen lassen, und hab aus Spaß und Geck, aber in Absprache mit den beteiligten Darstellern, mal so ein paar Videoschnipsel an eine Firma geschickt, und es kam ein freneti-

sches Echo zurück. Man war beeindruckt von den jungen und
natürlichen Darstellern in dieser herrlichen Landschaft – nicht
vermüllt, nicht verbaut –, wo man es in aller Öffentlichkeit
treiben kann. Keiner der momentan Drehenden hätte solche
unverbrauchten jungen Darsteller – nicht verkokst, nicht ver-
keimt, keine Stricher. Und im Osten war die Gesetzeslage insofern anders, als es den sogenannten Schwulenparagraphen
nicht gab, der ist im Westen erst 95 abgeschafft worden. Der sexuelle Kontakt zwischen Erwachsenen und Minderjährigen
war nicht unter Strafe gestellt. Im Westen durften damals nur
über 18jährige in Pornos mitwirken, im Osten über 16jährige.
Aber es wurden auch Straftatbestände wie sexueller Kontakt
zu Leuten zwischen 14 und 16 anders bewertet als im alten
Bundesrecht. Das wurde im Osten wesentlich unkomplizier-
ter gehandhabt, weil es einfach auch nicht die Gefahr war, die
es jetzt ist, nämlich Kinder und Jugendliche zur Prostitution
zu bringen. Das spielte zu DDR-Zeiten überhaupt keine Rolle.

Der Firmenchef flog bei der nächstbesten Gelegenheit mit
seiner Privatmaschine ein und hat mit mir besprochen, wie
man aus den Schnipseln einen Porno macht: eine kleine Rah-
menhandlung, ein paar Leute und vor allem ein paar pornographische Aspekte. Sehr viel mehr hat er dann nicht geredet, außer Privates noch. Wo er seine Villen hat oder mit welchem
seiner Flieger er fliegt, je nachdem, wo er gerade hin will. Er
hat also den schwerreichen Mann raushängen lassen. Einer seiner Lieblingssprüche war: Ich bin größer als Helmut Kohl, ich
bin dicker als Helmut Kohl und ich hab mehr Geld als Helmut
Kohl. Und so kam er über mich, dieser Mann, für den ich dann
fast fünf Jahre Pornos gedreht habe.

Ich wurde kartonweise mit Pornovideos überschüttet, um
zu sehen, wie andere das machen. Das war gar nicht schlecht
zum Lernen, aber dann wußte ich auch, wie ich es nicht machen will und habe ein Manifest aufgestellt: daß mir Filme vor-
schwebten wie von Derek Jarman gedreht, die die Körper in
der Reduktion zeigten. Das ist natürlich genau das Gegenteil
von dem, was ein Porno will. Ich hätte die Leute sexuell agieren lassen, aber im Schatten. Das war für mich gerade der Reiz:
Was passiert da unten? Ich möchte es sehen und kann es nicht

sehen. Die Antwort kam postwendend: Lieber Herr B., wenn Sie weiter zusammenarbeiten wollen, dann sag ich Ihnen mal, wie die Maximen sein müssen: Erstens ständig unverbrauchtes Material, zweitens neue Drehorte, drittens neue Storys, viertens kurze präzise Dialoge, fünftens Fotos, die aussagekräftig sind, denn das Cover ist wichtiger als alles, was drinnen ist. Also auf dem Cover haben zu sein: mindestens drei Boys, erigierte Glieder, einer muß penetrieren, Gesichter haben zu lachen, kein Bartwuchs, rasiert müssen sie sein. Mit freundlichem Gruß ...

Nun konnte ich mir aussuchen: Entweder mache ich mein Manifest, oder ich mach sein Manifest und bekomme pro Film, das war angekündigt, zwischen 5000 und 9000 Mark. Pro Minute etwa 100 Mark. Natürlich hat das goldene Kalb gesiegt. Ich hatte keine Skrupel zu sagen: Liebe Darsteller, so ist das, ich beteilige euch an den Einnahmen. Es gab keinen, der gesagt hat: Wir machens nicht. Und die Kumpel haben Kumpel mitgebracht und die Kumpel wieder Kumpel, und viele hatten auch schon einschlägige Praxis. Es war von denen keiner schwul, und ist es auch, soweit ich weiß, keiner geworden. Gewisse Praktiken sind in der pubertären Phase natürlich und normal, das wird durchgespielt, und dann ist das irgendwann erledigt und vergessen. Das war da auch so. Da wurde sozusagen zu Geld gemacht, was sie ohnehin gemacht haben. Sie haben ihre Schule weitergehabt oder ihren Beruf oder die meisten weder das eine noch das andere, weil sie beides boykottiert haben, und nachmittags, wenn das Wetter gut war, ging man raus und machte. Das schrie zu der Zeit förmlich nach Beschäftigung, nach Gebundenwerden.

Wir waren schnell ein florierender Betrieb, der vielleicht jeden dritten Tag Pornos gedreht hat. Mit Drehbuch, Lichtregie, mit Kostümen und Drehortsuche, dann die Nachvertonung, das Schneiden. Alles habe ich selbst gemacht, anfangs mit sehr viel Begeisterung. Und dann kamen natürlich die ersten Einschränkungen prompt zurück: zuviel Dialoge, zuviel Onanieszenen, mehr Sexszenen, Dreier, Vierer – was für mich automatisch größere Ausgaben bedeutete, was ich wieder woanders kürzen mußte. Ich habe mir ganz genau ausgerechnet, wieviel Budget ich habe und welches Budget für welches Fach weggeht. Für Ausstattung, für Technisches, für Darsteller und so weiter. Für mich blieb am Ende die Hälfte, bei einem 60-Mi-nuten-Film blieben mir 3000 Mark. Immerhin auch nicht wenig Geld.

Die Filme erschienen unter dem Label Gay Video Sebastian B . . . Ich war ein Überzeugungstäter, nur der Vorname mußte anders werden. Der Norbert sollte da nicht draufstehen, weil das der Literat war. Sebastian als Schutzheiliger der Schwulen war mir recht.

92 kam dann im Nachruhm, immer noch im Bewußtsein einiger westdeutscher Literaturkritiker, die Einladung zum Bachmann-Wettbewerb. Ich habe eine Caprice geschrieben: Einem Herrn Baldsoweit fällt die Scheiße von Hitler auf den Kopf, weil er beim Saubermachen an das Weckglas stößt, in dem sie von seiner Mutter aufbewahrt wird. In dem Moment, wo das Glas auf den Kopf prallt, verliert er sein Bewußtsein und reka-pituliert ganz schnell nochmal sein Leben. Und da kommen na-türlich die Versatzstücke rein, die mich damals interessiert ha-ben: Fotografie, Pornographie, für Geld den Körper verkaufen, eiskalte Marktkalkulation, wie muß sich der Körper präsentie-ren, in welchem Licht, wie muß er stöhnen. Das habe ich alles behandelt, mich selbst immer auf die Schippe nehmend. Die Jury hat den Text sehr ernst genommen, und er wurde heftig verrissen. Ich war befriedigt, hatte mein Aufsehen.

Die Filmerei ging intensiver weiter, es wurde professioneller. Es wurde einfacher. Um Nachschub brauchte ich mich nicht zu kümmern. Weil die Darsteller Geld bekamen – etwa 100 Mark für Onanie, 150 für Oralverkehr, 200 fürs Penetrieren –, brach-ten sie andere mit, die auch Geld verdienen wollten. Die standen zunächst nur mit hinter der Kamera und sahen zu, was ihre Kumpel da machten. In der Regel war es dann so, daß sie schon beim zweiten Mal Dinge wie Onanieren oder Oralverkehr praktizierten. Und dann gab es welche, die haben gesagt: Ich mach alles, aber nur mit dem oder dem. Und dann gab es welche, die haben gesagt: Ich mache weder oral noch anal noch über-haupt was, aber ich möchte gerne mitspielen. Für die wurden auch Rollen gefunden. Das blieb im Ermessen des Einzelnen.

Von den Darstellern hat mir bis heute keiner vorgeworfen, daß ich sie verführt oder mißbraucht hätte. Ich meine, ich habe mich ihnen gegenüber fair verhalten. Aber keine Frage, 15-, 16jährige oder auch 17jährige haben nach meiner heutigen Sicht in so einem Geschäft überhaupt nichts zu suchen, ob bezahlt oder unbezahlt. Ich hätte auch etliche Filme drehen können, ohne die Darsteller zu bezahlen. Es gab genug, die einfach Sex haben wollten, und es ist ja die Ausnahme, daß man für Sex – dazu, wie es häufig war, mit weiblichen Darstellern – auch noch Geld bekommt. Aber mein generelles Prinzip war: Wenn ich dran verdiene, sollen auch die anderen dran verdienen.

Falsch war es so oder so. Wenn ich sie nicht bezahlt hätte, hätte man mir vorgeworfen, ich hätte die Leute nicht partizipieren lassen. Hätte ich noch mehr bezahlt, hätte ich sie noch mehr abhängig gemacht. Moralisch war es immer falsch.

Manche hatten dann richtige Schwierigkeiten in ihrer Clique, nachdem bekannt wurde, daß sie zum Beispiel Analverkehr gehabt hatten. In anderen Cliquen waren das sehr wohl Helden, weil sie das Alphatier waren und mit dem verdienten Geld die Clique einluden, kauften.

Man verkaufte sich mächtig. Ich kam zu der Erkenntnis: Mit Geld kriegst du alles. Plötzlich grüßten mich Leute, bloß weil ich mir einen BMW leisten konnte. Ich hatte zuerst das Auto, die Fahrerlaubnis später.

Ich habe immer noch in der Dachkammer gewohnt. Als der Firmenchef, der selbsternannte Pornokönig von Deutschland, bei einem Besuch sah, in welch bescheidenen Verhältnissen ich wohnte, hat er gesagt: Ich spendier dir ein Haus. Wir fahren jetzt rum, such dir eine Villa aus, ein kleines Schloß, daß du gleich noch Platz hast zum Drehen. Ich habe ein großes Einfamilienhaus ausgesucht, das hat er gekauft und ausbauen lassen. Später hieß es, es ist geschenkt, und nach meiner Festnahme wurde das Geschenk von ihm widerrufen. In diesem Haus konnte ich mich einrichten mit meinen mir dann möglichen Käufen an alten Bildern, Büchern und Antiquitäten.

93 war die Johnson-Tagung in Güstrow. Dabei waren Unseld und Hans Peter Duerr, und der Ministerpräsident nahm mich zur Seite: Schreiben kannst du ja ganz gut, aber mit den

Filmen, muß das sein? – Das war für mich ein gewaltiger Schreck. Aber nach drei Tagen habe ich mir gesagt: Wenn der das weiß, hat er mir jetzt quasi seine Segnung gegeben, ich bin legitimiert, was ich mache, ist völlig korrekt.

Meine Freunde wußten, daß ich drehe. Einige sahen sich die Dinger auch an, fasziniert von den jugendlichen Körpern und den stellenweise gelungenen Bildinszenierungen, andere haben sich abgewandt: Mit dir wollen wir nichts mehr zu tun haben. Konnte ich mit leben, mußte ich mit leben, das Geld hat mich ruhiggestellt. Ich lernte ja durch meine Filmerei auch viele neue Leute kennen wie Lagerfeld oder den Regisseur Kern. Kern hatte gerade Das Gossenkind rausgebracht, und wir hatten vor, gemeinsam einen Spielfilm zu machen, ich mit meinem Stab von Pornodarstellern, und er dreht einen Film über einen Pornofilmer. Also ein Film im Film.

In der Zeit kamen auch in der einschlägigen Journaille Portraits über mich und mein Arbeiten raus. Langsam suppte es durch, erst deutschlandweit, dann auch europaweit. Sebastian B… war 94, 95 ein sehr gefragtes Produkt, und der Druck der Produktionsfirma wurde mit dem Erfolg immer größer. Die haben im Jahr mehrere Millionen verdient an meinen Filmen. Es kam Konkurrenz auf den internationalen Markt, es gab andere Leute, die drehten so wie ich, in Tschechien, in Polen, in Rußland. Diese Filme kamen aber alle nicht so gut an, weil die Darsteller nicht deutsch sprachen und aussahen. Auch bei den französischen und spanischen Käufern. Hinzu kommt, daß es in meinen Filmen immer eine mehr oder wenige konkrete Handlung gab. Mantel- und Degengeschichten; Pfadfindergeschichten; eine einsame Insel, Feinde kommen; ein böser Vater, das Kind muß ins Heim, der schwule Freund entführt den Sohn; Deckel geht auf, Schacht, wo führt er hin, Geheimnis, Geheimnis; Musenkinder, im Schloß beherbergt, die nicht nach draußen gehen wollen in die böse Welt, sondern nur sehr elitär leben wollen mit dem schwulen Freund – Orpheus hieß der Film, Eurydike war der männliche Partner. Es wurde sehr viel draußen und an Schauplätzen gedreht, in Ruinen oder in Bauernhäusern oder auf Schrottplätzen zwischen alten Russenpanzern. Das kenne ich aus der Werbefotografie, in der ich mal kurzzeitig gearbeitet habe: einen perfekten Körper in eine marode, diffuse Umwelt zu stellen. Ein kaputtes Schloß, die Decken sind durchgebrochen, alles ist grau und schlimm, und dann der perfekte ...

Ich bekam viele Einladungen von Millionären, die irgendwo am Mittelmeer oder in Amerika wohnten, und plötzlich sollte ich mal vorbeikommen und was über Film erzählen. Aber sollte doch bitteschön noch drei, vier Boys mitbringen. Das ist das Übliche, das man über mich an die Boys wollte. Vier Fünftel der Fanpost wurde von der Firma einbehalten. Später habe ich bruchstückhaft erfahren, von wo ich überall Einladungen bekommen hatte. Auch welche Kuriosa es um meine Filme gab. Zum Beispiel hat Horst Janssen meine Filme öfter mit seinen Zeichnungen bezahlt.

95 lernte ich über eine Kontaktanzeige eine Ärztin kennen und habe mich ihr langsam, langsam anvertraut, weil ich das Eigentliche, was ich suche, auch beim Film nicht gefunden habe. Ich glaubte, Jugenderinnerungen an erotische, emotionale Bindungen mit der Pornofilmerei rekapitulieren zu können. Zum einen, indem ich als bekennender Voyeur hinter der Kamera stehe und denen zugucke. Mir also selbst zugucke, was ich damals gemacht habe. Ich hab etwas in den Raum geschmissen. Eine Szene arrangiert, die ähnlich einer Sportszene war. Kommt jetzt eine Stimmung auf, die ähnlich ist, wie wir sie damals hatten? Das Thema ist gleich, die Typen sind ähnlich – passiert das Ähnliche wieder? Das läßt sich aber natürlich nicht filmen, das kann nur im Herzen oder Kopf schwingen oder nicht schwingen.

Zum anderen glaubte ich, unter der Masse aller Darsteller den Idealdarsteller zu finden, der auch der Lebenspartner ist. Mit dem ich das also real wiederholen kann, ohne Kamera. Aber da stellte sich eben keine Partnerschaft ein. Mit einzelnen Darstellern hatte ich Sex, das sind auch Freundschaften gewesen, die lange geblieben sind, teilweise trifft man sich heute noch, ist sich wohlgeneigt, und sie haben Familie. Das gabs in der Anfangszeit mehr, zum Ende hin gar nicht mehr, weil die Enttäuschung da war. Die wollten nicht ins Theater und nicht ins Konzert gehen, da war auch der Altersunterschied entschieden zu groß. Ich hatte keine Lust, Lehrer zu spielen. Da hört einfach die Liebe auf, wenn man merkt, man muß erst Hausaufgaben mit denen machen. Dann ist das Bedürfnis nach Nähe bei mir schnell gestört.

Die Ärztin hat sich sehr in mich verliebt, sie hat das Porno-Metier abgelehnt und nur gesagt: Wir ziehen nach Süddeutschland, ich kriege einen Chefarztposten, ich verdiene soviel Geld, daß du nur noch schreiben brauchst bis ans Lebensende und mußt dich überhaupt nicht kümmern. Schon 94 hatte ich mich für ein Jahresstipendium der Villa Massimo beworben, um zum Schreiben zurückzufinden. Allein, ich bekam das Stipendium nicht. Das Angebot der Ärztin wäre wieder eine Chance des Ausstiegs gewesen, aber ich habe die Kraft nicht gehabt, sondern zu immer mehr Skurrilitäten Zuflucht gesucht. Für das Auto mußte die Garage im Winter beheizt werden, ich hab es jeden Tag geputzt. Das konnte nicht ungeputzt in die Stadt fahren. Wenn zu schmutziges Wetter war, bin mit dem Taxi Einkaufen gefahren. Das Auto, das war ein 8er BMW, sollte mir nicht unbedingt das Image verschaffen, das man mit ihm bekommt, sondern ich wollte schlechterdings etwas Einmaliges haben, so wie einen Menschen, der nur mir gehört.

Die selbstangelegten Fesseln haben mich bewegungsunfähig gemacht. Das kulminierte im zunehmendem Streß mit dem Firmenchef, der mir immer unsympathischer wurde, je näher ich ihn kennenlernte, seine Geschäftspraktiken und auch seine privaten Neigungen. Am Ende blieb eine tiefe tiefe Abscheu gegen diesen Mann. Ich fuhr ja regelmäßig im Monat mindestens zweimal runter, um die Filme in seinem großen Studio zu schneiden. Die Cover wurden gedruckt, der Text für das Cover wurde entworfen und die Preise mußten festgelegt werden.

So wie mir der Mann zu Anfang eine Leitfigur war, von seiner Größe her, von seiner Entschlossenheit, von seiner Willenskraft, so war er mir später zutiefst verhaßt. Der einzige Mensch, den ich bis jetzt gehaßt habe. Wegen seiner Willkür, seiner Jähzornigkeit, seiner Menschenverachtung – die bis in die Kotspitzen geht. Er ist ein leidenschaftlicher Koprophage, der wirklich auch im Kot badet, und wenn er das nicht tatsächlich macht, dann behandelt er Menschen wie Kot. Abhängig sind sie sowieso alle von ihm, er umgibt sich nur mit Leuten, die völlig finanziell von ihm abhängig sind. Und wenn sie es noch nicht sind, dann macht er sie dazu, da spielt ein Dutzend Tausender keine Rolle.

Ich hab Alpträume gehabt von dem Menschen, bis hin zu Mordträumen. Oder erstmal war der Wunsch da, daß er verunglücken möge. Weil er ja ständig Alkohol trinkt und bei Rot über die Ampel fährt. Aber nie passiert ihm was, er hat immer einen Glücksengel gehabt. Er hat alles durchbekommen, was er wollte. Er hat alle verurteilt, die ihm nicht geheuer waren, er hat alle Konkurrenten niedergemacht. Er ist schlechthin der Sieger. Jedes Skatturnier gewinnt er, jedes Tischtennismatch gewinnt er, jeden Boy kauft er.

Es blieb natürlich nicht aus, daß er partizipieren wollte an dem vermeintlichen Schlaraffenland, sprich, er wollte Darsteller haben zu seinem privaten Gebrauch. Ich habe das ziemlich früh zu unterbinden versucht, schon bevor ich Kenntnis vom gesamten Spektrum der Sexualpraktiken dieses Herrn hatte. Ich habe einfach gemerkt, daß es mir nicht bekommt, ihm ausgesetzt zu sein – wie wenig dann den anderen.

Der Kontakt ließ sich nicht verhindern, nur minimieren. Er wär am liebsten dreimal im Monat nach Schwerin gefahren und am Ende kam er viermal im Jahr. Nicht verhindern ließ sich, daß meine Darsteller sich unabhängig von mir mit ihm verabredeten und ihn für einen tollen Hecht hielten, weil sie in seinem Flugzeug sitzen oder Auto fahren durften, als 16-, 17jähriger mit der S-Klasse oder mit einem seiner Rolls Royce oder Jaguar. Manchmal habe ich das Gefühl gehabt, die Autos werden nur angeschafft, um damit Jungs zu binden. Aber es ist ja auch nicht so, daß er mit allen Darstellern Kontakt haben wollte, von sich aus schon nicht, seine Models – seine Opfer, muß man schon sagen – mußten möglichst dünn, kleinwüchsig, zierlich und eher schüchterne, unsichere Typen sein. Und meine Darsteller waren in der Regel nicht seine Typen, so daß die sozusagen schon von sich aus geschützt waren vor dem Mann.

Ich war mittlerweile so bekannt, daß keine andere Firma es gewagt hätte, mich abzuwerben, er hätte die Firma sofort in Grund und Boden gestampft. Ich war seine beste Einnahmequelle. Allein der Film Blumenbengel wurde etwa 6000mal verkauft, die Kopie ging für 90 Mark an die Shops, das machte für die Firma 540 000 Mark, ich habe für den Film 8000 Mark plus 15 000 Tantiemen erhalten. Zu den üblichen Pornos kam 95 noch die neue Reihe Softpornos hinzu, die wurde für den englischen Markt kreiert. Es durfte keine pornographische Sexualität stattfinden, also Erektionswinkel unter 90 Grad, kein Spermaausstoß und Küssen nur mit Trockenlippen. Dann gab es noch die Halbstundenfilme, Teen Sex – also Filme mit jungen Mädchen – und Erwachsenenfilme. Ich habe ja nur gut 30 Filme als Sebastian B... gedreht, aber an die 100, die meinen Namen nicht tragen.

Die Filme ähnelten immer mehr einer dem anderen, weil die Stories so originell nicht mehr sein konnten, die Drehorte sich langsam erschöpften und auch die Darsteller so üppig nicht mehr nachkamen. Am Ende war ich kaum noch Herr meines Lebens. Zwar Herr von ein bißchen Geld, aber im Vergleich: Die Firma hat über die Jahre 20 bis 30 Millionen an meinen Filmen gemacht, ich bin bei einem Umsatz von 900 000 Mark stehengeblieben. Dann kam zum Glück der 16. September 1996.

Als im Videoclub die ersten erotischen Schnipsel fabriziert wurden, sprach sich das natürlich in der Schule in Windeseile rum. Klar, das drang auch bis zu den Eltern. Eltern, die gar keine Jugendlichen dabei hatten, empörten sich am lautesten. Ich habe gemerkt, daß es nicht gut ist, wenn ich aus dieser Schule, wo ich unterrichte, meine Darsteller rekrutiere. Später habe ich die, die darstellen wollten, immer gefragt, aus welchem Elternhaus sie kommen. Für mich war wichtig, ob sie öffentlich angreifbar wären, zum Beispiel hatte ich mal den Sohn eines Ministers als Bewerber, den wollte ich nicht haben. Und mir war es lieb, wenn die Darsteller zu Hause sagten, was sie machen. Etliche haben es auch getan. Von denen war die Überzahl aber über 18, und vielleicht zehn oder zwölf Eltern von Darstellern unter 18 haben das toleriert. Die haben auch nicht genauer gefragt, was da passiert, aber sie wollten wissen – die Anrufe kamen öfter –, ob das Geld bei mir verdient worden ist und ob da nicht irgendwelche Drogengeschäfte oder Diebstähle vorliegen. Ich habe dann gesagt, daß wir erotische Filme drehen. Dann kam die Rückanwort: Ja, das ist mir bekannt. Wenn das stimmt, dann ist es in Ordnung.

Ich war schon einmal in Ermittlungsverfahren reingerutscht wegen meiner Filmerei. 91 bin ich zu 4500 Mark Geldbuße verurteilt worden, weil ich mit unter 16jährigen gedreht habe. Danach bin ich vorsichtiger geworden. Ich habe mir von den Darstellern die Ausweise und schriftliche Einverständnisnahmen geben lassen. Es ist vorgekommen, daß 15jährige oder auch mal ein 14jähriger mitgespielt haben, die mir gefälschte Ausweispapiere vorgelegt haben. Die haben von der Tabakbanderole eine Ziffer ausgeschnitten und damit ihren Schülerausweis so manipuliert, daß sie über 16 waren. Ich habe das nie geprüft. Das ist eine Nachlässigkeit, die man mir juristisch und moralisch vorwerfen kann.

Der Auslöser für das zweite Verfahren war die Freundin eines Jungen, der mit viel Geld in der Tasche abends nach Hause kam, in die Kneipe ging und es versoff, aber nicht mit ihr zusammen war. Dann ging sie zur Polizei und sagte: Mein Freund hat immer so viel Geld, ich glaube, er hat eingebrochen. Aber es kann auch sein, daß er etwas anderes macht. Ich hab mal gehört, daß er Pornos dreht. Dann passierte eine Weile nichts, das weiß ich aus den Ermittlungsakten. Dann ging sie nochmal hin und sagte, sie habe gehört, der Typ, der das macht, heißt Norbert – und mit Nachnamen Fleischer oder so. Also eine unspektakuläre Anzeige, die vielleicht in den Jahren zuvor zehnmal gegen mich gestellt wurde und im Sand verlaufen ist. Es gab aber im September 1996 den Fall Dutroux, und die Sensibilität war erheblich gestiegen. Als diese große Welle von Kinderporno und Kindesmißbrauch über Europa schwappte, und man in Belgien wähnte, der ganze Staat schwimmt davon.

Ich bin mehrere Wochen von einem Sondereinsatzkommando überwacht worden. Ich hab nichts mitbekommen, die haben richtig gut gearbeitet bis zu dem 16. September, an dem die Polizei meinen Drehort stürmte. Plötzlich war eine Pistole an meinem Kopf. Natürlich wußte diese Polizei, daß ich nicht bewaffnet bin, daß die Darsteller nicht bewaffnet sind, aber das gehört einfach zum Szenario des schnellen Zugriffs. Was viel schlimmer war: Da lagen die Darsteller mit Handschellen auf dem Rücken und Pistole am Kopf im Dreck, und ich stand daneben ohne Handschellen. Man hat die Darsteller von Anfang an wie Schuldige behandelt. Eine völlige Verkehrung der Realität. Die Darsteller sind meine Opfer, nicht die Täter, nicht die haben mich zum Filmen und Bezahlen in Abhängigkeit gebracht, sondern ich die. Später werden sie zum Revier weggebracht, aber ich darf mich in meinen 8er BMW setzen und selbst zum Revier fahren. Der Sinn dieser Übung kam erst Wochen später ans Licht: Die Darsteller sollten geschockt werden, um gegen mich auszusagen.

Ich bin nicht fürs Filmen verurteilt worden, sondern dafür, daß ich unter 18jährige Darsteller bezahlt habe. Ich könnte mit 16-, 17jährigen Pornos drehen, bis die Kamera verglüht, bis die Darsteller impotent sind. Das Urteil ist ausschließlich ergangen, weil ich sie bezahlt habe. Paragraph 181.1: Wer Jugendliche unter 18 Jahren über Dritte, über Entgelt, über Versprechen zu sexuellen Handlungen anregt. Das Gesetz sieht dafür zwei bis fünf Jahre Haft vor, ich habe zweieinhalb bekommen.

Meine Filme sind nie verboten worden. Der Händler darf ganz legal verkaufen, was auf die von mir praktizierte Weise gar nicht hergestellt werden darf. Das sind die Lücken im Strafgesetz. Ein 17jähriger darf ganz legal in einem Porno mitspielen, diesen Porno aber nicht ausleihen oder kaufen.

Heute sind meine Filme Sammlerstücke. Sie sind nach meiner Verurteilung nicht vom Markt genommen worden, sondern viele Videotheken haben sie nicht mehr geordert, weil die Rechtslage insofern unsicher war, als es in der Presse hieß, es sind Darsteller dabei, die Kinder wären. Also unter 14. Was nicht der Fall ist. Als Gras drüber gewachsen war, ein oder zwei Jahre später, hat die Produktionsfirma meine Filme verhackstückelt und die Szenen unter anderen Titeln und ohne meinen Namen herausgebracht.

Man hat mir sehr viel genommen mit der Verhaftung. Hat mein Geld eingezogen, meine Technik wurde beschlagnahmt. Der lokale NDR drang in mein Haus ein und präsentierte genüßlich, wie ich einst lebte: Himmelbett, Gemälde, Bücher – mein Eigentum war nun Freiwild. Die Einladung wurde angenommen, das Haus von eifrigen Zuschauern geplündert. Die Polizei grub im Keller und pflügte den Hof um, und der Firmenchef schaffte mein verbliebenes Eigentum in seine Villa nach Düsseldorf, als Pfand für meine Loyalität, denn auch gegen ihn wurde nun ermittelt. Die Polizei grub im Keller und pflügte den Hof um, denn Dutroux soll im Keller seines Hauses Mädchen umgebracht und verscharrt haben.

Die Schweriner Volkszeitung (SVZ) inszenierte über Monate eine Hysterie. Das dümpelnde Blatt mit den vielen Ex-Genossen wollte den Skandal um jeden Preis. Leute, die ich nie kannte, äußerten sich über meinen Charakter. Der Vorsitzende des Verbandes der Schriftsteller Mecklenburg verfaßte im Namen seiner Kollegen einen Brandbrief wider mich. Er forderte, meine Bücher aus allen öffentlichen Einrichtungen zu entfernen. Die Fackel fiel ihm auf die Füße, denn keiner der Kollegen hatte unterschrieben. Ein als besorgter Vater Vorgestellter, dessen Sohn freiwillig in ein Heim ging, um vor diesem Vater geschützt zu sein, sinnierte in der SVZ, wie er mich umbringen könnte. Ein Vater aus Wismar beschuldigte mich, seine kleine Tochter vergewaltigt zu haben. Am Ende war er es selbst, zehn Jahre Haft war die Quittung. Die Akademie der Künste wurde beschuldigt, einem europaweit bekannten Kinderschänder den Döblin-Preis zuerkannt zu haben, und der Kinderschutzbund forderte Aberkennung. Man stellte in Frage, ob ich überhaupt Verfasser von Kontrollverlust sein könne. Dutroux entsprechend fragte die SVZ: Welcher Minister hielt jahrelang schützend die Hand über B.? Welche Verbindung bestanden zum Staatssekretär im Kultusministerium? Der Mann war schwul. Wer war noch schwul, sollte bei günstiger Gelegenheit abgeschossen werden?

Aber ich hadere nicht mit meinem Schicksal. Dem Staatsanwalt danke ich für seine Ermittlungen und dem Richter für das Urteil. Mit der Verhaftung fiel von mir ab, was mich über Jahre bedrückt und belastet hat. Ich habe das augenblicklich gespürt. Ich brauchte zum Beispiel nicht mehr mein Auto von morgens bis abends zu putzen. Endlich nicht mehr durch die Kamera gucken und auf diesen kleinen Schwarzweiß-Monitor. Was so anstrengend für die Augenkraft ist, daß ich stellenweise wirklich verschwommen gesehen habe. Ich wußte, der Zwang ist vorbei, sich öffentlich so zu geben, wie man das von einem erfolgreichen Geschäftsmann erwartet. Zumal in Schwerin – das ist ein Dorf – jeder wußte, was ich getan habe, aber alle so taten, als sei ich der Dichterfürst.

Im Gefängnis konnte ich endlich wieder schreiben. Das Schreiben überfiel mich. Überfiel mich als Pendant zur fünfjährigen Zwangshandlung. Der Zwang des einen zog den Zwang des anderen nach sich: sich freischreiben, alles wegschreiben und im Schreiben das Heil suchen wollen.

Schon im Jahr davor hatte ich über eine alte Frau geschrieben, Anna – dieser Text ist 96 in Andreas Neumeisters Anthologie Poetry Slam! herausgekommen –, die man für idiotisch hält, die aber eigentlich nur sprachgestört ist und gerne über ihre Probleme reden möchte, aber es nicht kann, weil sie die Worte nicht rauskriegt. Da schlüpfe ich zum ersten Mal nicht mehr in die Rolle dessen, der freudig was erzählt, sondern der sich selbst als gescheitert sieht, seine Probleme aber nicht artikulieren kann.

Ich habe dann am vierten Tag in U-Haft ein Romankonzept entworfen. Ich wußte, daß es eine Trilogie wird, die wieder die Themen Individuum, Macht und Erotik darstellt. Da werden meine Erfahrungen und Erlebnisse mit der Pornofilmerei sehr sublimiert wiedergegeben – nach diesen vielen Fassungen, die mittlerweile entstanden sind. Je mehr man den Text bearbeitet, knetet und formt, desto mehr nimmt man sich selbst raus, nimmt auch die Leute raus, denen man zuerst sehr gram ist. Das ist auch gut, daß der Text wegkommt von einem selbst und dem Geschehen.

Der erste Teil der Trilogie heißt: Kein Blick zu wilden Tieren. Anna, die verwirrte alte Frau, erzählt aus ihrer Zeit im Rastenburger Führerbunker. Ihr Enkel Robert dreht Pornos und der reiche Onkel aus Düsseldorf sucht in Ostdeutschland Knaben. Der zweite Teil – Du bist das Fleisch, ich bin das Messer – erzählt in Dialogform einen Gerichtsprozeß. Angeklagt ist der Pornokönig, dem am Ende sogar noch Kindesmord be-

Sebastian B...

wiesen wird, aber er kommt frei, weil das Gericht von den Medien dirigiert wird. Den Prozeß gewinnt, wer überzeugend auftritt, der Zuschauer entscheidet. Der dritte Teil hat den Titel: Hab mein Wage vollgelade.

1998 wurde ich eingeladen, als Freigänger in Schwerin beim Filmkunstfest aus dem ersten Teil der Trilogie zu lesen, der damals noch Porno hieß. Und nicht genug dessen, die Autoren Goyke und Schmidt sollten auch lesen. Goyke und Schmidt haben in ihrem Buch Der Oscar von Schwerin die Affäre Sebastian B... aufgearbeitet. Sie haben sich alles verfügbare Material beschafft und haben versucht zu beschreiben, wie es kommt, daß jemand in einer Kleinstadt quasi ungehindert mit insgesamt über 160 Jugendlichen Pornos dreht und in diesem Medium zum Weltstar wird.*

Es war alles in Ordnung, bis vier Tage vorher der CDU-Fraktionsvorsitzende gesteckt bekommt, daß ich lese, und einen öffentlichen Brief erstellt, in dem er schreibt: Wie kann das sein, daß der Mann diesen Text liest, wo er doch verurteilt worden ist wegen derselben Sache und quasi wieder eine Straftat begeht. Fünf Tage lang überschlagen sich die Zeitungen mit Kampagnen: Niemals soll einer, der das gemacht hat, wieder lesen dürfen. Ein Redakteur ruft die UNO-Menschenrechtskonvention zum Schutze von Kindern an und sagt: Wenn er liest, ist diese Konvention verletzt, weshalb die ganze Regierung angeklagt werden müßte. Die Kultusministerin Regine Marquardt muß eine Strafanzeige gegen mich stellen, um dem Mißtrauensantrag des Oppositionsführers zuvorzukommen. Sie hat ja auch die Oberhoheit über die Schulen, und viele meiner Darsteller sind Schüler gewesen. Sie läßt sich Kopien des Manuskripts vom Festival zukommen und die kursieren plötzlich in allen Ministerien, weil jeder Verantwortliche sich da beschrieben wittert. Denn das war auch eine große Schlagzeile in den Zeitungen: Wer deckte jahrelang B.? Wer steht dahinter?

Die Staatsanwaltschaft in Schwerin sagt, der lebt ja gar nicht in Schwerin, der lebt in Neumünster. Die Staatsanwaltschaft in

---

* Aufgrund erfolgreicher Unterlassungsklagen Regine Marquardts und des ›Firmenchefs‹ wird das Buch aus dem Handel genommen.

Kiel macht auch nicht mit. Also sagt der Generalstaatsanwalt in Rostock: Es muß ermittelt werden, ich machs in Rostock. Er hat ein heftiges Interesse daran, sich zu profilieren, und statt nach 18 Monaten vorzeitig entlassen zu werden, blieb ich wegen dieses neuen Verfahrens weitere vier Monate in Haft.

Ich saß eigentlich beim Spiegel, und sie wollten ein Interview machen. Grass mischte sich ein, und ein Schriftsteller, der wegen eines Buches, das noch gar nicht veröffentlicht ist, sitzen muß, ist natürlich eine schöne Story. Da klingelte das Telefon – am 11.11. –, der Knast rief an: Ich soll sofort zurückkommen zur Sturzentlassung. Da hatte der Spiegel von Minute auf Minute kein Interesse mehr an einem Interview, die Brisanz war weg. Aber das Verfahren gegen mich wurde erst eingestellt, als Grass den Nobelpreis erhielt. So geht's dann auch. Plötzlich implodierte ein System, das nur von Phrasen, von Vermutungen lebt und nur sich selbst bedient.

Heute meide ich öffentliche Auftritte. Seit zwei Jahren pflege ich meine Mutter. Sie rührt Kaffee in die Marmelade, hält die Sonne für eine Straßenlaterne und mich für einen Wildfremden. Manchmal hat sie lichte Momente und weiß meinen Namen. Die Trilogie ist inzwischen abgeschlossen und wartet geduldig auf einen Verleger. Irgendwann wird die Zeit kommen, in der sie gedruckt wird. Vielleicht dauert es fünf Jahre, vielleicht 20 Jahre, man wird sehen. Zwei historische Wissenschaftsromane, die ich sozusagen als Fingerübungen nebenher geschrieben habe, sind in der Endredaktion, vielleicht finden die leichter einen Verlag.

Ich lebe in stabilen Verhältnissen, jede Aufregung meidend. Das ist auch nötig, um mich ganz einer neuen Aufgabe zu widmen. Ich bin wieder in der Zeit angekommen, die mich schon als Jugendlicher so beeindruckt hat, und schreibe an einer Chronik der Regentschaft Friedrichs des Zweiten. Eigentlich hat mich Prinz Heinrich interessiert, der im Schatten dieses großen Bruders stand. Als skurrile Person galt, die ganz originelle und eigenartige Feste im Schloß Rheinsberg feierte. Da tobten nackte Burschen rum und vollführten Orgien, während am Potsdamer Hof zwar auch Knaben rumliefen, aber wesentlich anders. Es ist ja bekannt, wie Friedrich der Zweite gedemütigt wurde, seinen schwulen Freund von seinem Vater geköpft zu sehen. Das ist natürlich ein Trauma, das er nie überwunden hat – mit dem Trauma kann ich nicht mithalten –, aber es ist hochinteressant, wie er dann versucht durch die Macht, die er hat, dieses Trauma zu überwinden und zu bestehen und wie er dann selbst zu einer gefürchteten Institution wird.

Mein von niemandem gestellter Auftrag ist es, für jeden Tag von 1740 bis 1786 alle verfügbaren Quellen zusammenzufügen – so wie das Kempowski mit dem Echolot macht. Aber immer steht der König der Mittelpunkt. Dafür muß man sehr viel rumreisen zu Bibliotheken oder sich Prints besorgen. Diese Chronik wird mich noch mindestens fünf Jahre beschäftigen.

Alexander Wolf
*1976

Mai 2000. Alexander Wolf teilt die Wohnung mit Jens Thiel. Ich treffe ihn nur wenige Tage später, aber mittlerweile ist der Boden blitzblank gewischt, liegt ein weißer Läufer im Flur und hängt eine Garderobe neben der Tür. Wie ein Heinzelmännchen, jedoch unter Tag, bringt Alexanders Vater die Wohnung Schritt für Schritt in Ordnung. In anderthalb Jahren müssen sie die Wohnung verlassen – bis dahin wird sich das Schicksal von Wolfs Unternehmen längst entschieden haben.

Ende 1985 produzierte die DDR den ersten brauchbaren Homecomputer, den KC 85, und ein Jahr später die Ostvariante des Commodore 64, den KC 85/3. Ein Freund hatte den nur in der Ecke rumliegen und hat ihn mir ausgeliehen. Da habe ich angefangen zu programmieren, auch in der Schule in den ersten freiwilligen Informatik-Kursen. Dann kam die Wende und ich hab erstmal bei Freunden geguckt, die sich den Commodore 64 gekauft hatten. Und ein halbes Jahr später, das muß 1990 in der zweiten Hälfte gewesen sein, habe ich mir das Nachfolgemodell, den Amiga 500 gekauft. Irgendwie hatte den dann sowieso jeder, der PC war damals noch nicht aktuell: langsam und rudimentäre Grafik und nicht wirklich brauchbar. Der PC kam erstmal nur mit einem schwarzen Feld und einem Eingabeprompt daher, und der Amiga hatte damals schon eine graphische Oberfläche, eine Maus. Um diesen Rechner entwickelte sich eine große Szene: junge Leute, die mit dem Rechner Grafiken gezeichnet und Musik gemacht haben, später dann irgendwelche Demos programmiert haben – Demonstrationen programmtechnischen Könnens. Es entstand die sogenannte Demoszene, die existierte europa-, wenn nicht weltweit, und nannte sich gern die Elite der Programmierer. Ein Jahr später sah ich: Freunde stiegen um auf den PC, und man war beeindruckt von den Sachen, die ein PC mehr leistete

Alexander Wolf im Juni 2000. Foto: Antje Majewski

als ein Amiga, nicht unbedingt im Grafik- oder Sound-Sektor, aber was man generell programmieren konnte. Es gab eine Unmenge an Befehlen.

Relativ schnell habe ich mir ein Modem mit Postzulassung gekauft, was ziemlich teuer war – 1200 Mark. Hab die Zeitschriften gekauft und gesehen, hinten stehen Mailbox-Adressen drin, 30, 40, 50 und immer mehr, hab also angefangen, die anzurufen. Mir die entsprechenden Programme natürlich vorher installiert. Und hab gesehen, viele der Mailboxen sind graphisch nicht besonders durchdacht und nicht schön. Ein paar haben mir aber schon sehr gefallen, größere meist, wo viele Benutzer gleichzeitig online sein konnten, reger Mail-Verkehr hin und her herrschte, und hab an den Diskussionen teilgenommen und Dateien ausgetauscht. So bin ich sehr schnell zu neuen Grafiken gekommen, zu neuer Musik. Hab auch viele neue Leute kennengelernt. Gelegentlich haben die Mailboxen Usertreffen veranstaltet. Das war oft eine ziemliche Enttäu-

schung, es waren aber auch ein paar Leute dabei, die wirklich
sehr fit waren und die ich sehr mochte. Das war alles noch Berliner Umfeld, und wir haben uns dann zu einer Demogroup
geformt – Programmierer, Grafiker und Musiker – und fingen
an, die Rechner auszureizen.

Ziemlich parallel habe ich mir gedacht: Eine Mailbox ist eine
schöne Einrichtung, aber es ist natürlich teuer, dort immer anzurufen, ich will jetzt eine eigene haben. Ich hab damals sehr
viel Science-fiction gelesen, so William Gibson, und meine
Mailbox nannte ich die World of Illusion. Die Oberfläche in
ASCII-Grafik, 16 Farben und nur Blöcke, aber man kann auch
da schon eine Menge machen. Und ich hab natürlich viel Kontakt gehabt zu anderen Mailbox Sysops – System Operators –,
die haben meine Werbung in den Abspann reingenommen,
wenn man ihre Box verlassen hat.

Schnell sind die ersten User gekommen, die bei mir Dateien
hin und her transferiert und mit mir gechattet haben. Es ging
nur mit mir, ich hatte nur ein Modem und eine Leitung, das
heißt, es konnte immer nur eine Person anrufen und am anderen Ende war immer ich. Das Interessante dabei war, daß man
über die Aktionen des Users die volle Kontrolle hatte und die
volle Macht. Man konnte sehen: Wohin bewegt sich der User,
nach welchen Dateien sucht er, nach welchen Nachrichten
sucht er, und vielleicht möchte er mit mir chatten, dann hat
mein Rechner gepiept. Das war eine nette Geschichte: Ich
hatte ein 20-Quadratmeter-Zimmer, und da stand der Rechner,
immer an, machte Lärm, und daneben hab ich halt geschlafen.
Hatte aber auch die Möglichkeit, wenn der User irgendwas
Dämliches gemacht hat, den per Tastenkombination direkt zu
mir in den Chat zu holen.

Irgendwann haben in der World of Illusion so viele Leute
angerufen, daß ich eine zweite Leitung brauchte. Das gab natürlich mit meinen Eltern ziemlichen Ärger. Generell gab es
Probleme, weil die Telefonrechnungen immer verdammt hoch
waren. Ich hatte mal zu Spitzenzeiten 450 Mark, das als Schüler in der zehnten Klasse.

Ich hab mir die einzelnen Teile gekauft in der zweiten Hand
und ein zweites Computersystem zusammengebaut und hatte

dann eine Mailbox mit zwei Leitungen, was bedeutete, daß zwei Leute sich gleichzeitig einloggen und unterhalten konnten und, wenn ich noch da war, drei.

Zu der Zeit fingen auch die Demopartys an, für mich interessant zu werden. Mal in Dänemark, mal in Belgien, mal in Deutschland – das ist eine große Halle, dort sind Massen von Biertischen aufgebaut, jeder bringt seinen Rechner mit, und dann sitzen dreitausend Computerfreaks in dieser Halle, programmieren und tauschen im Netzwerk Dateien aus. Das ging drei Tage nonstop und geschlafen wurde entweder unterm Tisch, vorm Rechner oder gelegentlich mal in einer Tiefgarage, die zu der Halle gehörte. Richtig schlafen war sowieso nicht, weil es war mörderisch laut. Vorne an der Wand war ein Bigscreen, 8 × 10 Meter, auf dem die Programmierer ihre Demos vorgestellt haben, die wurden bewertet von den Leuten, die da waren, und prämiert.

Ein Freund, den ich von seiner Mailbox kannte, hat sich einen Gewerbeschein geholt, Rechner zusammengebaut und verkauft. Ich hab ihm ein paarmal geholfen, und irgendwann hab ich gesagt: Mensch, eigentlich kannst du es auch. Findst es eine interessante Sache, hast durch die Demos schon ein paar Anfragen von Leuten, denen du am Rechner was installieren sollst, teilweise sogar etwas programmieren. Ich hol mir auch einen Gewerbeschein.

Ich hab angefangen, als Wolf Computersysteme die ersten Kleinigkeiten zu verkaufen, da mal ne Maus und da mal ne Tastatur. Ich hab bei einem Großhändler mein Zeug geholt, meinen Gewinn draufgeschlagen und wieder verkauft. Parallel dazu, da war ich in der 12. Klasse, kamen schon ein paar größere Nachfragen, und ich habe gewechselt auf eine kaufmännische Schule, hab dort parallel zu der Firma in einem Jahr einen Abschluß gemacht, ziemlich gut abgeschnitten, aber das war auch nicht sehr hoch von den Anforderungen.

Nach dieser kaufmännischen Geschichte, meinen Eltern zuliebe, weil die gesagt haben: Junge, liebes Kind, lern doch erstmal einen Beruf oder geh studieren, mach mal, hab ich mich Tatsache bei sieben Banken beworben und hatte auch sechs Zusagen. Das meiste Geld gabs bei der LBB, also bin ich zur LBB gegangen. Der theoretische Unterricht war sehr schön, den konnte ich auch gebrauchen, der praktische Teil war, am Schalter zu sitzen, alten Leuten ihren Kontostand zu sagen, zu sehen, wie jeden Donnerstag einmal im Monat die Leute angekommen sind und sich die Sozialhilfe abgeholt haben. Komplett natürlich, es wurde immer komplett in bar abgeholt. Das habe ich drei Monate mitgemacht und dann habe ich gekündigt. Die Firma lief ohnehin nebenbei ganz gut, und ich dachte mir: Wenn ich meine volle Zeit reinstecke, wird es schon klappen.

Die Aufträge wurden größer, die ersten Rechner mußten gebaut werden. Es lief ganz gut, aber ich brauchte jetzt Unterstützung und habe Marco, einen befreundeten Sysop, gefragt, ob er bei mir einsteigen möchte. Hat er gemacht, das war dann die Firma Tuscon. Für den Namen mußte wieder mal William Gibson herhalten. Tuscon – jeder sagts anders, keiner weiß, wies richtig gesprochen wird. Schrieb sich gut, hatte niemand.

Marcos Vater war auch selbständig, hat Kopierer verkauft und uns ein paar Kunden übergeholfen. Dort waren es schon schwierigere Aufgaben wie komplette Computernetzwerke zu installieren, die regelmäßig zu warten, Zeug zu installieren. Damals mit ganz niedrigem Stundensatz angefangen, 69 Mark, weil wir dachten: 69 Mark, das kann sich schon keiner leisten. Ich hatte eine Zwei-Zimmer-Wohnung, und die Firma wurde zunächst aus einem der Zimmer geleitet, da wurden die Rechner gebaut und die Rechnungen geschrieben. Die ersten Wartungsverträge waren da und irgendwann liefs recht vernünftig. Daß monatlich aus festen Wartungsverträgen anderthalbtausend Mark reinkamen, der Rest extra.

Den Zivildienst hatte ich immer schon nach hinten geschoben. Hab mich dann gekümmert, daß ich einen guten Platz bekomme, mein Geschäftspartner half mir, der hatte seinen schon hinter sich. Das war ein Programmierjob in einer Augenklinik. Das war nett, ich hab mich mit dem Menschen gut arrangiert. Ich hab gesagt: Ich hab eine Firma, gelegentlich muß ich mal was machen, können wir da was dealen und tun? Und das haben wir auch gedealt und getan. In der Klinik half ich bei den Rechnerinstallationen, und ein paarmal auch bei ihm privat oder in der Praxis seiner Frau.

Während des Zivildienstes hatte ich einen ziemlich schweren Unfall mit meinem Mini Cooper, wodurch ich dann auch lange krank geschrieben war. Ein Freund saß mit im Auto, es hat geregnet, irgendwas war auf der Straße, ich mußte eine Vollbremsung machen, die linken Bremsen haben versagt, wir drehten uns ein paarmal und ich bin seitlich mit dem Kopf genau auf einen Lichtmast geknallt, da war ich ungefähr noch 30 km/h schnell. Was dafür gesorgt hat, daß ich erstmal für eine Woche in einem komaähnlichen Zustand lag. Meinem Freund ist zum Glück nichts passiert.

Das war schon ziemlich heiß. Ich hab die Polizeiprotokolle später noch gelesen. Da standen Sachen drin wie: Fahrer nicht ansprechbar. Und: Mit baldigem Ableben ist zu rechnen.

Bin dann zwar aufgewacht nach einer Woche, konnte aber weder richtig sprechen noch laufen. Hab sehr oft Besuch bekommen, das hat mir eine Menge Auftrieb gegeben. Von den Mädels hab ich einen Riesenberg Plüschtiere bekommen. Laufen ging dann langsam wieder, mit ein bißchen Übung und vielen Pausen. Langsam ging es auch wieder mit dem Sprechen. Ich hab aber einzelne Wörter beziehungsweise Silben vertauscht. Flog ein Hubschrauber vorbei, also gesagt: Hu-u-ub-balloon.

Nach anderthalb Monaten war ich eigentlich wieder fit, hab das aber so hingedehnt, daß ich für den Zivildienst noch vier Monate krank war. Wir haben die nächsten Kunden akquiriert und gelegentlich ein, zwei freie Leute beschäftigt, die wir zu einfachen Kunden schicken konnten. Es war langsam soweit, daß wir uns halbwegs gut ein Gehalt zahlen konnten. Ich habe etwa 1500 Mark gekriegt, Marco, mein Geschäftspartner, etwas weniger, weil er parallel noch studiert hat.

Wir hatten dann überlegt, daß er sich für ein halbes Jahr ein Wartesemester nimmt und wir die Firma richtig pushen, so daß wir jemand einstellen können, der uns bei der Arbeit unterstützt. Wir haben es nicht gemacht, weil er eines Tages meinte: Er will jetzt das Wartesemester machen, um bei einer anderen Firma ein Praktikum zu machen. Da war ich ziemlich sauer und hab ihm gesagt: Dann soll er sich die Hälfte der Wartungskunden nehmen und kann er gehen. Da war er ziemlich erbost:

Dann könnte ich genauso gehen. Er hat das Praktikum angefangen bei dieser Firma, das war Versteigern. de, ein Internet-Auktionshaus. Die haben ihm eine volle Stelle angeboten, recht gut bezahlt, und er hat angenommen.

Ich mußte mich von alleine wieder hochkämpfen. Hatte einen Teil der Kunden behalten, aber es ging sehr langsam und schleppend vorwärts, es war schon ein Rückschlag. Andererseits wars auch schön, weil ich mehr von meinen Ideen verwirklichen konnte, ich wollte mich mehr in Richtung Internet bewegen.

Wir hatten unser Büro gekündigt und einer meiner Kunden, ein Architekt, sagte: Er hat ein Riesenbüro, 150 Quadratmeter, und hat noch einen Raum frei. Wir haben uns recht gut verstanden, generell, auch von der Einrichtung her. Das ist also kein supertopmodernes Luxusbüro, das ist ein nur teilweise sanierter Altbau, recht stilvoll eingerichtet mit viel Holz und Metall. Wir sprachen viel über Internet, er hat viel gesurft an seinen Macintoshs und ich hab viel an meinen PCs gemacht. Und natürlich immer so ein bißchen belächelnd auf die Macs geguckt.

Es kamen die ersten Ideen auf zu einem Internet-Service, den es vielleicht in Amerika irgendwie schon gibt und der in Deutschland noch fehlt, nämlich eine Produkt-Informations- und Verkaufsplattform. Daß wir die Angebote der verschiedenen im Internet vertretenen Shops bündeln: Was kostet das Produkt wo. Eine Sache. Aber der User kann auch sehen: Wie gut sind diese Shops in verschiedenen Bereichen bewertet – Image, Service, Zuverlässigkeit, Geschwindigkeit, Garantie. Er kann sehen, wie gut ist das Produkt an sich bewertet. Einmal mit einem Rating der User, und dann verlinken wir auch auf Meinungsplattformen, machen Kooperationen mit Testmagazinen. Und man kann sich direkt über das Produkt mit detaillierten technischen Angaben informieren. Das heißt, wir stellen eine komplette Produktdatenbank hinter unser Portal. Wir haben Software-Agents entwickelt, die automatisch möglichst alle Shops suchen, und machen Kooperationen mit den Herstellern und auch Shops.

Wir werden für den User, der ein bestimmtes Produkt sucht,

die Auflistung machen nach den Shops, die den besten Service haben. Man kann das zwar umsortieren nach: Wer hat den billigsten Preis. Aber wir wollen auch den Shops einen Gefallen tun. Sie werben lieber mit ihren Dienstleistungen und ihrem Service. Gegen eine Gebühr können sie ihr Logo zeigen und den User auf Klick direkt zum Bestellformular leiten. Wir müssen für beide Pole eine Vermittlungsstelle sein.

Idealo wird dieses Portal heißen. Daran arbeiten wir seit Ende 1999. Ich hab Freunde von mir, ITler – Informationstechniker –, die vorher schon ein bißchen was für mich gemacht haben, dazugeholt, die auch an der Firma prozentual beteiligt wurden. Und wir haben einen komplexen Businessplan entwickelt, auch mit Hilfe von externen Leuten, unter anderem von Jens Thiel.

Meine alte Firma ist parallel dazu immer weiter runtergefahren worden. Es hätte sehr sehr lange gedauert, bis sie richtig erfolgsträchtig geworden wäre. Ich hab wirklich bei Null angefangen, für die erste Maus das Geld noch bei den Eltern geborgt. Später war es dann sogar so, daß wir Teile einkaufen und zusammenbauen und dann wieder teurer verkaufen konnten, ohne irgend jemanden dazwischenschalten zu müssen. Aber trotzdem hätte es bis zum nächsten Sprung eine Weile gedauert. Es hätten vier, fünf große Aufträge kommen müssen, bis wir hätten sagen können: Wir stellen jetzt jemanden ein. Irgendwann ist das eigene Zeitpotential ausgeschöpft, und man verdient soviel, daß man leben kann, aber nicht soviel, daß man expandieren kann.

Der Schritt wird mit dem Risikokapital, das wir für Idealo bekommen können, leichter fallen. Weil das Geld einfach da ist. Deswegen muß ich diese Chance jetzt nutzen, auch wenn das bedeutet: die nächsten zwei Jahre kein Urlaub, wie die letzten vier Jahre auch.

Ich hatte aus der Tuscon-Zeit langfristige Verträge, die konnte ich nicht kündigen, die liefen weiter. Ich hatte zu den meisten Büros der Kunden Schlüssel, daß ich auch nachts arbeiten konnte oder am Wochenende, was ich sowieso viel lieber gemacht hab. Ich hab sehr oft nachts gearbeitet, weil das eher die Zeit war, zu der ich aktiv war, egal was ich gemacht habe.

Ich war in meinen vier Jahren Selbständigkeit vielleicht viermal im Supermarkt einkaufen, und ansonsten gab es immer eine Tankstelle. Eine Tankstelle schräg gegenüber vom Büro, eine Tankstelle schräg gegenüber von der Wohnung. Gelegentlich hatte man auch mal eine Freundin, ein paar Monate, so lange hats nie gehalten.

Während der Tuscon-Zeit habe ich angefangen, relativ regelmäßig auf Partys zu gehen. Fing auch an, in Clubs zu gehen, sehr lange wegzubleiben. Was kurzzeitig so war, daß ich auch mal in der Woche bis vier, fünf unterwegs war und mich um zehn aus dem Bett gekämpft hab und zur Arbeit gefahren bin.

Die ganze Club- und Musikszene ist natürlich so ein: Man will möglichst viele Leute kennen irgendwie, aber nicht wirklich. Jeder grüßt den anderen und toll. Das hab ich am Anfang auch entsprechend gemacht und freute mich, wenn ich in einen Club ging, und kannte die Hälfte der Leute. Andererseits ist es auch schon wieder langweilig. Hab mich dann mit einigen Leuten etwas mehr beschäftigt, mit einigen Partyveranstaltern auch, hab denen mal einen Rechner verkauft und anderweitig geholfen.

Jetzt die neue Firma heißt seit vier Monaten sieben Tage die Woche Arbeit, 12, 14, 16 Stunden täglich, ich hab auch ein-, zweimal schon im Büro einfach auf dem Boden übernachtet, weil ich so müde war, daß ich nicht mehr nach Hause hätte fahren können. Was meine ganzen Freunde gemacht haben, was es Neues gibt, hab ich wenn dann mal hintenrum über irgendwie ein Telefonat rausbekommen.

Bei meinen Eltern bin ich sehr oft gewesen. Hatte einen Riesenvorteil, der Kühlschrank war immer voll. Das heißt, ich konnte nachts um drei kommen und wußte, wenn ich den Kühlschrank aufmache, dann kommt was zu essen bei raus.

Ich hab vielleicht 20 000 Mark in Idealo reingesteckt, ich bin zum jetzigen Zeitpunkt absolut pleite. Mein Firmenkonto ist auch auf Null, und da sollte eigentlich das Geld drauf sein, was das Finanzamt noch bekommt für dieses Jahr. Meinen Gesellschafteranteil, um die GmbH zu gründen, mußte ich mir teilweise borgen, privat von einem befreundeten Anwalt, das muß ich auch irgendwann zurückzahlen. Das heißt, das muß laufen. Das wird laufen.

Meine Eltern haben sich das angeguckt. Konnten mit dem Businessplan nicht so viel anfangen: B2B, B2C – haben sie nicht verstanden und meinten: Junge, wenn du meinst, das ist es, dann mußt dus halt machen, und haben mich unterstützt. Weil es wirklich ein paarmal so schlimm war, daß ich die Miete nicht zahlen konnte oder Geld brauchte, um mein Auto zu tanken oder was zu essen zu kaufen.

Einige Anteile der Firma gehören jetzt einem Business Angel, der hat sein Geld verdient mit der Sanierung ostdeutscher Bauunternehmen. Jetzt ist er damit beschäftigt, eigentlich nur noch sein Geld zu verwalten, in diversen Beiräten zu sitzen. Er fand unsere Idee gut und sagte: Okay, ich kauf mich ein mit einer siebenstelligen Summe. Das ist soviel Geld, daß wir zumindest das Produkt entwickeln und online bringen können. Und dann müssen wir suchen, daß wir die nächste Finanzierungsrunde bekommen, vor allem für Marketing. Es werden irgendwas um die vier bis sechs, vielleicht zehn Millionen Mark gebraucht werden. Es gibt nichts Teureres als Werbung, und es sollte übergreifend sein, vielleicht Radio. Bertelsmann hat sich gerade gestern in Amerika beteiligt an einer Comparison Shopping Site, so werden die reinen Preisvergleicher genannt, an Dealtime. Eine deutsche Testversion läuft schon. Die werden also jetzt irgendwann im Sommer eine große Marketingkampagne starten.

Mit anderen Internet-Gründern und ein paar Anwälten haben wir uns in einer Vereinigung der Berliner Gründerszene zusammengefunden und organisieren zum Beispiel gerade ein großes Gründer-Beachvolleyball-Turnier. Außerdem haben wir die Plattform berlinstartup eingerichtet. Die klassische Gründerstory, die zieht einfach nicht mehr vor Presse & Co: Die sechs tollen Gründer finden sich irgendwie, kennen sich auch schon immer, trinken ein Bier zusammen, die Idee entsteht, die schreiben in drei Tagen einen Businessplan, gehen zur Kapitalgesellschaft, kriegen drei Tage später das Geld und sind ganz toll.

Wir dachten uns, wir müssen irgendwas schaffen, was wirklich neu ist, und führen quasi Tagebuch, mit Fotos und ein paar lustigen Sachen, und stellen das vorerst anonym ins Netz. Wann steigt wer wie ein oder aus, Treffen mit dem Business Angel und Zusage und Feiern. Und nächsten Tag: Mist, Vertrag immer noch nicht unterschrieben.

Unser Business Angel hat uns die Investition zugesagt schon vor einigen Wochen. Das ist die Zusage: mündlich. Dann muß ein Gesellschaftervertrag gemacht werden, eine Satzung. Da haben wir gesagt: Wir machen jetzt schnell, unkompliziert einen relativ normalen GmbH-Vertrag, 7 Seiten lang. Zwei Tage später kam von seiner Kanzlei ein Entwurf zurück, der war 34 Seiten lang. Er hat einen Beirat eingeführt, wo er natürlich drinsitzen möchte, entsprechend ein Vetorecht haben möchte. Dann gingen Verhandlungen hin und her, und seine Kanzlei ist abgesprungen. Wieder sind ein paar Wochen flöten gegangen. Dann hat die zweite was geschrieben, womit wir einverstanden waren nach Absprache. Dann ging es zum Notar, alles war unterschrieben, und das Geld war immer noch nicht da. Gekommen ist es letzten Donnerstag und jetzt fingen wir an, uns Gedanken zu machen: Scheiße, wir haben eine GmbH, wir brauchen Arbeitsverträge für die Leute und brauchen Geschäftsführerverträge für uns. Wir können nicht zu dem Konto gehen, holen da erstmal 10 000 Mark und verteilen das.

Immerhin gehören mir an dieser Firma 24,8 Prozent. Der Business Angel hat weniger Anteile als ich und dafür sehr viel Geld bezahlt. Man kann natürlich hochrechnen, was die Firma dann wert wäre 100 Prozent, und wieder runterrechnen, was sind 24,8 Prozent davon. Das ist aber albern, das steht nur auf dem Papier. Die Firma, die das Produkt noch nicht mal komplett fertig entwickelt hat, ist unmöglich mehrere Millionen wert. Würde ich sofort machen, kein Witz, wenn mir jemand sagt: Aufgrund der jetzigen Firmenevaluation von mehreren Millionen, wieviel Prozent hast du, mm, aha, hier hast du zwei Millionen, da würde ich sagen: Okay, laß uns zum Notar gehen.

Ich glaube an die Firma, aber ich glaube nicht, daß wir, wie man das von einigen Start ups kennt, allein mit Idealo richtig

Alexander Wolf spielt auf. Foto: Antje Majewski

reich werden. Was wir machen, kann interessant sein für viele große Portale oder Zugangsprovider, also T-Online oder AOL. Die können sagen: Okay, so was fehlt uns in unserer Funktionalität, wir machen euch ein Kaufangebot. Ich sehe nicht mehr, daß wir ein alleinstehender Marktführer werden können.

Es ist schön, man spielt mal in der Liga mit und man trifft die Leute, die dort spielen, und auch die Leute, die es in der Liga geschafft haben. Man hat mit einem Mal einen Riesensprung gemacht. Ich hoffe, daß Idealo funktioniert, aber wenn es nicht funktionieren sollte, ist es gut, die Leute zu kennen und dann weiterzumachen.

Barbara Gies
*1969
Christopher Roth
*1965

Mai 2003. Die Betreiber des Internetshops Stylegames sind als solche nie persönlich in Erscheinung getreten. Wenige Tage nachdem die Website geschlossen wurde, treffe ich zwei der Gründer, Barbara Gies und Christopher Roth. Im schnellen Wechsel soll sich ihre Rede vereinen.

Wir haben kurz überlegt, ob wir Stylegames rudimentär weitermachen und ein paar Sachen weiter anbieten, die sowieso nicht liefen – es gab Artikel, die wurden nur so einmal bestellt und dann meist von jemandem, der bei Stylegames mitmachte. Am Anfang haben wir uns immer alle angerufen, wenn wir eine Bestellung hatten von jemandem, den wir nicht kannten. Wir haben unsere Sachen selbst am liebsten gemocht. Wir waren selbst unsere besten Kunden. Und das war auch grundsätzlich die Idee.

In München gibt es die sogenannten Schwabinger Geschichten. Da sitzen Leute im Café und sagen: Man müßte eigentlich mal, man sollte eigentlich mal, man hätte machen sollen. Und die Idee war eben, das genau umzusetzen. Es gibt soundsoviel Menschen, die man irgendwie gut findet, und die sagen: Ach, man sollte jetzt mal schnell eine Jacke machen, ein Foto machen. Oder ich hätte die genialste Idee für ein T-Shirt, wenn man das mal machen würde, dann würde man steinreich. Entgegengesetzt zu diesen ganzen anderen Dotcom-Ideen, die so wahnsinnig systematisch oder programmatisch Geld generieren wollten, hat man ein Netzwerk von Menschen, und man setzt auf die Menschen und sagt: Jeder hat fünf gute Ideen, und dann machen wir das einfach.

Unser Vorbild war A. P. C. Das ist ein französisches Inter-

Etikett für 50 Euro. Foto: Stylegames

netkaufhaus, das hat Olivenöl und eine Auswahl von wenigen CDs verkauft, die du eigentlich in jedem Laden bekommen konntest, aber sie haben auch ihre eigene Mode verkauft, Jeans und T-Shirts. Wir dachten, das machen wir auch, nur eben mit den Sachen, die uns gefallen.

Es war natürlich eine tolle Zeit, Ende der 90er, daß so viele Leute gesagt haben: Ich versuch das jetzt mal schnell. Da dachte man ja auch, es geht einfach, das Geld würde nur so rumliegen. Überall waren Angebote, in den Wirtschaftszeitungen waren Start-up-Wettbewerbe. Wir dachten, wir schreiben mal einen Businessplan und dann geben und schenken die uns von allen Seiten Geld und dann können wir das machen. Daß Leute sagen: Ja super, leg mal los und mach. Was dann so natürlich nicht passiert.

Wir hätten 200 000 bekommen können, ohne weiteres, bei der Berliner Sparkasse in der Torstraße. Es wirkte, als würden die einem das quasi schenken, weil sie seien von der Stadt unterstützt und dies und jenes. Und dann hab ich den Vertrag durchgelesen und da stand nichts drin von Schenken. Das war ein richtiger Kredit mit Prozenten, da könnte ich meine Dispokredit überziehen und es wär weniger.

Es war schließlich eine Gruppe von sieben Leuten, die in der GmbH & Co KG beteiligt waren. Dann mußten wir immer alle zusammen zum Anwalt, alle zusammen zum Notar, alle zusammen zur Bank, was natürlich auch wahnsinnig lustig war. Alle haben sich verpflichtet, jährlich eine Einlage über 15 000 Mark zu machen, drei Jahre lang. Das waren dann auch größtenteils Leute, die das von der Steuer absetzen konnten, das heißt, du hast im Prinzip nur die Hälfte eingezahlt. Wo jeder dachte, man hat einfach soviel übrig und nach drei Jahren würde sich das finanzieren.

Eigentlich sollten sich einige mit Geld beteiligen und andere mit ihrem Können und ihren Ideen. Wir wollten das vertraglich festlegen, nur es gab keine Gesellschaftsform, die wir hätten gründen können, die damit klargekommen wäre. Das gibts nicht. Du kannst nicht einem Anwalt oder Notar erklären: Der hier gibt übrigens kein Geld rein, den wollen wir da aber auch mit reinschreiben. Du kannst es in der GBR machen, aber uns war wichtig, weil wir ein so großes Netzwerk waren, daß keiner persönlich haften würde. Oder in einer AG, aber die GmbH & Co KG war schon so kompliziert, daß uns eine AG total abgeschreckt hat. Und außerdem ist es natürlich wahnsinnig uncool gewesen, in der Zeit eine AG zu haben.

Wir haben Leute getroffen, die unbedingt eine AG machen wollten, wie dieser Thorsten, der gesagt hat: Dann verkaufen wir die neuesten Turnschuhe und generieren soundsoviel Millionen im Jahr. Das war son Typ, der ganz vielen Leuten in Hamburg, die viel Geld verdient haben, geholfen hat, das Geld anzulegen. Hatte da wahnsinnig viele Projekte, wo Leute Wohnungen kaufen konnten, Feriendörfer – da haben Leute zigtausende, hunderttausende von Mark verloren. Aber egal, das wußten wir zu dem Zeitpunkt noch nicht. Die Idee war eigentlich, daß wir ihn mit seinem Know-how genauso involvieren wie Ayzit Bostan mit ihrem Know-how über Modedesign. Dann haben wir den eben angesprochen, und der fand das super, hatte auch den Businessplan gelesen, und dann sind wir mal nach Hamburg gereist, und dann hatte der schon so einen anderen Typ für dieses Projekt geangelt, einen Doktor Sowieso. Der hatte die erste virtuelle Werbeagentur im Netz und hat einen Plan aufgestellt für 20 Millionen Startkapital. Die hätte der mit ein paar Unterschriften gleich zwei Wochen später zur Verfügung stellen können. Der hatte dann aber so wahnsinnig schlimme Ideen, wen er alles ansprechen wollte. Außerdem, wenn so was funktionieren soll, dann mußt du alle Leute sofort exklusiv haben, und das wollten wir nicht, sondern wir wollten, daß man das einfach so nebenher macht. Daß man sich mal trifft und dann hat man irgendwelche Ideen und beauftragt jemanden damit, die zu machen.

Wir haben in unterschiedlichen Städten gewohnt, aber hatten dann ein Büro und Lager in Berlin. Alles andere funktionierte über das Internet. Für unser Netzwerk – da waren am Ende so 30 Leute drin – haben wir ein Board eingerichtet, und da hatte jeder ein Paßwort und konnte sich einklicken und Ideen reinschreiben, und dann konnten die anderen sich zu den Ideen äußern. Was dann kurz mal auch funktionierte, mit den Name-Shirts zum Beispiel. Die Diskussion um die Namen, die wir vorne auf die T-Shirts drucken wollten, war immer die tollste.

Außerdem gab es regelmäßige Treffen, zu denen immer alle kamen, und es war meistens wahnsinnig lustig und gab auch wahnsinnig gute Ideen. Olrik Kleiner hat vorgeschlagen, wir müßten unbedingt so Kitschpostkarten auf Hemden drucken, und zwei Wochen später hat dann jemand angerufen und hat gesagt: Hat Gucci gerade gemacht. Dann wollten wir mal eine Armeedecke aus Kaschmir machen, das hatte plötzlich Louis Vuitton gemacht. Kannst du natürlich nie gegen an, aber es ist natürlich irre lustig, so einen Wettbewerb anzutreten. Dann mußte jeder sagen, welches T-Shirt er immer schon mal haben wollte. Am Anfang dachten wir, wir kaufen die T-Shirts irgendwo, wir haben 50 000 T-Shirts getestet. Mit Oskar Melzer

Model: Jana Pallaske. Foto: Stylegames

war ich bei seinem Onkel, der Unterwäsche vertrieben hat, in Harlaching im Keller, und dann haben wir T-Shirts ausprobiert. Letztendlich hat Ayzit Bostan den Schnitt gemacht und wir haben die T-Shirts im Fichtelgebirge nähen lassen.

Es war halt echt immer wahnsinnig viel Arbeit für alles. Es hat schon wahnsinnig viel Spaß gemacht, aber wir haben die Fotos selbst gemacht, dann Filme weggebracht, wieder abgeholt, eingescannt, ausgeschnitten, ins Netz gestellt. Das war eigentlich schon fast eine Vollzeitbeschäftigung. Das ist das Problem, wenn du ein Netzwerk aufbaust von Leuten, die andere Berufe haben. Weil wir manchmal zwei, drei Monate einfach weg waren und es überhaupt keine Kontinuität gab in unserer Arbeit, und andererseits ist es total schwierig, Leute zu finden, die das genau so umsetzen, wie man sich das selbst denkt, das kann man ja auch wahnsinnig schwer vermitteln. Weil man es ja genau so nicht machen will wie die anderen.

Zum Beispiel, wenn du montags auf die Seite gegangen bist, stand dort: Montags geschlossen. Das war eine revolutionäre Idee für das Internet. In der Bunten stand unter In: Stylegames – montags geschlossen. Da würde ja jeder Einzelhandelsmensch sagen: Seid ihr bescheuert. Aber das Tolle ist eben, daß, wenns montags geschlossen ist, mehr Leute dann am Dienstag nochmal gucken, was für Idioten das am Montag schließen. Ich glaube bis heute, daß das ein Fehler ist, auf Produkte Ja! in Blau draufzuschreiben, ich glaube, man müßte in Rot Nein! draufschreiben.

Ein Jahr war super. Am 19. Juli 99 haben wir angefangen, und 2000, da haben wir soviel verkauft, daß die Firma sich davon halten konnte. Da hatten wir eine Angestellte, die war ziemlich pfiffig, die hatte ein eigenes Mobe-Label – CSB – und arbeitet jetzt bei Instyle als Moderedakteurin. Die ist dann natürlich auch vereinsamt irgendwann, weil keiner mehr Zeit hatte. Die Frau ging weg, und dann versuchten wir noch, jemanden neu einzustellen. Und es hieß halt: Wenn man in Berlin Arbeitslose beschäftigt, die schon seit zwei Jahren arbeitslos sind, dann hätte die Stadt 50 Prozent des Gehalts übernommen, und dann kamen die alle ins Büro, und da waren wahnsinnige Figuren dabei. Einer war toll, ein Pole, ich weiß gar nicht, warum wir den nicht genommen haben, der wollte am Ende sogar für gar kein Geld arbeiten und kam dann noch manchmal einfach vorbei, und die meisten, das muß man leider auch sagen, hatten schon ihr Formular dabei und haben uns ge-

beten, doch nur die Unterschrift zu geben, daß sie tatsächlich zu dem Interview gekommen sind, weil sie sich alle drei Monate irgendwo vorstellen müssen.

Das größte Problem war: Eigentlich hätte die Person so viel wissen müssen und deshalb auch ein so hohes Gehalt bekommen müssen, das konnten wir einfach nicht bezahlen.

Ein anderes Problem war, daß die Leute zu der Zeit irrsinnige Angst hatten, mit Kreditkarte im Internet zu bestellen. Es war ja auch, bevor jeder bei Amazon Bücher und Platten bestellt hat. Dieser ganze Sicherheitswahn ist besonders in Deutschland unglaublich gewesen, und es haben fast alle Leute per Nachnahme bestellt. Da waren sie natürlich nie zu Hause, dann kamen die Päckchen dreimal wieder zurück.

Am Anfang waren die Leute auch wirklich so wahnsinnig dumm und träge. Bis die mal begriffen haben, wie man bestellt. Wir hatten diesen Einkaufskorb, und dann dachten alle, daß man die Produkte in den Korb reinziehen kann. Das ist eigentlich schlau. Aber das ging bei uns nicht, du mußtest da auf den Korb klicken. Und zu schreiben: Hier klicken, das willst du halt so nicht machen. Die Leute haben dann immer angerufen bei uns privat und gesagt: Wie bestell ich denn hier? Erbost: Bei euch kann man das gar nicht bestellen, das funktioniert nicht.

Wir haben Plakate verschickt, die einfach orange waren und numeriert. Da haben uns Leute angerufen und gefragt, was das soll. Und wir dachten, daß sei die beste Werbung überhaupt. Wir haben jedes Jahr die Farbe der Labels geändert. Die erste Farbe war orange, die zweite türkis. Und dann haben wir auch die Labels einzeln verkauft, daß du deinen Pulli von H&M nehmen kannst und dir das Stylegames-Label reinnähen kannst, um den aufzuwerten. Das Label war aber teurer als unser T-Shirt, es hat 50 Euro gekostet. Wir hatten von Anfang an alles in Euro, was wahnsinnig kompliziert für unsere Buchhaltung war.

Am Anfang hatten wir auch noch die Idee, daß man die ganze Website wie ein Spiel aufbaut. Daß Leute, die häufig kommen, irgendwelche Geheimwörter oder geheime Stilcodes lernen. Wir hatten die Idee von Räumen: geheime Kaufhäuser, in die nur so Wissende reindürfen und irgendwann zu dem Gral des Stils vordringen. Die Idee war auch, daß man die Seite einmal im Monat total verändert, damit man bei den Leuten irgendein Interesse rausfordert.

Um es exklusiver zu machen, hatten wir von jeder Sache nur so 50 Stück. Neben dem Produkt stand eine große Zahl, und sobald du was bestellt hast, zählte es sich eins runter. Am Anfang hatten wir höhere Zahlen, 150 oder so. Von dem Exmodel T-Shirt hatten wir mal 9999 als Anfangszahl, und beim Paul Bocuse T-Shirt haben wir dann nur noch 7 hingestellt. Und irgendwann haben wir auch behauptet: 27 out of 50. Als wären so viele schon verkauft. Wir haben eins verkauft und drei runtergezählt. Andersrum haben wir nie gemogelt, wir haben nie 70 verkauft, obwohls nur 50 gab – das wäre ja Betrug –, aber sorum haben wir natürlich gemogelt. Das ist eigentlich Anti-Betrug.

Wir haben ganz aufwendig Schachteln machen lassen, die mit Seidenpapier gefüttert waren und außen eine große Prägung drauf hatten. Wir haben uns vorgestellt, daß, wenn die Leute was bestellen, die wirklich ein Päckchen nach Hause bekommen, das aussieht wie ein Geschenk. Und deswegen haben wir immer geguckt, ob die Päckchen auch wirklich hübsch verpackt waren.

Man konnte dann auch eintragen: Für den und den, für meine Freundin – so haben die Leute auch oft etwas bestellt. Geschenkartikel. Dieses Handtuch, auf dem Punkrock drauf-steht – das Punk Rug –, wurde wahnsinnig oft verkauft. Nach-dem es das rosa nicht mehr gab, nur noch hellblau, kamen wirklich weinende Emails: Bitte, bitte, ich hätte so gerne noch nen rosanes.

Das Handtuch hat 35 Euro gekostet, ein T-Shirt hat 40 Euro gekostet. Das ist dann schon so ein Spaß, das im Internet zu kau-fen. Man geht vielleicht bis zu 100 Mark, weil es auch wirklich so ein Spiel ist. Du klickst da drauf, bestellst dir was. Aber wenn du dir ernsthaft was kaufen willst, gehst du lieber irgendwo hin und schaust dir das an und machst daraus eine Aktion.

Matti Brauns Stools – einer kostete 1050 Euro –, da haben wir gerade mal drei, vier Stück verkauft, aber an Leute, die wir kannten. Und wir dachten natürlich: Son Wahnsinniger wird da schon draufklicken und sagen: Ich brauch das. Und diese Beanbags, die Angela Bulloch früher als Multiples gemacht hatte – je 50 Stück in verschiedenen Farben, das Stück für 10 000 Mark –, die waren ja ausverkauft, da wollte ja jeder son Beanbag haben, die wollten in der Galerie 30 000 Euro dafür zahlen, und als Angela dann für uns ein Beanbag mit Teufels-hörnern entworfen hat – in einer Auflage von 69 Stück, zum Preis von 1500 Euro –, da haben wir fünf oder vier Stück ver-kauft. Das ist natürlich ein Wunder, daß die Leute sich dann im Internet nichts kaufen. Vielleicht ist das für die Leute ein Downgrading. Da ist ein wahnsinniges Mißtrauen. Selbst als die Devil Bags in Berlin ausgestellt waren im Büro Friedrich oder in der Galerie Schipper & Krome, da haben wirklich fünf-zig Leute gesagt: Wo kann man das kaufen? Will ich sofort ha-ben. Aber letztendlich hat es einfach niemand bestellt.

Am besten war immer, wenn etwas in der Zeitung stand. Wenn das SZ-Magazin das Ayrton-Senna-T-Shirt abgebildet hat, war das nach drei Wochen ausverkauft. Dann wollten die Leute auch tatsächlich nur dieses eine T-Shirt. Obwohl wir zehn verschiedene Namen angeboten haben, wollten die nur das Ayrton Senna. In Amerika war in einer Zeitschrift ein Foto mit den Color Cards von Le Corbusier abgedruckt, und da waren noch Matti Braun erwähnt und andere Sachen, aber die Leute wollten genau nur das, was auf dem Foto ist. Und in dem Moment hat der Verlag die eingestellt. Wir hatten nur noch fünf Stück und haben die dann auch aufgekauft bei allen möglichen Buchläden, um die nach Amerika zu verschicken. Da kamen aus Illinois, aus den absurdesten Orten Bestellungen für diese Color Cards.

Wir haben uns wahnsinnig gefreut, wenn Bestellungen aus Orten kamen, von denen hattest du noch nie vorher was gehört. Das ist natürlich toll, wenn du weißt, da sitzt irgendwo jemand in einem Dorf und bestellt sich eine Papierjacke von Ayzit Bostan. Wahnsinnig cool, so auf einer Zündapp sitzen mit der Jacke. Stell dir man vor, du fährst über Land, und es überholt dich einer mit der Jacke. Der Traum, oder?

Wir haben nie überlegt, die Sachen in Läden zu verkaufen. Das ging schon gar nicht, weil man gesagt hat, man muß das runterzählen. Und uns war auch von vornherein klar, daß wir keine Gesichter dahinter haben wollten. Wir wollten diese totale Anonymität. Es kamen Anfragen von Financial Times und I-D, und da haben wir Leute bei einem Künstlerdienst bestellt, um die als Stylegames-Crew fotografieren zu lassen.

Wo man dachte: Die Leute machen eh ihr Ding, und alles, was sie an Restideen haben, das kann man auf einer Netzwerk-Ebene gut verwirklichen. Aber es geht eben nicht, weil der Wille zur Autorenschaft, den unterschätzt man immer so ein bißchen. Die wollen immer sagen: Ist meine Idee, hab ich gemacht. Weil um die umzusetzen, braucht man wahnsinnig viel Zeit und unglaublich viel Ausdauer und muß auch ganz viele Arbeiten machen, die extrem langweilig und scheiße sind. Dazu haben halt die wenigsten Lust.

Zuerst haben wir beide noch wahnsinnig viel für Stylegames gemacht. Da konnte man eigentlich sagen: einen Tag in der Woche. Das ist ja schon ziemlich viel Zeit, wenn man einen ganzen Tag in der Woche im Büro rumhängt und rumtelefoniert und Sachen besorgt. Wenn man einen Devil Bag zum Beispiel entwickelt, dann müssen zwei verschiedene Stoffe aufgetrieben werden, diese Gummihörner müssen produziert werden. Wir sind mit fünf weißen T-Shirts zu einem Färber beim Funkturm gefahren und haben die schwarz einfärben lassen, um die dann hinterher zu bedrucken, und haben uns dafür sogar noch ein Auto gemietet. Ich glaube, daß die anderen in keinstem Maße eine Ahnung haben, wieviel Arbeit wir da reingesteckt haben.

Wir beide wolltens auch nicht machen, aber wir habens gemacht. Das war so wahnsinnig kompliziert alles und es gab so viele kleine Sachen, die man immer machen mußte und bedenken mußte, dann macht mans schneller selbst. Und zeitweise waren keine Leute im Büro, dann mußte man das von zu Hause schnell mal wegschicken. Mal abgesehen davon, daß man da ein Päckchen packen muß und eine Rechnung zulegen muß – was man dann noch alles mit dieser Rechnung machen muß, bevor man das mal weggelegt hat für die Steuer, das ist einfach ein totaler Wahnsinn.

Und dann mit Leuten von Kurierunternehmen zu tun zu haben. Da denkst du echt, du hättest mit dem Ende der Menschheit zu tun. Die du anrufst, und die kommen einfach nicht. Dann rufst du nochmal an, und dann sagen sie: Ja, sie hätten das falsche Datum eingegeben. Dann kommen sie irgendwann, und dann schreien sie dich noch an. Das ist immer so, wenn du eine kleine Firma bist, bist du der Arsch. Die lachen dich ja aus, wenn du da zwei Pakete am Tag rausschickst, das wollen die eigentlich gar nicht.

Dann hatten wir eine Steuerprüfung. Wir sind gar nicht gegen Steuern zahlen, überhaupt nicht, aber es war unfaßbar. Da kamen so Briefe an vom Finanzamt Tiergarten, noch mit Schreibmaschine geschrieben, auf vergilbtem Papier. Wo du sofort merktest, die haben was gegen dich. Auf den Rechnungen stand nicht GmbH & Co KG, und dann mußte man immer die Rechnungen zurückschicken: Können Sie bitte GmbH & Co KG draufschreiben. Die Firmen gabs teilweise gar nicht mehr. Und dann hat halt niemand, der jemals in unserem Büro eine Rechnung geschrieben hat, bis heute verstanden, wie man die Mehrwertsteuer ausrechnet. Das haben alle falsch gemacht. Da fängst du halt irgendwann an, nimmst jede Rechnung und schreibst die neu.

Den Todesschuß haben wir eigentlich bekommen, als unsere Website gehackt wurde, im Sommer 2000. Da sind irgendwelche Chinesen und Russen draufgegangen und haben von unserem Server aus Spam rausgedonnert. Normalerweise hatten wir eine Serverrechnung von 200 Mark im Monat, und dann kamen zwei Monate hintereinander einmal 16 000 und einmal 9000 Mark. Und irgendwie ist auch die Seite ein wenig zerschossen worden. Dann mußte man aus Sicherheitsgründen die Kreditkartennummer per Fax schicken, das hat aber keiner verstanden. Man hätte die Seite total neu schreiben müssen. Das waren plötzlich so Sachen, die keinen interessiert haben, aber dann ist man zu Leuten hingegangen, die haben gesagt: Das kostet 20 000 Mark. Weil wir nie diese vorgefertigten Intershop-Seiten haben wollten. Und wir wollten immer, daß das in Html programmiert ist, weil das alle Leute haben und nicht Flash oder so was. Wir wollten das so einfach wie möglich machen, dadurch brauchtest du aber wieder Leute, die diese ganzen Html-Codes da reinschreiben, ohne daß alles irre langsam wird. Das fand ich so ein Problem an Boo.com, das Zeug mit deinem analogen Modem hochzuladen dauerte Stunden.

Boo.com hatten gerade angefangen zu der Zeit. Als wir schon so richtig losgelegt haben, da gabs die plötzlich. Die wollten uns auch mal kaufen, da kam dann mal Oskar an und meinte, die wären interessiert. Das war sechs Wochen, bevor die Pleite gemacht haben. Das war natürlich auch so eine der Ideen: Irgendwann funktioniert das einfach und es lebt so von sich selbst und dann verkauft man das. Also was wahrscheinlich wahnsinnig viele von diesen Dotcom-Leuten gedacht haben.

Wir haben immer davon geträumt, daß wir irgendwann mal ein großes Lager haben würden, wo Gabelstapler rumfahren. Vielleicht soll ich nochmal kurz die Prognose rausholen, die in unserem Businessplan steht? Wir haben den im Februar 99 geschrieben, und da steht: Nach sechs Monaten rechnen wir mit 10 000 Besuchern pro Woche, das ist ein Schnitt von 521 000 Besuchern im Jahr. Am Ende des zweiten Geschäftsjahres hat sich das Label international etabliert. Zielgruppe von Stylegames sind alle stilbewußten Menschen. Die Größe des Marktes wächst ständig ... im deutschsprachigen Raum circa eine Million Personen, weltweit gehen wir von 20 Millionen potentiellen Kunden aus. – Das war aber auch die Stelle, die wir im Businessplan immer offengelassen hatten, und irgendwann haben wir das mal so da reingeschmiert. Das war nie die Idee.

Nach anderthalb Jahren nervten einen die stilbewußten Leute auch schon, da hat man die schon nicht mehr gemocht, die eigenen Kunden. Dann hatten alle Leute weniger Geld. Keiner hat mehr soviel verdient, keiner konnte mehr soviel absetzen. Und dann wars einfach vorbei. Auch mit den ganzen Sachen, die wir da gemacht haben. Jetzt sind die Leute noch geiziger geworden, jetzt interessieren sie sich schon nicht mal mehr für irgendwelche Turnschuhe oder irgendwelche T-Shirts oder irgendwas. Die leihen die Premiere-Box aus, wenn ein Boxkampf kommt, und dann tragen sie sie wieder zurück. Um 30 Euro zu sparen.

Wir haben höchstens 10 000 Euro im Monat Umsatz gemacht. Wenn das Ayrton-Senna-T-Shirt im SZ-Magazin war, waren teilweise 1000 Besucher am Tag auf unserer Seite, aber dann haben vielleicht zehn was gekauft. Das war ungefähr der Schnitt. Und du hast natürlich auch die Gesetze, daß man das wieder umtauschen darf, zurückschicken darf. Da kriegst du dann Pakete zurück, wo das halb schon getragen ist. Das ist toll, daß die Leute das wirklich machen, also daß die die Zeit haben, das zu machen.

Trotzdem hat das halt wahnsinnig viel Spaß gemacht. Wir findens ja immer noch toll. Es war mal so eine kurze Enttäuschung, daß es nicht klappt, aber böses Blut oder so, das hat es nie gegeben.

Wir haben immer nur Geld verbrannt, das wir übrig hatten. Was ich ja immer okay finde, das Geld sofort irgendwo reinzustopfen. Leute, die ihr Geld mit Aktien oder Wohnungen verlieren, die verachte ich total. Ich finde, man muß es verlieren mit etwas, was einem Spaß macht oder einen interessiert. Und dann kann es ja auch passieren, daß es nach vorne losgeht. Das hätte bei Stylegames passieren können, das kann immer wieder passieren.

Wenn da ein Erfolg gewesen wäre, hätte man auch weitergemacht. Weil gerade diese Wendung, wo man jetzt sagt: Die
Leute haben nicht mehr so viel Geld und so weiter – dann hätte
man eben genau was anderes gemacht. Das wär ja interessant
gewesen: Die Leute haben kein Geld mehr, was kaufen die
denn jetzt? Oder: Was interessiert uns denn überhaupt noch?
Was kaufen wir denn noch? Und wo man dann sagt: Wir verkaufen drei billige Bücher.

Stylegames ist jetzt eine ruhende GmbH. Wir müssen immer noch in die Industrie- und Handelskammer einzahlen,
aber wenn wir die GmbH sofort schließen würden, müßten
wir erstmal beweisen, daß es keine Forderungen mehr gegen
uns gibt. Und wenn die zwei, drei Jahre ruht, dann ist klar, daß
es keine Forderungen gibt.

Unsere Website ist einfach weg. Da steht nicht: Uns gibts
nicht mehr, uns gabs soundso lange, dieses Archivarische. Das
hat keiner verdient, daß es da jetzt so eine Trauer drum gibt.
Ich fänds aber toll, wenn jemand anders was machen würde
unter dem Namen – so eine Zeitung in Hongkong.

Andreas Klöckner
*1966

März 2003. Andreas Klöckner hat zwei Katzen. Ich habe eine Katzenallergie, und er kommt zu mir. Wir haben uns schon einmal zum Gespräch getroffen, im Juni 2000. Damals reichte die Zeit nicht aus, und Klöckner überlegte, aus seinem aktuellen Unternehmen auszusteigen. Wir warteten ab.

Immerhin weiß man mit 20 schon viele Dinge, die man *nicht* möchte, wie zum Beispiel in den elterlichen Betrieb einsteigen. Ich habe zwar wie mein Vater eine Ausbildung zum Orthopädiemechaniker gemacht, aber das nicht weiter verfolgen und auch in dieser deutschen Kleinstadt, Pirmasens, keine Zukunft sehen wollen.

Australien – ob man das zu dem Zeitpunkt Auswandern nennt oder nicht, das kann ich nicht unbedingt sagen, obwohl ich schon gedacht habe: Nur hier weg, und mal sehen, ob man da bleiben kann. Dann bleibt man da.

Ich hatte Brieffreundschaften organisiert, ich hab mich schon ausgetauscht, aber gewußt eigentlich nicht viel. Es war der einzige Erdteil, in den wir nie gereist sind. Wo meine Mutter nie hin wollte, und dann mußte ich unbedingt da hin. Also so weit weg, wie es einfach nur ging.

Ich bin zuerst in Sydney angekommen, dort hatte ich entfernte Verwandte, und mir hat es überhaupt nicht gefallen. Ich bin dann nach Melbourne, und dort habe ich mich sofort zu Hause gefühlt, dort bin ich geblieben.

Im ersten Jahr bin ich ganz rum durch Australien gehitchhiked. Im Laufe der Zeit habe ich den Trip mindestens drei-, viermal gemacht. Auch zu dem Zeitpunkt, als die Mauer fiel, mit meinem Vater. Wir haben das durch das Radio mitbekommen. Mein Vater konnte das nicht glauben, und ich war so weit davon weg. Die Wiedervereinigung dann: Von meinem kleinen Blickwinkel dort hat mich das so angekotzt.

Klockner's Cakes

Kaum in Melbourne angekommen, wird Andreas Klöckner im August 1987 Coverboy für das Magazin Outrage. Foto: Annette Saniga

Den ersten Job, den ich hatte, war in einer Disco als Barmann. Und dann ging es weiter. Ich hab als Gärtner gearbeitet, als Zimmermann, als Schreiner, ich hab Fußböden abgeschliffen und poliert, ich hab Fotografie studiert für zwei Jahre, ich hab als Assistenzfotograf gearbeitet, als Model. Und irgendwann fing ich an, mich an einige Sachen vor 20 zu erinnern, wie zum Beispiel Kuchenbacken. Ich fing an, die Rezepte meiner Mutter auszuprobieren, und fing an, die Dinger zu verkaufen, in Clubs, Hotels, Bars, Cafés und Restaurants: Gebackener Quarkkäsekuchen, Sachertorte, Streuselkuchen, Orangenkuchen, Zitronenkuchen. Mit 22, das war das erste Unternehmen, das hieß Klockner's Cakes. Da habe ich ein Gewerbe angemeldet und Steuern bezahlt. Ich war niemals illegal in Australien. Ich war mit einem Touristenvisum da, und bevor

das abgelaufen ist, hab ich schon einen Antrag auf Einwande-
rung abgegeben, das lief auf einer schwulen Beziehung, und
dem wurde auch stattgegeben nach zwei Jahren.

Ich bin rumgegangen, das ging ganz gut. Ich hatte mir einen
Ruf erworben. Leute haben angerufen und einfach Kuchen bestellt. Darunter waren jüdische Emigranten aus Deutschland,
die seit dem Zweiten Weltkrieg keinen Kontakt mit irgendwelchen Deutschen hatten und das auch tunlichst vermieden hatten. Und durch diese Kuchen hatten die sich an irgendwas erinnert gefühlt. Später beim Catering sind diese Leute die
größten Kunden gewesen und haben das zum Erfolg gebracht.

Das Kuchenbacken hat mit 24, 25 zum Projekt geführt mit
zwei Freunden, einem davon meinem Freund. Wir haben
Räumlichkeiten gesucht für ein Café-Restaurant, und die hatten wir nach ein paar Monaten gefunden, neben dem CUB
Malthouse Theatre, in einem alten Gebäude der Carlton Uni-
ted Breweries. Das hieß Malthouse Cafe, und wir nannten uns
Acme Food Company. Acme für den höchsten Gipfel des Er-
reichbaren, und natürlich auch weil alle Explosionsfabriken in
den Walt-Disney-Cartoons Acme heißen.

Die Sache fing an mit einem Invest von 10 000 Dollar, mehr
hat das nicht gekostet. In den ersten sechs Wochen mußten
wir auch keine Miete zahlen, und das lief eigentlich ziemlich
gut. Aber in diesem Theater war keine Küche. Nebenan gabs
ein altes Bürogebäude mit einer rudimentären Kantinenkü-
che, die wir gemietet haben. Wir mußten über die Straße laufen und das Essen reintragen. Man konnte nur Sachen produzieren, die man aufheizen oder so verkaufen konnte. Das
mußte alles vorbereitet werden. Es fing frühmorgens an mit
Brötchen belegen, Eintöpfe machen, Savoury Pies backen, Sa-
lat waschen, Salatdressings machen, Brownies, Jojos machen.
Das dann alles dahin karren und hinterm Tresen verkaufen.
Wir waren da von morgens bis nachts, von acht Uhr morgens
bis Mitternacht.

Nach sechs Monaten war die Probezeit vorbei, und wir haben uns entschieden, das weiterzumachen. Dem dritten Partner haben wir, ich und mein Freund, nahegelegt, das Geschäft
zu verlassen, weil es hat irgendwie nicht funktioniert. Der hat

nicht so hart gearbeitet wie wir das getan haben, so haben wir das damals gesehen. Mit viel Geld. Der hat 20 000 Dollar bekommen, nur damit er weg ist, über einen Zeitraum von einem Jahr. Wir mußten erst das Geld verdienen, weiter ohne irgendwelche Kredite zu machen.

Nach einem Jahr kam das Gesundheitsamt. Die kamen rein und sagten: Wir wissen genau, was Sie hier machen. Es gibt keinen Gully, da fehlt ein Rauchabzug, da gibts Holzplatten. Okay, sie ist sauber. Sie haben zwölf Monate Zeit, eine legale Küche zu organisieren. Zwölf Monate – die haben uns sauviel Zeit gegeben. Keine Strafe bekommen, nichts. Innerhalb von dem nächsten Jahr haben wir tatsächlich eine Küche in einem Teil von dem Theater gebaut. Dafür haben wir 60 000 Dollar aufgenommen.

Es wurde dann immer mehr. Das Catering war genauso stark wie der Verkauf vor Ort. Das Catering war eigentlich viel interessanter, da konnte man sich viel weiter entwickeln als in dem Café, wo es hat billig sein müssen, weil die Uni war gleich nebenan.

Wir wurden immer größer, immer größer. Wenn du Catering machst, brauchst du unglaublich viele Platten, Bestecke und Utensilien, die du dir für bestimmte Sachen anschaffen mußt. Man muß das wirklich für lange machen, um richtig Geld damit zu verdienen. Man muß ständig weiterinvestieren. Wir haben zwei Wochen lang mit allen möglichen Gefäßen und Formen Sachen gefroren und aus Eis ein Büfett gebaut. Wir waren zwar alle danach zwei Wochen krank, aber Spaß hat es natürlich gemacht. Und so Sachen haben wir ziemlich viele gemacht, mit bestimmten Themen und bis auf Details mit den Leuten gearbeitet.

Bei mir ist es auch expandiert vom Kuchenbacken zum Kochen: Ich hab mich autodidaktisch zum Koch ausgebildet. Ich hab mit Leuten gearbeitet von überallher – Engländer, Franzosen, Italiener, Thailänder, Laoten, Chinesen – und von denen unglaublich viel gelernt, die von mir wahrscheinlich ganz genauso. Die panpazifische Küche hat sich ja dadurch entwickelt, das ist ja nicht nur mir, das ist vielen anderen Leuten so gegangen. Also war ich ein kleines Rädchen in dieser Entwicklung. Ich glaube, es gab noch gar nicht den Ausdruck Pacific Rim, man sagte Modern Australian.

Wir hatten in einem Jahr bis zu 100 Mitarbeiter, die durchgelaufen sind. Wir brauchten für große Veranstaltungen Kellner – 20, 30 –, Köche und so weiter. Das waren Partys für 400 bis 500 Leute. Zum großen Teil auch wegen meines Partners und Freundes, er hat ein ziemlich gutes Talent, mit den Kunden umzugehen. Und ich konnte die Versprechen alle einhalten, die er denen gemacht hat.

Das lief dann für drei, vier Jahre. Es kam der Zeitpunkt, daß ich irgendwie keine Lust mehr hatte, nur hat sich das anders manifestiert. Auf einer Personal-Party, die wir alle sechs Monate oder jedes Jahr mal gegeben haben, in unserer 350-Quadratmeter-Wohnung in der Innenstadt von Melbourne, Party mit DJ und Drag Queens und so weiter, habe ich meinen neuen Freund kennengelernt. An dem Abend war das alte Leben vorbei. Ich habe ungefähr sofort aufgehört zu arbeiten, weil das nicht ging, zusammen mit dem Exfreund. Wir sind geschnitten worden, es gab keinen Platz mehr für uns in Melbourne. Ich war offensichtlich schuldig, weil ich das so spontan und rasant gemacht habe. Mein Personal hat sich dann auch auf verschiedene Seiten gestellt. Heftig getratscht, die Stadt ist klein, wenn es darauf ankommt, ist alles klein. Ich bin auf ein Catering gekommen und war der einzige, der da war und die ganze Show reißen sollte. Das war ein bißchen vorgeplant, um mich auflaufen zu lassen.

Wir sind zuerst aufs Land gezogen, zur Familie meines Freundes, vier, fünf, sechs Monate. Die Stadt bloß aufgesucht, wenn das unbedingt notwendig war und es irgendwelche Verhandlungen gab mit meinem Partner. Der hat darunter natürlich sehr gelitten, ist ja ganz klar.

Lange, lange verhandelt, was wir mit meinen Geschäftsteilen machen. Und er hat dann von mir Befehlsgewalt bekommen im Endeffekt, die ganze Sache zu machen. Und nach einem Jahr sind wir nach Berlin gegangen. Ein Jahr war geplant, vielleicht zwei, um dann wieder zurückzugehen. Nur zwischendrin als Auslandserfahrung.

Ich habe das eher als Ende der Gastronomie gesehen, ich

wollte wieder anfangen, mich als Fotograf zu betätigen. Aber
ich war mit meinen Sachen, die ich gemacht habe, so verfahren,
das war technisch so aufwendig, daß ich das einfach nicht auf
die Reihe gekriegt habe: Ich hab nachts Schwarzweißaufnah-
men gemacht. Erstmal wars Winter, die Aufnahmen brauchten
eine Belichtungszeit von 5 oder 10 oder 15 Minuten, und in der
Eiseskälte war die Kamera sofort fertig. Als ich die Kamera
dann angewärmt habe und die Batterie umwickelt habe, war
das nächste Problem der Staub bei der Entwicklung und so
weiter – ohne eine richtige Ausrüstung zu haben. Es war einfach zu kompliziert. Und ich bin irgendwie nicht auf was anderes gekommen. Ich hatte mich darauf versteift und konnte
einfach nichts anderes sehen. Ich wollte nur diese Fotos machen. Dazu kam noch, daß das erste Jahr hier mich total angekotzt hat, total angeekelt hat. Das war ein Kulturschock. Mit
20 weg, mit 29, 30 wieder da.

Nach langer Zeit Nichtstun in Berlin – die Visa-Card hatte
ein relativ hohes Limit, die Wohnung hat nichts gekostet, weil
die meinen Eltern gehörte, und ich hab ein bißchen Geld aus
Australien bekommen. Aber das ging natürlich auf Dauer
nicht, weil das Geld ging andauernd zu Ende oder man konnte
sich überhaupt nichts erlauben, und nach sechs oder acht Monaten habe ich doch wieder als Koch in einem italienischen Restaurant in Mitte angefangen. Da kam ich zum ersten Mal in
Kontakt mit der Gastronomieszene in Berlin.

Nach knapp 18 Monaten sind wir zurück nach Melbourne
geflogen. Die Wohnung, alles weg und das ganze Zeug wieder
nach Australien verschickt. Eigentlich mit dem Gedanken, in
Australien zu bleiben. Aber ich glaube, in der ersten Woche in
Melbourne wurde die Entscheidung getroffen, daß man eigentlich Berlin sehr gemocht hat. Da ist der Groschen gefallen.

Man hat die alten Strukturen gesehen und die Chance, in
Berlin was zu tun. Da kam für mich auch der Punkt, daß mich
meine Eltern angerufen haben und mir anboten, mein eigenes
Restaurant in Berlin zu sponsorieren. Die Familie meiner
Mutter hat schon seit Generationen in Restaurants, Cafés,
Bäckereien, Metzgereien, Bauernhöfen gewirtschaftet. Also

die Fournier-Linie, das ist der Name meiner Großmutter. Bis zum heutigen Tag gibt es noch ein Restaurant und ein Bordell. Mein Bruder bot an, daß wir eine Wohnung, die er in Berlin hatte, für ihn renovieren, und wir konnten dort umsonst wohnen. Das war so eine Sache. Mein Bruder hat sich dann auch in das Restaurant eingeschaltet. Ich hatte mit meinem Bruder noch nie ein gutes Verhältnis, und ich dachte, na ja, vielleicht kann man der Sache wieder eine Chance geben.

Ich habe einen Batzen Geld bekommen für den Verkauf meines Anteils. Aber das wurde verpraßt. Das ging in nichts rein. Bevor es das Fournier gab, gingen nochmal ein Jahr, eineinhalb Jahre drauf. Ich war mir lange, lange, lange nicht sicher. Wo ich irgendwann auch wieder in dem italienischen Restaurant als Koch gearbeitet habe. Und es gab einige Leute, die nach der Schicht zu mir gesagt haben: Na, willst du nicht einen Job woanders haben? Und irgendwann habe ich gedacht: Okay, ich hab meine eigene Signatur in den Sachen, die ich tue, und die kommen an, die kommen sehr gut an. Nur was mich an diesem italienischen Restaurant gestört hat, war das Preis-Leistungsverhältnis. Ich fand die Sachen dort viel zu teuer. Und das hat auch ein bestimmtes Klientel angezogen. Wenn ich manchmal da rausgeguckt habe, an die Tische, wer da saß, dacht ich immer leicht überheblich: Für die möchte ich aber eigentlich nicht kochen.

Dann war für mich schon klar, daß, wenn ich was tue, sind 30 Mark für ein Essen einfach zu viel. Und das war schon mal ein großer Denkfehler aufgrund meiner Unerfahrenheit in dem ganzen deutschen System, bezüglich den Lohnnebenkosten, bezüglich den Steuern, den Mieten, den Zutaten. Die Sachen sind unendlich viel teurer und unendlich viel schlechter. Das stoppt eine gewisse Kochkultur, die sich eigentlich hätte entwickeln sollen in den letzten Jahren, aber sich nicht entwickelt hat. Die Eckdaten sind so starr, daß niemand die Möglichkeit hat, sich zu profilieren.

Der Beruf des Kochs ist unglaublich trendy in Australien. Hier nicht. Was ich hier gesehen habe, die ganzen Auszubildenden, die grad fertig sind, die gucken, daß sie sich ganz schnell umschulen lassen können. Und die Leidenschaft von den Gästen läßt auch ein bißchen zu wünschen übrig. Also muß man sich gar nicht so weit anstrengen, denen was zu bieten. Es ist gar nicht so einfach, was Neues dazuzubringen.

Im September, Oktober 97 habe ich beim Italiener aufgehört und fing aktiv an, einen Standort für das Restaurant zu suchen. Ich war davon überzeugt, daß es Mitte sein müßte. Ich hab nirgendwo anders gesucht, gar nichts anderes in Erwägung gezogen. Bin da monatelang rumgelaufen. Dann habe ich dieses Teil in der Gipsstraße gefunden, durch eine Annonce. Das war ein altes Gebäude, es wurde gerade saniert. Wurde alles rausgerissen, es waren schon neue Böden gezogen, neue Decken gemacht, neue Wände et cetera. Hab mir das Teil angeguckt mit einem befreundeten Architekten und nach längeren Verhandlungen und nach ein paar Wochen Drübernachdenken und Kalkulieren und gucken, wieviel Geld ich kriegen konnte – na, der Punkt war dann, daß mein Bruder das ganze Geld meiner Eltern irgendwie angelegt und zum Teil auch verloren hatte. Meine Eltern hatten Schuldgefühle, weil ich überhaupt nichts bekommen habe, und mein Bruder hat für zehn, zwölf Jahre studiert, hat Autos, Wohnungen gekauft und so weiter. Das waren Schuldgefühle meiner Eltern, die haben mir immer gesagt: Oh Gott, dein Bruder hat so viel bekommen, aber du hast doch nichts bekommen. Und so hat man mich irgendwie auch geködert.

Und als ich das Geld kriegen sollte, war es ein Darlehen, das meine Eltern aufnehmen mußten. Die mußten ihr Haus dafür verpfänden. Das war schon mal ein Schock. Und dann gab mein Bruder nochmal ein Viertel dazu, meine Eltern haben für 75 Prozent gebürgt, er für 25, mit denen er auch als Gesellschafter beteiligt war. Da ist kein Bargeld geflossen.

Ein paar hunderttausend Mark, soviel hat der Ausbau dieses Restaurants gekostet. Küche, Mobiliar. In der Küche habe ich relativ viel Geld ausgegeben, weil ich da sehr an mich selbst gedacht habe. Dann der Fettabscheider, das ist eine Maschine, die das Öl aus dem Küchenwasser herausfiltert, so daß es gesondert entsorgt werden kann, hat allein soviel wie ein kleiner PKW gekostet. Die Kühlzelle im Keller, der Bodenbelag, die Lampen, die Tischplatten, die Podeste, die Bänke, bestimmte

Wände, für die wir selbst zahlen mußten, und so geht das immer immer weiter.

Das Restaurant mußte mit einer nahezu fünfstelligen Bruttomiete zurechtkommen plus die Rückzahlungen und Zinsen des Darlehens, was auch mehrere tausend Mark in Anspruch nahm. Ich hatte das schon kalkuliert, aber ich war ein bißchen zu naiv zu denken, daß ich sofort – ich wußte eh, daß ich nicht sofort schwarze Zahlen schreiben werde. Ich wußte, daß das eine Zeitlang dauert, zwei Jahre wahrscheinlich. Nur mein Bruder hat erwartet, daß es sich sofort selbst trägt.

Das Restaurant hat im August 98 aufgemacht. Ich war in den ersten drei Monaten selbst in der Küche. Bei der Pacific-Rim-Küche fängst du mit einem gewissen Standard an, den du selbst drauf hast, den entwickelst du immer weiter, und es wird Berlin Pacific oder so was. Dazu brauchst du die Dynamik von den Leuten, dir mit dir arbeiten. Und ich hatte gar kein richtiges Team, als ich anfing. Also mußte ich immer neue Leute austesten, aber das Restaurant war in den ersten drei Monaten fast jeden Tag voll. Das ist ziemlich schwierig, da eine gewisse Ruhe reinzukriegen. Die Küche ist ein hochproblematischer Arbeitsraum. Das sind vier, fünf Leute auf engstem Raum, die sich aufeinander verlassen müssen.

Das ging nicht. Ich konnte das Restaurant nicht von der Küche aus führen. Ein Kellner hat Flaschen Sekt, Champagner weggesoffen – zwei, drei am Abend –, hat Leuten Sachen ausgegeben und war manchmal zu besoffen, um die Abrechnung zu tun. Es hat drei Monate gedauert, bis ich das mitbekommen habe. Ich habe gekocht, ich hatte meinen Bruder am Telefon. Der fing damals schon an, mir zu drohen und den Boden unter den Füßen wegzuziehen. Und zu dem Zeitpunkt ging dann natürlich auch meine Beziehung in die Brüche. Das hat sich so angefühlt, als ob ich mir einen goldenen Käfig bauen ließ, in dem ich jetzt gefangen war.

Irgendwann hab ichs gemerkt, als ich nach kurzer Zeit nochmal was nachbestellen mußte. Dann habe ich angefangen, Inventur zu machen und die Statistiken selbst zu machen, und hab gemerkt, daß das alles verschwunden ist. Ich habe den Kellner zur Rede gestellt, und er hat auch alles zugegeben, aber er hat genauso weitergemacht. Und nach einer Woche hab ich ihn dann rausgeschmissen. Also mußte ich aus der Küche raus und notgedrungen den Service selbst machen. Das war ein relativ großer Bruch für das Restaurant. Ich hatte noch nie vorher gekellnert, das mußte ich mir erstmal selbst aneignen. Und ich bin normalerweise ziemlich introvertiert. Das liegt mir überhaupt gar nicht, das mußte ich alles erlernen. Wie man eine Stimmung in so einen Laden reinbringt, wie man mit diesen Massen an Leuten umgeht, was die erwarten. Das hat Geld gekostet, diese Lernkurve, das war sehr sehr teuer, und das ist mit sehr viel Drama Hand in Hand gegangen.

Es lief eigentlich überhaupt nicht schlecht, es lief eigentlich gut. Was in den Medien stand, war immer sehr positiv, das Feedback war auch immer sehr positiv. Der Standpunkt war vielleicht nicht so gut ausgewählt, eine Hinterstraße. Das ist okay. Man muß einfach warten, man muß das Sitzfleisch, die Geduld haben zu warten, bis sich der Bezirk füllt. Die ganzen Häuser, die da leergestanden haben, was da alles renoviert wurde, die Baustellen. Parkplatzprobleme. Die Leuten kommen vom Westen nicht so gerne rüber.

Das Problem war auch, daß ich mich nicht auskannte: wo Steuern, wie Steuern, was für Steuern. Das mußte ich erstmal erlernen. Mein Bruder, promovierter Betriebswirt, hätte das machen können und müssen, eigentlich war das auch so gedacht. Aber unser Verhältnis ist noch viel schlechter geworden, und er konnte mit mir überhaupt nicht mehr kommunizieren. Ich habe überhaupt keine Unterstützung oder Erklärung oder Anweisungen bekommen, wie ich das alles noch handhaben sollte. Er kam alle paar Monate und hat sich die ganzen Papiere angeguckt, und da gab es fatale Fehler von Anfang an. Falsche Ratschläge des Steuerberaters, falsche Firmierung. Ich mußte zu einem gewissen Zeitpunkt die gesamten Rechnungen, die ich schon bekommen hatte, das waren Hunderte, umschreiben lassen, weil die Rechnungsanschrift nicht korrekt war. Es war eine GmbH & Co KG, und alle Rechnungen waren nur an die GmbH adressiert. Das Finanzamt hat die Rechnungen nicht akzeptiert. Mit diesen Sachen hatte ich von Anfang zu kämpfen. Ich war immer einen Schritt hinterher.

Restaurant Fournier. Foto: Dominic Eichler

In dem Prozeß, als ich das Restaurant plante und die Preise durchkalkulierte, wurde mir bewußt, daß es absolut unmöglich war, die Preise billiger zu haben als in dem Italiener, in dem ich vorher gearbeitet hatte. Aber ich hatte das Restaurant geplant für eine Altersgruppe von 24 bis 38. Leute, die sich durch eine andere Küche begeistern lassen. Boden Linoleum, schwarzweißes Furnier an den Wänden, darüber im Mittelraum Spiegel, zwei, drei verschiedene Lila-Mauve-Töne, schwarzes Mobiliar, weiße Tische, weiße runde Milchglasleuchten an der Decke, die alle heruntergedimmt werden konnten, im hinteren Bereich Sichtbeton. Es war relativ unterkühlt, es sollte eigentlich nur der Passepartout oder der Canvas für das Essen sein. Genau da sollte sich das Leben abspielen, auf dem Tisch, mit farbigen Reiseimern. Wir haben damit gespielt, daß Leute, die kommen, ein bißchen bunter angezogen sind, nicht immer in Schwarz und Grau. Das war eine Hoffnung, die auch manchmal passierte.

Als die ganzen Einrichtungsblöcke, als das Puzzle zusammenkam, und ich das Resultat sah, war ich sehr glücklich damit. Im Laufe der Zeit sind mir Zweifel gekommen durch die Kritik, die ich von meiner Familie zu hören kriegte und von Leuten, die mein Bruder heranzog. Irgendwelche Werbeleute, die mir kluge Ratschläge erteilen wollten. Bezüglich der Innenausstattung hat man mir suggeriert, daß ich Buddhas hinhängen sollte oder thailändische Dekoration. Habe ich mich immer geweigert, das zu tun.

Bis inklusive April des nächsten Jahres, 99, lief es auch eigentlich ganz gut. Ein bißchen Verlust, ein bißchen Gewinn, es kommt immer darauf an. Dann kam der Sommer, und da gab es Rieseneinbrüche. Ich hatte noch keine Außenbestuhlung und kein Geld, um eine zu kaufen. Obwohl mir im Mietvertrag Konkurrenzschutz zugesichert war, ist der zweite Laden im Haus an eine Asia-Garküche vermietet worden. Der Keller wurde naß, und der Vermieter weigerte sich, mir eine Mietminderung zuzugestehen. Ich selbst war einfach so fertig, daß ich nicht wußte, welches Problem ich zuerst lösen muß. Ich war nicht in der Lage, korrekte Entscheidungen zu treffen, weil mir das Wasser bis obenhin stand. Ich ging langsam mit mir selbst unter und meinem gottverdammten Leid, meinem gottverdammten Selbstmitleid.

Ich fing an, mit dem Gedanken zu spielen, das Restaurant aufzugeben. Ich wollte auch nicht unbedingt, daß das Geld meiner Familie weiter verbraten wird. Die mußten zwischendrin Geld reinschießen, einmal, zweimal. Es war nicht dramatisch viel, es war gar nicht so wahnwitzig, aber trotzdem. Ich konnte den Erfolg des Restaurants dort nicht mehr sehen. Ich war total demoralisiert, es hat mir weh getan, es am Abend mit nur vier, fünf Gästen zu sehen, bei 60 Sitzplätzen. Daß es den Restaurants in der Umgebung genauso ging, wußte ich, nur konnte ich es nicht mehr ertragen. Dann kam ein kleines Liebesverhältnis dazu. Ich hab einen argentinischen Journalisten kennengelernt im Juli, mich total in den verliebt und wollte einfach nur weg und hab tatsächlich darauf zugearbeitet, nach Argentinien auszuwandern.

Aber erstmal mußte man gucken, was man mit dem Fournier machte. Verkaufen? Haben wir probiert, auch nur halbherzig. Mein Bruder hat es in der Hürriyet annonciert, ausschließlich dort, weil er dachte, Türken haben Geld. Er hat mir auch immer vorgeschlagen, ich sollte Gutscheine am Hackeschen Markt verteilen, weil er ein Sanitätshaus hat, und er verteilt dort auch Gutscheine. Wenn ich das getan hätte, wäre ich gleich weg gewesen, dann hätte mich überhaupt niemand mehr ernst genommen.

Es gab irgendwann den Punkt, wo ich Konkurs anmelden wollte. Ich hab das meinem Bruder gesagt, und der: Du Idiot, als Geschäftsmann sagt man so etwas niemals. Und mein Vermieter hat das überhaupt nicht ernst genommen, weil ich bisher so total inaktiv war.

Die ganze Ausstattung hat eh meinen Eltern gehört, das wurde ihnen am Anfang sicherheitsübereignet. Sie hatten ja auch dafür gebürgt, und sie haben das der Gesellschaft zur Verfügung gestellt. Dann wurde der Plan gemacht ... Am 29. August habe ich die Fenster verhängt und einen Zettel angebracht, daß wir ein bißchen renovieren und für zwei, drei Tage schließen. Und am 30. August habe ich zehn Leute organisiert, die morgens um sieben Uhr anfingen, das Fournier in seine Einzelteile zu zerlegen, alles wurde herausgerissen, inklusive der Steckdosen. Ein Ami, total besoffen – ich hatte da noch ein paar Flaschen Spirituosen – kriegte andauernd einen Stromschlag. Er wußte, wo die Sicherungen waren und hat sie andauernd wieder angeschaltet. Er fiel von der Leiter runter, wir mußten ihn fast festbinden, er war manisch, weil er die Sache so traurig fand. Wir arbeiteten den ganzen Tag, es war total heiß, keine Fenster auf. Um circa 22 Uhr war alles fertig zum Abholen. Aber niemand konnte raus, bis der Laster kam. Die Tochter des Vermieters, ganz oben, hatte eine Party mit 30, 40 Leuten. Wir hatten Spione im Park gegenüber sitzen, die haben gezählt, wieviele Leute da rein und raus gingen. Circa zwei Uhr morgens, das ganze Licht oben brannte noch, wir wußten, da war noch eine Person. So, bleibt der die Nacht oder geht der auch? Lassen wir jetzt den Laster vorfahren?

Wir haben das Risiko auf uns genommen. Wir mußten ein Auto umsetzen, wir haben es zu acht weggetragen, damit der riesige russische Laster meines Bruders parken konnte – mein Bruder betreibt eine Speditionsfirma und läßt Lastwagen vom

Kaspischen Meer nach Deutschland fahren. Der Laster versperrte zwischen halb drei und sechs Uhr morgens die ganze Straße. Dann fuhr er langsam raus und verschwand auf den ersten Rastplatz hinter Berlin, Richtung Dresden, wo er eine ganze Woche blieb, bis ich ein Lager gefunden hatte.

Wir hatten zwei Monate Mietrückstand, im September wären es drei geworden. Wir haben den Vermieter vor vollendete Tatsachen gestellt, wir gingen keinen Rechtsstreit ein. Der Fettabscheider blieb eh noch drin. Nur hatte die Aktion mir mit einem Schlag nochmal mehrere hunderttausend Mark Schulden gegeben. Weil ich den Mietvertrag gebrochen habe, war ich persönlich verantwortlich für die Miete der nächsten vier Jahre. Die Fournier-Schulden für nichtbezahlte Rechnungen – keine Personalschulden – hielten sich im Rahmen des Machbaren. Und als wir den Lastwagen ausräumten, rief der Vermieter meine Mutter an und sagte ihr, daß wenn ihr Sohn zum Flughafen geht und nach Australien fliegen will, wird er sofort vom Bundesgrenzschutz festgenommen. Meine Mutter hat dadurch einen Nervenzusammenbruch erlitten und ist ins Krankenhaus gekommen.

Erst einmal habe ich mich für zwei Wochen verleugnen lassen, bin zu meinen Eltern gefahren, habe mich mit dem Steuerberater und meinem Bruder zusammengesetzt, um zu gukken, wie die Sache weitergeht. Wir haben dann tatsächlich Konkurs angemeldet, das heißt einen Antrag auf ein Insolvenzverfahren gestellt.

Das war ein absoluter Tiefpunkt, ich konnte nicht mehr schlafen. Der Gedanke, daß etwas so fatal fehlgeschlagen hat, daß du Leuten Geld schuldest, daß Leute dich suchen. Panik, Paranoia. Ich weiß nicht, wie oft ich vom Balkon geguckt hab, ob ich irgendwo das Auto des Hausvermieters sehe. Das Telefon war zwar rausgestöpselt, aber mit diesem ISDN-Klicken wußte ich ja, daß jemand anruft. Und es hat tagelang nur geklickt.

Da gibt es ganz ganz viele Details, die man weiter ausführen könnte, und das kann sich dann auch sehr dramatisch anhören – ich glaub, das ist recht egal. Das Zeug wurde wieder angekarrt, wurde wieder alles aufgebaut. Die ausstehenden Mieten wurden von dem Konto meiner Eltern gepfändet. Mit neuen Geschäftspartnern wurde verhandelt, die Geld hineingeschossen haben. Meine Eltern haben die Ausstattung – die Küche, die Stühle – an diese Gesellschaft verkauft. Einer von diesen Gesellschaftern war der Vermieter, der mich ja eigentlich in diesen Sommermonaten 99 so sehr im Stich gelassen hatte. Außerdem gab es einen Gastronom aus dem Westen und einen Weinhändler. Einer war zehn Jahre älter als ich, einer zwanzig Jahre und einer dreißig Jahre.

Diese drei Monate, in denen das Restaurant zu hatte, war ich einfach fertig, weil ich gedacht habe: gescheitert, das kann man sich in dieser Gesellschaft nicht erlauben, und ich sah keine andere Chance für mich, wieder auf die Beine zu kommen, und das Angebot war doch verlockend: 25 Prozent zu behalten, keinen Pfennig zahlen zu müssen und wieder als Geschäftsführer eingesetzt zu werden. Also kein Bankrott, das war einfach nur eine Zeit, in der nach Geschäftspartnern gesucht wurde. So hat es sich in meinen Gedankengängen relativiert.

Das Restaurant hat im Dezember 1999 wieder aufgemacht und hatte im Januar seinen besten Monat, im Februar, im März. Da hats funktioniert. Die Darlehensschulden waren weg und die Miete war reduziert, und da hats auch Gewinn erwirtschaftet. Dann gabs wieder sehr viele Baustellen, vor der Tür wurden zum Beispiel neue Kanäle verlegt, das war drei Meter hoch verbarrikadiert, da konnte man überhaupt nicht hereinschauen. Es hats aber gepackt.

Trotzdem gabs Unstimmigkeiten zwischen mir und meinen Geschäftspartnern. Das Restaurant konnte einfach diese Ruhephase nicht haben, wo es langsam nach oben geht. Die hatten einen ganz anderen Outlook, was es denn sein sollte, und haben versucht, ihre eigenen Vorlieben auszuprägen. Bordeaux-Weine zum Beispiel, heftige Rotweine, die überhaupt nicht zu dem Essen gepaßt haben. Die wollten, daß das Teil ein Weinrestaurant wird, mit ganz teuren Burgundergläsern auf den Tischen und Weinberatung mit Lederschürze. Das sollte eine Insel des Westens werden. Sie glaubten, damit würden sie eine Klientel ziehen, die mehr Geld hat als diese Mitte-Szene-Leute, wie sie von denen genannt wurden. Die einfach der

Grundstock des Restaurants waren, weil es war halt in Mitte und darum war das Restaurant ja da.

Es gab Diskussionen, ob man mehr Kunst aufhängen sollte, um den Laden wärmer zu machen. Dadurch wurde alles wieder unterhoben. Das hat in meine Vision überhaupt nicht reingepaßt. Der Ausdruck klöckneresque wurde in dem Zusammenhang oft genannt.

Ich hab dann meinen Job auf den Tisch gelegt, weil drei gegen einen kannst du eigentlich nichts machen. Das ist unmöglich. Ich habe angeboten, mich ganz aus der Angelegenheit zurückzuziehen. Dann wurde verhandelt im September 2000, daß die Gesellschafter meine Anteile übernehmen, mich also auskaufen. Wurde ein Vertrag gemacht und unterschrieben im Oktober. Der Gastronom aus dem Westen hatte nicht unterschrieben, aber da die anderen und ich unterschrieben hatten, war das eine Mehrheit.

Ein neuer Geschäftsführer wurde gefunden. Ich habe mich bereit erklärt, den bis zum Februar 2001 einzuarbeiten, und hab solange die Leitung der Küche übernommen. Und am 1. März 2001, als ich mein Geld wollte, hat man mir gesagt: Nö, also nee, geht nicht. Die wollten mich schon loswerden, aber umsonst. Dann wurde ich krank, mußte eine Operation auf mich nehmen, was mich erstmal sehr geschwächt hat, und fing an zu klagen gegen die, aber erfolglos. Das Restaurant ging mittlerweile immer schlechter. Der neue Geschäftsführer war einfach nicht fähig, das zu leiten. Im April gab es wieder eine neue Geschäftsführerin, und im September übernahm der Gastronom aus dem Westen selbst die Leitung und hat versucht, all die Sachen, die er schon seit einem Jahr implementieren wollte, selbst zu tun, und im Dezember war dann endgültig zu, und im Januar 2002 wurde es komplett an eine Sushi-Kette verkauft.

Das hat gerade die Schulden der Gesellschaft bezahlt, ich hab keine Schulden. Meine Eltern haben Geld verloren, das ist das Traurigste für mich an der ganzen Angelegenheit, daß das an meinen Eltern hängengeblieben ist. Und auch an meinem Bruder, aber der hat mir solche schlechten Ratschläge erteilt, daß er für seinen Teil selbst verantwortlich ist.

Es gibt natürlich immer die Diskussion von wegen Schuld. Also ich kann jetzt niemandem eine Schuld zuweisen als mir selbst. Wenn du es versuchst abzuwälzen, das bringt dir überhaupt nichts. Du kannst nur aus deinen eigenen Fehlern lernen und es das nächste Mal viel viel besser machen.

Ganz allgemein waren die Leute, die in dieses Restaurant involviert waren – ich als das Leittier wahrscheinlich –, dem Berlin-Hype verfallen. Der ganze Druck von außen auf die Stadt, was es irgendwie werden sollte und was es sein sollte, und daß man dann versucht hat, in der ersten Reihe mitzumischen. Das war in der Gastronomie so, das war in der Kunst so, das war überall so. Daß man sich so hineingesteigert hat, daß man nichts anderes gesehen hat. Irgendwie noch was kriegen, noch was machen, irgendwie noch eine Ecke, egal wie teuer das ist, es wird schon irgendwie funktionieren. Die Stimmung war überhitzt. Viele von den Leuten, die damals versucht haben, an einen gewissen Punkt zu kommen, sind verschwunden. Viele von den Restaurants existieren nicht mehr oder wurden verkauft, das kriegt man gar nicht so mit. Das Scheitern war die Regel. Das klingt natürlich so, als ob ich es relativieren möchte, damit ich mich besser fühle. Aber – Scheitern muß erlaubt sein, es ist nichts Schlimmes. Scheitern gehört dazu.

Scheitern, jetzt in den letzten Jahren, ist nicht mehr so schlimm wie es das mal war. Weil es jetzt ganz große Exemplare gibt von Scheitern. Die scheitern und kriegen dann nochmal eine Chance. Wie zum Beispiel der neue VW-Vorstandsvorsitzende, der war vorher bei BMW, hat die größte Pleite mit dem Rover-Einkauf gemacht und kriegt trotzdem nochmal so einen Job*. Das wäre vor ein paar Jahren wahrscheinlich nicht passiert: einmal gescheitert – vorbei. Das steckt ja in den Köpfen irgendwie drin. Wenn ich auch an meine Mutter denke. Für solche Leute: Wenn mans einmal nicht geschafft hat, ist man vom Sozialamt abhängig oder muß man betteln gehen. Aber so ist es ja überhaupt nicht. Ich finde, wenn man so was hinter sich hat, was nicht unbedingt ein finanzieller Erfolg war, dann

---

* Bernd Pischetsrieder leitet BMW von 1993 bis 1999. 2002 wird er Chef von VW.

ist man ungleich weiser und reicher an Erfahrung. Man muß auch trennen – in der Gesellschaft ist ja ganz klar, daß nur der finanzielle Erfolg zählt, aber das Restaurant war natürlich ein Erfolg, insofern es Impulse gesetzt hat vom Essen her, vom Design her und vom ganzen Ambiente her. Es gibt noch immer ganz viele Leute, die wehmütig und ehrfürchtig davon sprechen.

Das kann eine Zeitlang dauern, bis ich wieder mein eigenes Restaurant mache. In dieser Stadt ist es gut, erstmal ganz viele Bekanntschaften zu machen und Beziehungen zu flechten. Aber irgendwann wieder, na klar. Es gibt viele Aasgeier, die sich an den gescheiterten Sachen ernähren, und genau so einer kann ich auch sein. So ist es halt in der Gastronomie: Einer baut das Teil, der Zweite ... – es gibt diese Redewendung, daß erst der Zweite oder Dritte, wenn alles bezahlt ist, Geld verdienen kann. Erst müssen einige Leute ihr Geld verlieren.

Wenn ich nicht jeden Monat mehrere Tausend Mark Darlehen hätte zurückzahlen müssen, wäre auch im ersten Anlauf alles fröhlich gewesen. Hochüberschuldet war das Ganze. Das war der Killer, Wahnsinn! Und wir hatten alle Leute angemeldet, ich hab kein Geld verschwinden lassen, so blauäugig. In Australien lief alles legal, das ist hier vollkommen unmöglich.

Ich hab jetzt auch Ideen auf einer kleineren Ebene. Ich suche eine Wohnung mit einer großen repräsentativen Küche, um zu Hause eine Kochschule zu machen. Und die zweite Idee ist, Kochhörbücher zu machen. Mein neuer Freund ist Tonmeister und kann dabei helfen.

Herman Vieljans
*1960

August 2002. Herman Vieljans sitzt in der Lobby des Berliner Hyatt Hotels, die Kellnerin bringt ihm ein Bier und ein Stück Erdbeerkuchen mit Vanilleeis. Am Vortag ist auf dem Bizarre-Rockfestival, auf dem Vieljans Musiker betreut hat, die sieben-jährige Tochter eines Festivalmitarbeiters in einem Pool ertrun-ken. Vieljans hat wenig geschlafen, seine Beine wippen. Die Pausen zwischen den Wortgruppen werden immer länger, auch wenn diese sich weiterhin zu ganzen Sätzen fügen. Nach zwei Stunden muß er abbrechen, er ist völlig erschöpft. Wir setzen das Gespräch ein paar Tage später in seinem Haus in der Eifel fort. Vieljans trinkt frisch gepreßten Brombeersaft, später Rot-wein und Kölsch. In der Kneipe nebenan erzählt uns der Trai-ner der örtlichen E-Jugend von einem siebenjährigen Jungen, dem größten Fußballtalent, das er je hat spielen sehen.

Mein Vater war ein Mann vom Bau – Straßenbau, Erdölboh-rungen. Anfang der 60er Jahre hatte er im Emsland, in der Nähe von Meppen, ein Haus gebaut für seine Familie und An-fang der 70er gemeinsam mit seinem Vater ein großes Doppel-haus. Eins für jedes seiner drei Kinder, als kleinen Schmelztie-gel. Da war alles auf Fußball und Kirche und Kneipe fixiert.

Schon als 14jähriger wechselte ich vom VFL Emslage zum SV Union Meppen und bekam dafür ein Mofa und andere Kleinigkeiten und wurde immer zum Training abgeholt. Ich spielte in der Niedersachsenauswahl, war bei der Union Mep-pen Kapitän der A-Jugend, wir stiegen drei Jahre hintereinan-der auf, ich hatte drei Jahre lang auf Bezirksebene keinen Crosslauf mehr verloren und auch meine schulischen Leistun-gen waren dementsprechend, daß mein Vater davon ausging, daß er dort mit mir planen könnte. Ahnungslos, daß es mich in die große weite Welt ziehen würde, raus aus diesem Nebel im Herbst. Ich war für ihn gar nicht nachvollziehbar so kraß vom

Herman Vieljans 1987 in Florida. Foto: Birgit Erbach

völlig sportfixierten Musterschüler... – irgendwann hatte ich meinen ersten Joint geraucht während einer Freistunde auf der Schülerwiese, und dann hatte ich plötzlich ein neues soziales Umfeld, wir experimentierten mit Stechapfel und Fliegenpilzen, so Dingen, die die Moorlandschaft hergab.

Ich vermute ja gewisse Neigungen, die ich an mir entdeckte, auch bei meinem Vater. Seine Brüder und Freunde starben wie er alle früh, die hatten alle Lungenleiden und nie geraucht. Und alle hatten in ihren Kellern alte Klebstoffbehälter stehen, Gläser mit selbst angemixten Klebern. Man muß wissen, diese Jungs wuchsen während der Kriegsjahre und danach in ärmsten Verhältnissen auf. Dem Fußballspiel galt ihre ganze Aufmerksamkeit, und das Objekt der Leidenschaft, den Ball, produzierte man, wenn mal wieder ein Schwein geschlachtet wurde, aus dessen Blase und Gedärmen. Beim Kleben der Bälle, so vermute ich, experimentierten die Jungs mit diesen Stoffen. Als ich sechs, sieben Jahre alt war, wenn mein Vater unten im Keller war, durfte keiner runter – Nee, laß Papa mal den Keller machen! –, und wenn er dann die Treppe hochkam, hatte er einen ganz schrägen Gesichtsausdruck. Meine Mutter erklärte das vor mir, der ich schon wachsam war, mit: Er hat Schnaps getrunken.

Mit 18 wechselte ich in den Herrenbereich. Nachdem ich das erste Spiel als sehr sehr starker Mittelstürmer in der Kreis-liga geglänzt und drei Gegenspieler verschlissen hatte, holte man mich sofort in die erste Mannschaft in die Bezirksliga. Dort machte ich zwei, drei Spiele, dann war ich auf einer Party in Hannover und von dieser Party reiste ich direkt zum Spiel-ort an. Ich hatte eine schwere Grippe und einen Haufen Pillen genommen, und ich glaube, ich hatte am Abend vorher einen LSD-Trip geworfen, schoß dann aber gleich in der 19. und der 32. Minute das 1:0 und das 2:0. Die Schlagzeile am Montag war: Vieljans erschoß Kloster Oesede, und genau in der Woche hatte ich aber dieses Haschischvergehen, und das wars. Das war das Karriereende. Ich ging zu den Jesusleuten, und da war Fußball verpönt.

Zwei Mitschüler wurden im Rahmen einer Terroristen-fahndung mit unserem Haschischeinkauf an der holländi-schen Grenze gestellt und haben natürlich alles sofort offen-bart. Es ging um 32 Gramm Hasch, aber auf unserem Dorf fuhr gleich ein ganzes Überfallkommando vor, das Lingener Rauschgiftdezernat durchsuchte mein Zimmer, es war alles... – ich hatte nie einer Fliege etwas zuleide getan, und unsere Mieter waren ein Jahr in Amerika, wir haben das Haus sauber gehalten und gelüftet. Sie hatten einen Spielautomaten in der Wohnung hängen, und ich hatte den geöffnet und mir, ich glaube, 120 Fünfmarkstücke herausgeholt, und es gelang mir einfach nicht, den wieder aufzufüllen, bevor sie zurückkamen. Dadurch hatte ich solche Scham und war so durchgefallen, daß unsere Mieterin, eine sozial engagierte Frau, auf mich ei-nen großen Einfluß hatte, als sie dann sagte: Das kommt alles von den Drogen und und und. Ich ließ mich hineinsprechen in dies: Du brauchst jetzt einfach Ruhe und mußt mal über dich nachdenken und dann erwartet dich auch keine Strafe, wie sie theoretisch hätte ausfallen können. Das eine ergab das andere, und so führte der Weg in die Baptistengemeinde, gemeinsam mit einem anderen Kiffer. Ich bin vor Gericht sehr sanft sanktioniert worden mit der Auflage, ein Jahr in deren Wohngemeinschaft für in ihrer Entwicklung gestörte Jungs durchzuziehen. Das war ein Haus in Braunschweig, mit Teestube. Wir fuhren zum Bibelstudium nach Wolfenbüttel, und die Evangelisation fand in der Teestube statt, dort gab es Berührungspunkte mit Neugierigen.

Nicht im Studium, aber in der Art, wie man mit dem Studium umging und mit Jesus lebte, wurde man bewertet von einer hausinternen Kommission. Man hatte fünf Stufen, bis man dann zur Evangelisation nach draußen geschickt wurde. Und an dem Tag, als ich von Stufe drei in die Stufe eins zurückversetzt wurde, weil ich nachts durchs Klofenster einige Male das Haus verlassen hatte und tanzen gegangen war im Schuppen Golem – ich hatte Gabi kennengelernt, dieses tolle rothaarige Mädchen –, habe ich den Tisch umgeschmissen und bin aus dem Haus rausgelaufen und bin zur psychosozialen Beratungsstelle in Braunschweig gegangen und stellte meine Situation dar und war ganz verzweifelt: Was tue ich denn jetzt? Und dann kam ich mit einem Diplompsychologen, Herrn Strothötte, in Kontakt, den traf ich dreimal die Woche zur Einzelsitzung und im kleinen Kreis hatten wir gruppendynamische 24- und 36-Stunden-Meetings, Encounter, in denen wir uns entleerten.

Bei diesen Sitzungen traf ich eine Dame, die hatte eine kleine Boutique, Greta G., die Kleidung aus den 20ern bis 50ern anbot, über einige Jahre geführt und wollte endgültig Braunschweig verlassen und mit Sack und Pack nach Griechenland ziehen. So übernahm ich von ihr dieses Geschäft mit Hilfe eines Bekannten, der die 5000 D-Mark Abstand bezahlte und damit mein stiller Partner wurde. Ich lebte mit Gabi zusammen und mein Therapeut, Herr Strothötte, begann ein Techtelmechtel. Manchmal hatten wir gruppendynamische Sitzungen bei uns daheim, und er hatte mit ihr irgendwas Komisches laufen, bildete ich mir ein, und so endete dieses psychoanalytische Programm nach sechs oder sieben Monaten in einem persönlichen Konflikt. Er hatte Schaum vor dem Mund, so wütend war er.

Auf Horten, die sich aus Altkleidersammlungen rekrutierten, riesigen Lagern, suchte ich mir per Kilopreis, was ich in meiner Boutique anbot, vom Schwalbenschwanz bis zum Zylinder. Ich saß in diesem Biedermeiersofa und hatte wirkliche Paradiesvögel, die mich immer wieder besuchten. Na ja, dieses Geschäftchen war so gut angelegt und hätte so gut funktionieren können, wenn ich gewissenhaft mit dem Einkauf umgegangen wär. Nach einigen Monaten fehlten einfach die Highlights, die man in einer Boutique entdecken möchte, und das lag an meinen Einkaufsqualitäten. Ich schrieb mich jedenfalls ein für das Studium der Sozialwissenschaften, 1980, auf der Gesamthochschule in Wuppertal.

Eigentlich besorgte mir meine alte Freundin Marlies diesen Studienplatz und sich selber auch. Die ersten sechs Wochen in der Baptisten-Wohngemeinschaft hatte ich gar keinen Kontakt zu ihr, dann hatte ich sie eingeladen zu einer Taufe, das war der Punkt, an dem ihr völlig das Verständnis entglitt. Aber sie verfolgte meine Entwicklungsgeschichte dort in Braunschweig und sagte dann: Okay, laß es uns noch einmal versuchen, ich besorg uns einen gemeinsamen Studienplatz. Sie gab mir noch eine Chance, Marlies, die Jugendfreundin, die einzige Frau, in die ich je richtig verliebt war. Bei David Cassidy hatte ich sie das erste Mal zaghaft geküßt, nach vier Monaten, in denen ich mittags immer nach der Schule gegenüber der Praxis – sie arbeitete beim Zahnarzt – an der Bushaltestelle saß. Ich hab nur dieser Frau zugeschaut und war so verliebt, ich konnte an gar nichts anderes denken. Marlies habe ich gejagt. Ich war 15 und sie war 17 und mit dem Anführer der Motorradgang zusammen, Wimmi Winkelmann. Der ließ mich verhauen, aber er konnte mich nicht von der Fährte bringen.

Wuppertal war cool. Ich begann, von dort aus Barcelona zu entdecken, und war ganz begeistert von dem Buch Ganz entspannt im Hier und Jetzt. Zwillinge, die in die Braunschweiger Teestube kamen, brachten es mir eines Tages mit, und schon während des pychoanalytischen Prozesses waren die Orange-Gewänder meine neue Identifikation. Aus Wuppertal habe ich die Bhagwanis dann auch in Oregon besucht.

Im sechsten Semester, 83, fuhr ich mit einem Freund, Martin, der war Gitarrist bei den Prima Donnas, der Band von Gianna Nannini, zum Gig ans Böllenfalltor in Darmstadt, ich kiffte den ganzen Tag mit den Jungs von UB 40 und die sagten abends zu mir: Why dont you join us on stage? 25 000 Leute waren draußen, und es war Roots, Rock, Reggae, es war alles peaceful, und ich kriegte so einen Kick auf der Bühne. Einfach nur gestanden, das war mein erstes Bühnenerlebnis.

Am nächsten Tag fuhren wir zurück nach Wuppertal und Martin stellte seine Kiste ab im Proberaum, und nebenan probte eine Band, da haben wir reingeguckt und da gabs keinen Sänger, und dann jammte ich mit denen. Ich hatte das erste Mal ein Mikrophon in der Hand und 666, alle sind verhext, das war der Song, der aus diesem Jam heraus entstand. Vom einen Augenblick auf den anderen fühlte ich mich als Sänger. Ich schrieb Texte und jeden Tag jammte ich mit diesem Wuppertaler Gitarristen, Andreas Humpert, und gleichzeitig studierte ich.

Mein Prof, Doktor Häussling, schickte mich dann für sechs Wochen als wissenschaftliche Hilfskraft nach Würzburg, in ein Versuchsmodell für jugendliche Strafgefangene, die nach halber Zeit in ein Übergangshaus entlassen wurden. In diesem Haus kam es zum Konflikt mit sämtlichen Sozialarbeitern, die einfach von 7 bis 22 Uhr ihre Rolle spielten und sich um 22 Uhr 10 wegdrehten und all das machten, was sie den ganzen Tag über für nicht empfehlenswert erachteten. Ich ging dort vorzeitig weg, ich wurde natürlich sofort zu meinem Prof zitiert – er hat mich zum Abendessen zu sich nach Hause eingeladen. Er war schon 62, und die Tür wurde aufgemacht von vier lauten hopsenden Kindern, die zwischen vier und acht waren, und seine französische Frau war Anfang 30. An diesem Abend im Gelpetal hat er mich interviewt zu dem, was ich eigentlich will, und dann sagte er: Ich glaub nicht, daß das Studienprogramm hier irgendein Fundament für dein weiteres Leben darstellen könnte. Was mir das Thema Musik und nach New York gehen sehr erleichterte.

Ich hatte im Stern gelesen, im Herbst 83, daß man deutsche Autos, die vor 1968 gebaut seien, nach Amerika exportieren könne, ohne sie mit Katalysator nachzurüsten. Der Dollar stand gerade auf 3 Mark 30, und ich suchte dann mit einem Kommilitonen, Ralf van Weezenbeck, drei alte Mercedes auf Automärkten, einen 220er SEB Coupé, einen 230er SL und eine alte Limousine, die wir in Eigenarbeit und mit Freunden restaurierten und aufs Schiff stellten nach Port Elizabeth, New Jersey. Meine Überlegung mit meinem Gitarristen war: Das, was du dort aus den Autos machst, damit kannst du eine Weile in New York leben und da könnt ihr euch ne Band zusammenstellen. Ich ging dann rüber und wir verkauften tatsächlich diese Autos. Wir hatten 19 000 D-Mark drin stecken und wir flogen drei Wochen später nach Deutschland zurück, haben die Dollars getauscht, bekamen 45 000 Mark und ein paar Kaputte und hatten 26 000 Mark verdient. Dann war klar: Jetzt gehst du nach New York und läßt dir ab und zu ein paar Autos schicken und konzentrierst dich ganz auf deine musikalische Karriere.

Ich lernte dort Heidi, dieses norwegische Eileen-Ford-Modell kennen, die sah ich an einem Abend zuerst im Bebops – wir hatten einen Augenblick – und drei Stunden später auf dem Dach der Danceteria, und wir fanden das beide so unglaublich. Wir sind dann in einem meiner alten Mercedesse, die immer im Hafen eingingen, zu ihr gefahren, und hatten in den nächsten vier Stunden dreimal hintereinander tierischen Sex und waren ein Paar fortan. Sie unterstützte mich nun. Marlies habe ich sozusagen sitzengelassen, ich kam ja gar nicht mehr zurück aus Amerika, und sie tauchte dann irgendwann in New York auf und fand mich dort mit Heidi, ich hab sie echt schwer verletzt.

Andreas und ich hatten mittlerweile einen schwarzen Trommler im Washington Square Park aufgerissen und einen venezuelanischen Bassisten. Wir nannten uns Eracode und ich ließ soviel raus, von: Hubert mach dich frei davon, bis zu: Down on 10th street I never felt like this before. Roller roller Rock 'n' Roller. – Irre. Seit ich Heidi kannte, war alles total easy, ich war nicht mehr von diesen Autos abhängig und verlor unser Geschäft, WEVI German Oldtimers, völlig aus den Augen. Ralf gestaltete das weiter, lebte mittlerweile in Queens. Ich konzentrierte mich nur noch auf die Musik, und Heidi gab mir das Geld, das ich zum Leben brauchte.

Ich lebte on 10th Streeth, right off St. Marks Place, spielte im

Washington Square Park Fußball und probte abends. Und Heidi lebte 56th and Central Park und hatte so viel Geld, fuhr mit der Limousine rum und und und, und ich dachte mir: Mann, soviel Geld kann die beim Modeln nicht verdienen. Und dann konnte sie mir nie sagen, wo sie gerade ein Shooting hatte. Ich fand das alles komisch, und irgendwann wurde mir das über Freunde von ihr gesteckt. Sie verkaufte mir dann die Geschichte: Ja, sie arbeitete für Madame Mayflower, einen Escortservice, aber sie würde nur im Büro sitzen, die Telefonate annehmen und vermitteln. Sie inserierten nur in der Herald Tribune und hatten einen ganz ganz exquisiten Kundenkreis. Und über die Wochen wurde ich weiter strapaziert damit: Sie ging natürlich zu Kashoggi, zu Huntington Hartford – als Schwedin, sie arbeitete als Anja Anderson. Und ich ließ das so alles gehen, aber es machte mich auch verrückt, irgendwo trifft einen das als Junge. Bis sie eines Tages ganz überstürzt ins Apartment reingelaufen kam und sagte: Wir müssen sofort los, wir müssen sofort los. Sie hatten den Escortservice gebustet, sie hatten die Tür eingetreten. Sie war durch die Hintertür entkommen und voller Paranoia und wollte sofort die Stadt verlassen. Sie flog dann nach Florida, wo sie Freunde hatte, und wir verabredeten, daß ich ihr ein paar Tage später hinterherfahre mit dem einzigen Auto, das ich noch aus der Oldtimer-Geschichte hatte, ein mit ganz viel Fiberglas aufgebauter 911er Porsche, zum 935er Modell gemacht, mit eingeschlagener Seitenscheibe, die ich nie ersetzen konnte, weil mir das Geld fehlte. Mit dem bin ich hinter Heidi her, mit Andreas, meinem Gitarristen, natürlich an der Seite. Wir dachten, Miami sei nun unser Mekka. Nachdem wir den Cats Club jeden Donnerstag gespielt hatten und auch hochgespielt hatten von 15 Besucher auf 300, die liebten das, wenn ich mit meiner Stacheldrahthose und Pyjamajackett auf die Bühne kam und sie anschrie. Aber was wir in New York können, das können wir auch in Miami!

Wir hatten noch diese Indianerin Nancy Wilson mitgenommen, die wollte nach Carolina zu ihren Eltern. Das war der Tag vor meinem 25. Geburtstag, und es war das unglaublichste sexuelle Erlebnis, im Wald hinter dem Haus ihres Vaters. So fuhr ich in meinen Geburtstag hinein. Um drei Uhr hielten wir an, in der Nähe von Jacksonville, auf einem Parkplatz, um uns auszuruhen, ein bißchen zu schlafen. Und das letzte, was ich Andreas erzählte, war, daß mein Vater mir mit 17 prophezeit hatte, als diese Kifferentwicklung begann: Mit 19 würde ich meine Fußballstiefel an den Nagel hängen und spätestens mit 25 hätte ich schwedische Gardinen gesehen. Mit dem Gedanken schlief ich ein und wurde wach, total eiskalt, um 10 nach 7, weil diese über und über tätowierte Hand mir schon am Kragen saß. Wir hatten nur so Custom Plates dran, hatten eine eingeschlagene Scheibe und ich trug eine graue Leinenhose, mit Stacheldraht umwickelt, und für den war klar: Das ist ein gestohlenes Fahrzeug, und diese beiden Leute müssen sofort inhaftiert werden. So landete ich an meinem 25. Geburtstag mit ein paar übelstriechenden Leuten in einer Massenzelle.

Wir setzten noch am Abend unseren Weg fort nach Boca Raton zu Heidis norwegischen Freunden. Dort habe ich mir einen Händler rausgesucht, wo ich das Auto verkaufen könnte und auf dem Weg zu ihm bin ich auf einen Parkplatz gefahren und habe vorne aufgesetzt mit der Kiste und das Fiberglas zersprang einfach, hinten, vorne, überall. Und dann machte der Händler, Angelo Sardo hieß er, mit mir einen Deal: Er zahlt die Reparatur und zieht das von dem Verkaufspreis ab. Und ich ging ganz zuversichtlich gestimmt, mit einem bißchen Geld in der Tasche, das er mir auch noch gegeben hatte, suchte mir mit Heidi und Andreas ein Apartment, off A1A und wartete auf den Verkauf dieses Autos, aber ich sollte das Geld nie bekommen. Der Typ hat mich so vorgeführt, so abgezogen.

Heidi arbeitete in einem Cajun-Restaurant, sie brachte das Geld nach Hause, sie war dort Host und empfing die Leute. Großartiges Restaurant in Fort Lauderdale, Las Olas Boulevard. Es zogen so acht Wochen ins Land und plötzlich war mein Auto nicht mehr auf dem Car Lot und ich sag: Wo ist das Auto? – Ja, das ließ sich hier nicht verkaufen, das haben wir beim Schwesterbetrieb in Miami untergebracht. Und sie köderten mich erstmal mit 1500 US-Dollar, die sie mir in die Hand drückten.

Mir war es natürlich ganz recht, ich flog damit nach New

York zurück, um direkt meinen Freund, bei dem ich drei Monate lang jeden zweiten Abend verbracht hatte, den jüdischen Psychoanalytiker Doctor Richard, aufzusuchen. Mit Richard hatte ich die Dinge aufgearbeitet, die dort, auch um Heidi herum, passierten, und Richard gab mir die Zuversicht, ein richtiger Freund zu sein. Wir trafen uns im Limelight, im V.I.P.-Raum, oben in der ehemaligen Sakristei, Cher war da. Ich dachte Sodom, mir kamen irrsinnige Ideen in dieser Kirche, aber letztlich ging ich hin. Ich war Mitte zwanzig und Richard war Anfang vierzig, und ich fands einfach cool. Er wollte soviel über Deutschland hören, weil seine Bekannten und Verwandten ja zum Teil auch im KZ Leid und Tod erlebt hatten, es war so ein gegenseitiges Herantasten, wir sahen ein paar Boxkämpfe zusammen. Das war der Ausgleich, das Kontrastprogramm zu dem wilden Rock 'n' Roller, der sich abends immer im Proberaum auflöste.

Richard hatte ich gesagt, ich ginge für eine Woche nach Florida, und mich die ganze Zeit nicht gemeldet. Mein erster Weg führte zu ihm, ich hatte mich kurz vorher angekündigt, er macht die Tür auf und sagt: There you are you little fuck! – Hinter der Tür stand so ein Schrank, 350 Pfund schwer, so ein dumpfer Typ, der mich direkt festgriff, und Richard begann sofort mit seinem Programm: You cunt! Die nächsten dreieinhalb Stunden hatte ich Todesangst, der Typ saß auf mir, Richard brannte mich mit Zigaretten, trat mich gegen den Kopf, trat mich in die Nieren und sagte, er würde mich umbringen: I fuckin kill you, you German bastard! Er beschimpfte mich mit all dem, was ganz tief saß an Ressentiments gegen Deutsche. Er hatte eine Knarre, die er mir an den Kopf hielt und abdrückte und es war keine Munition drin.

Na ja, das war seine große Enttäuschung darüber, daß ich unsere Beziehung so abgebrochen hatte. Mir ist dann hinterher erst klar geworden ... mir haben natürlich alle gesagt: Der Typ war einfach verknallt in dich, und du hast es nicht mitgekriegt. Komisch, wir haben oft über Mädels gesprochen, er wünschte sich, eine Freundin zu haben – er hat mir den totalen Film vorgespielt. Alle rieten mir zur Anzeige, ich konnte keine Anzeige erstatten, ich war ja, was die Immigration betraf, illegal, und das schon seit eineinviertel Jahren. Ich ging dann nach Florida zurück, nachdem ich arg verletzt diese acht, neun, zehn Tage zugebracht hatte.

Ich hatte Zeit gehabt und mir in New York überlegt: Jetzt reichts, jetzt forderst du dir dein Geld, und sonst holst du dir das Auto. Mir der Einstellung fuhr ich auf das Car Lot und sagte: So, jetzt möchte ich mein Auto wiedersehen. Ich zahle das Geld, was ihr mir bezahlt habt und was die Reparatur gekostet hat, ich verkauf das selber. Und da gab es auf einmal eine harte Haltung: Was bildest du dir ein? Hast du Unterlagen darüber? – Hatte ich dummerweise sogar den deutschen Brief des Autos abgegeben. Na ja, ich dachte: Sie wollen dich ficken. Also besorgte ich mir einen Deutschen und zwei Schwarze und hatte mich um fünf Uhr nachmittags verabredet mit Angelo, zur letzten Aussprache. Dann fragte ich unmißverständlich nach dem Auto und sagte: Okay, dann kündige ich hiermit an: Ich werde mir das Auto oder etwas im Gegenwert holen. Daraufhin zog einer der Söhne von Angelo die Waffe und sagte: Raus, ich sollte nie wieder dort auflaufen. Und wütend, aber wie ein geprügelter Hund schlich ich vom Gelände, um mir am nächsten Tag anwaltliche Hilfe zu nehmen. Ich hatte glücklicherweise die ganzen Zollpapiere, Heidi und und, und es kam zu einem Zivilverfahren.

Jetzt war klar, es würde lange dauern, sechs bis neun Monate. Ich mußte mir wohl oder übel überlegen: Okay, musikalisch hat sich hier in drei Monaten nichts entwickelt, Andreas ist zurück nach Deutschland, und du wolltest eigentlich nur auf dein Geld warten und das Land einmal illegal verlassen, damit du legal wieder einreisen kannst. Also freundete ich mich damit an, arbeiten zu gehen, und dann hörte ich, im Dollhouse, so einem Strip Club, wäre ein Job frei. And I applied for a job, the first time in my life. Und ich kriegte den auch sofort. 70 Mädels und 35 Jungs tanzten in zwei Schichten, es ging mittags um zwölf los bis morgens um vier. Ab sieben Uhr abends gab es einen Valet Parking Service. Der Typ, der dort aufgehört hatte, hatte in der letzten Nacht 28 Dollar verdient, bei einem Schnitt von 40, 45, und es machte ihm keinen Spaß. Ich übernahm das und verdiente in der ersten Nacht, und fortan blieb es in etwa so, 465

Dollar. Ich hatte bis jetzt vier Monate lang in Florida einfach nur so gesessen mit Blick auf das Meer und alles beobachtet, und es machte mir ungeheuren Spaß, dort zu stehen und die Leute in Empfang zu nehmen, ob das nun Kolumbianer oder Schwarze mit dicken Goldketten waren oder irgendwelche Italoamerikaner. Und die Girls! Ich hatte mit jedem meinen Schnack, und sie tippten mich alle. Ich hatte zwei Runner, die für mich die Autos parkten, und ich machte nur Sozialisationswerte. Ab und zu fuhr ich noch mit einem 57er Silver Shadow, einem Stretch, ganz spezielle Gäste, die mir mal 100, 200 Dollar in die Hand drückten, mit den Mädels aus meinem Club, auf irgendwelche Bachelorpartys. Ab und zu tippten mich auch unglaublich gut die Damen, die zu den Männern gingen, die eine oder andere mochte mich unglaublich gern.

Das war so ein gutes Gefühl, der Dollar stand bei 3 Mark 40, und ich arbeitete sechs Tage die Woche. Schon nach zwei, drei Wochen nahmen wir uns ein Haus, einen Kilometer vom Ocean weg. Es wuchs ein Baum durch die Veranda, herrlich, mit Starfruits im Garten und zwei Ernten pro Jahr. Und das Leben war knallbunt. Ich sparte viel Geld, kaufte mir eine schwarze Corvette und arbeitete weiter als Illegaler im Land, ich dachte gar nicht mehr daran, der Sheriff des Districts fand das cool, seine Kontakte zu den Mädels zu haben. Mit meinem Freund Steve zahlte ich ein Haus an, es war ziemlich heruntergewirtschaftet. Später verkaufte mir Steve seinen Anteil und ich baute auch mit meinem Vater zusammen an dem Haus. Die Raten zahlten sich von selber und jeden Monat schmiß es 130 oder 150 Dollar ab.

Endlich kam das Papier, der Gerichtstermin mit Angelo Sardo war anberaumt. Zwei Tage vorher kam ich nach Hause, ich wunderte mich, die Lichter waren aus, da kamen sie auch schon von allen Seiten, die Immigrationsbeamten, sofort gaben die Handschellen. Sardo hatte natürlich davon Gehör bekommen, daß ich vor dem Dollhouse arbeitete, und hatte mich einfach verhaften lassen. Heidi war auch schon verhaftet.

Ich hatte ganz viel Glück, sie gaben mir sogar noch 28 Tage und sagten: Auch das mit dem illegalen Arbeiten, lets forget about it, weil ich ihnen meine Geschichte erzählte, wie es dazu

gekommen war. Heidi reiste allerdings nach dem Motto: Das
ist das erste Mal, daß ich überhaupt mit dem Gesetz in Konflikt gekommen bin und jetzt haben sie meinen Namen, sofort
aus, und ich stellte die schwarze Corvette aufs Schiff. Einen
Tag später bekam ich ein Urteil gegen Herrn Sardo, der mittlerweile offiziell natürlich nichts mehr besaß, alles gehört seiner Frau und seinen Kindern.

Nachdem ich die Corvette in Deutschland verkauft hatte,
holte ich mir einen Mercedes und fuhr damit zu Heidi nach
Norwegen. Wir waren in der Hütte ihres Großvaters, und ich
habe drei Wochen lang keinen Menschen gesehen, und im August dann spürst du schon, wie die Tage, das geht ja unglaublich rasch, kürzer werden. Ausgerechnet zu dem Zeitpunkt
konfrontierte Heidi mich damit, daß sie ein Kind möchte.
Heidi war 25 geworden, und ich war 26 und dachte an den
Rock 'n' Roll.

Den Mercedes hatte ich in Norwegen verkauft und Anfang
September kaufte ich mir auf dem Automarkt in Essen einen
kleinen 911er Porsche, so einen Porsche Targa, und zog nach
Hamburg. Auf eine Anzeige fuhr ich bei dem alten Pärchen
Herrn und Frau Paegelow vor. Sie schaute schon aus dem Fenster, als ich ankam mit meiner Jeans, und die Kombination gefiel ihr. Sie gaben mir die Wohnung direkt über ihnen, toll,
Max-Brauer-Allee in Altona, 80 Quadratmeter für 437 Mark,
es mußte nur der richtige Mieter sein. Ich baute mit meinem
Vater einen doppelten Boden ein, trotzdem war das eigentlich
eine Katastrophe für die armen Paegelows, die drei Jahre, die
ich dort verbrachte.

Ich hatte die Wohnung übernommen, saß in der leeren
Wohnung, und am ersten Abend fuhr ich mit dem Porsche
vors Madhouse, ich komme die Treppe hoch und da sehe ich
von hinten schon: Thats fucking Claudia. Claudia, meine
Freundin aus New York, das geile Groupie, die ich in der Danceteria getroffen hatte und die mit Billie Idol und Steve Stevens
im Studio war, 19, wunderschön. Ich hatte sie drei Jahre vorher
das letzte Mal in New York gesehen, sie war wütend davonge-
stampft im Central Park, weil ich – irre.

Claudia war da mit einem Gitarristen, Heinz Dewitz, und

am nächsten Tag hab ich die im Studio besucht und die suchten gerade einen Sänger, das war die Jawoll-Band, und ich hatte eine neue Band. Und Claudia war die Freundin von Jimmy Bain, dem Bassisten von Ronny James Dio, und war eigentlich nur auf Besuch in Deutschland bei ihrer Mamma, sie wohnte jetzt in Los Angeles. Dio war gerade auf dem Höhepunkt seines Erfolgs, hatte das Album Holy Diver sechsmillionenmal verkauft, war Nummer eins in Japan und England und dreißig Ländern.

Es war sehr sehr zart zwischen Claudia und mir, ich hatte meine Wohnung, ich hatte meine Band, Hamburg konnte abgehen. Ab und zu hatte ich Freunde, die mit amerikanischen Autos reinkamen aus den Staaten, ich versorgte die Hamburger Luden mit Corvetten. Der andere Weg, weil mittlerweile war der Dollar ja auf 1 Mark 60 gefallen. Und ich arbeitete an meinem Bandprojekt. Salto nannten wir den Nachfolger: Mothers keep you daughters home, Salto is coming to town. Oh nein! Na ja.

Von 86 bis 89 lebte ich in Hamburg und flog immer wieder nach Los Angeles und besuchte Jimmy Bain. Ich war in Las Vegas, Claudia kam und dann flogen wir gemeinsam nach Los Angeles, wo Jimmy uns vom Airport abholte. Schon im Auto gab es so einen mörderischen Krach zwischen den beiden, daß sie ihn zwei Stunden, nachdem wir angekommen waren, mit Sack und Pack verließ. Die Tür knallte laut und sie sagte: You fucking asshole, I never wanna see you again! Er war wie vor den Kopf gestoßen und durch seine plötzliche emotionale Betroffenheit, durch seinen Schmerz kam es dazu, daß wir uns außergewöhnlich austauschten, am nächsten Tag, in Malibu in einem Fischrestaurant, und damit begann eine ganz tiefe Verbundenheit zwischen uns beiden.

Mit Ralph Riekermann, einem Bassisten von der Kieler Musikhochschule, hatte ich eine tolle Produktion gemacht bei Jim Fox im Herbst 89, kurz bevor die Mauer fiel, waren wir in Berlin Kreuzberg im dritten Hinterhof. Wir entschlossen uns, von dort aus nach L. A. zu gehen, weil ich durch Jimmy überragende Kontakte hatte. Christian Neander, der Gitarrist, wollte nicht mitgehen und machte dann Selig mit Franz Plasa, meinem Nachbarn.

Am 18.11. will ich fliegen, ich gehe aus die letzte Nacht in Hamburg mit Rio Reiser, wir haben eine Flasche Whisky getrunken und wir gehen ins Kasino auf der Reeperbahn. Drei türkische Jungs kommen die Treppe runter, hatten ein Spiel verloren, die rempeln uns an und ich dreh mich aus einer Laune heraus um und sage: Fuck you, idiot! Da kriege ich auch schon die Faust an den Kopf, und dann benutzten mich diese drei Jungs, traten mich fürchterlich zusammen, das ging unheimlich lange. Nachdem die Angestellten mich herausgezogen hatten aus dem Clinch, mich auf der Toilette wundversorgten, kam der Geschäftsführer hinzu und sagte, man solle mich auf die Straße setzen, und erteilte mir Hausverbot, obwohl zwei seiner Angestellten sagten: Die lungern dort draußen immer noch herum. Sie brachten mich vor die Tür, dort warteten tatsächlich die drei Jungs und traten direkt wieder auf mich ein. Ich hab dann keine Erinnerung mehr, mit dem Whisky im Kopf und den vielen Tritten. Auf jeden Fall wurde ich wohl ins Krankenhaus gebracht mit einem Kopf wie ein Ballon. Ich kam am nächsten Tag jämmerlich die Treppe hoch in meine Wohnung, und Birgit, das Mädchen, mit dem ich zusammenlebte, hat mich gar nicht erkannt. Ich hatte höllische Schmerzen, mein Gesicht war total verformt, zwei Vorderzähne waren abgebrochen, ich war genäht worden unter den Augenbrauen. Am 31. Dezember schließlich, ich sah immer noch sehr gezeichnet aus, flog ich auf in das letzte Jahrzehnt des Jahrtausends. Jimmy Bain holte mich ab am Flughafen, um 9 Uhr abends war es in Deutschland schon 1990. Ich stand unter der Dusche, als in Los Angeles die 90er Jahre begannen.

Jimmy hatte mittlerweile ein Projekt, das hieß World War III, mit so einem abgeknallten Sänger aus Karlsruhe, Mandy Lion, der illegal über die mexikanische Grenze irgendwie das Land geentert hatte, und Ralph und ich kamen rüber mit unseren neuen Songs und unserem Projekt Beyond the Blind. Am Musicians Institute suchten wir nach der passenden Besetzung und lebten bei Jimmy in Woodland Hills in einem Häuschen, das er sich von seinen Einnahmen als Rock 'n' Roller gekauft hatte und in dem unglaubliche Rock 'n' Roll Partys stattfanden. Wir probten irgendwo im Valley und abends gingen wir

Salto/Beyond the Blind

Jimmy Bain und Herman Vieljans vor ihrem Haus in Woodland Hills. Foto: Birgit Erbach

in die legendären Clubs auf dem Sunset Strip: Whisky, Roxy, Rainbow – jeden Abend das gleiche. Mittags gab es den Ein-Dollar-Chinesen und nachts um viertel vor zwei, wenn das Rainbow zumachte, gingen wir in den Supermarkt, ans Früchtebuffet. Im Sommer 90 hatten wir unsere ersten Gigs im Sash und im Roxy. Beyond the Blind hatte ein gutes Following in Los Angeles, viele standen auf uns. Wir sprachen mit dem Manager der Red Hot Chilli Peppers und sollten mit denen auf US-Tournee gehen.

Im Sommer 91 besuchte mich Birgit, und sie wurde schwanger. Als sie schon im siebten Monat war, nachdem ich schon vier Monate lang zugesagt hatte, jetzt würde ich endlich kommen, flog ich nach Deutschland. Eigentlich war ich auf dem Weg zur Beerdigung von Heidi Brühl, weil ich zusammen mit ihrem Sohn Clayton an Dokumentationen gearbeitet hatte über die Crazy World Tour der Scorpions und über dreißig Jahre on Sunset Strip. Und mittendrin bekam er einen Anruf aus dem Krankenhaus, daß seine Mutter in ihren letzten Zügen lag, weil sie völlig verkrebst war. Also flog er Hals über Kopf dort hin und rief mich aus Deutschland an und sagte mir: Herman, ich werde wahnsinnig hier, die Boulevardmagazine, die killen mich und meine Schwester dafür, daß wir dieses Leben an der Maschine nicht wollten und die Maschinen haben abstellen lassen. Jedenfalls bin ich zuerst an den Starnberger See gefahren, und in der Nacht gab es wenig Schlaf. Und am nächsten Tag wollte ich von dort aus nach Hamburg fahren. Ich nahm auf dem Rasthof zwei Anhalter mit aus Dresden, die fuhren mich bis Kassel und erzählten mir über die Veränderungen in dem vereinten Land. Ich hatte ja West Germany verlassen und jetzt war es All Germany. Acht Kilometer, nachdem die aus dem Auto gestiegen waren, muß ich eingeschlafen sein. Dann fuhr ich wohl unter einen LKW und die ganze rechte Seite des Fahrzeugs war platt, ich war mit dem Kopf aus dem Seitenfenster raus und das Auto stand auf der Seite, ich war mit dem Kopf linksseitig über den Asphalt gerutscht, und ich hörte nur ganz viele Stimmen um mich herum und spürte überhaupt gar keinen Schmerz: Er lebt, er lebt, er lebt! Dann tastete ich und dachte, mein Auge sei raus, weil das Lid abgerissen war, ich fühlte nur noch einen Blutklecks. Die versuchten, dieses Auto anzuheben, und in dem Augenblick hab ich, das bilde ich mir zumindest ein, den Lebensfilm rückwärts laufen gesehen, und ich schoß gerade ein Tor gegen den SV Groß Hesepe. Da war ich neun Jahre alt und habe mit einem Fallrückzieher aus 25 Metern ins Tor geschossen.

Vier Tage lang lag ich in dem Schlaf, den sie eingeleitet hatten, weil mein Kopf so wahnsinnig angeschwollen war. Und als ich aufwachte, saßen meine Mutter und die schwangere Birgit an meinem Bett, und damit war alles plötzlich anders. Die hatten mir ein riesengroßes Ohr an den Kopf gepflanzt, weil es vom Asphalt ganz abgeschliffen war, und nach der Kasseler Klinik mußte ich in einen Luftkurort, damit es anwuchs, und so kam ich von Hollywood nach Haag. Ein Restknorpel war vorhanden, da haben sie einen Riesenteil Haut angenäht und im Laufe des nächsten Jahres starb es immer wieder ab – stank fürchterlich und wurde dann schwarz. Es wurde von der Hoffnung getragen, daß, so wie bei mir, irgend etwas stehen bleibt und du so gut wie möglich damit agieren kannst und so wenig wie möglich wie ein Kinderschreck aussiehst.

Die ersten zwei, drei, vier Monate, die ich dort zubrachte, das war ein Dämmerzustand. Ich konnte mich nur ganz schwerfällig erinnern an Dinge, die 87, 88, 89 passiert waren, und versuchte, weil ich dazu immer in der Lage war, vierstellige Zahlen miteinander zu multiplizieren. Also dachte ich, so baue ich es wieder auf, und ich begann bei 1 mal 1 bis 25 mal 25. Die hatte ich drauf. So versuchte ichs wiederzukriegen. Mein Sohn Marvin kam zur Welt, am 25. 10. 1991, und ich würd immer fetter. Ich hatte schon zwanzig Kilo zugenommen gegenüber dem Gewicht, das ich als wilder Rock 'n' Roller aus Los Angeles mit ins Flugzeug genommen hatte. Ich fand mich selber schrecklich und auch die Frau fand mich unerträglich, die mich nun ja schon Jahre geliebt hatte. Und ich hatte keine Kohle.

Ich hatte zwei amerikanische Autos in Norddeutschland stehen, von denen holte ich eines und brachte es zu einem amerikanischen Autohändler, von dem ich in der Zeitung gelesen hatte, in Meckesheim bei Heidelberg, in der Nähe meiner Rehabilitationsmaßnahme. Ich hatte 12 Mark in der Tasche, und die Autohandlung lag auf einem Fabrikgelände, und ich sah diese riesige, völlig leere Fabrik mit einem vierzig Meter hohen Schornstein. Ich war jeden Abend ausgegangen in Hollywood oder hatte gespielt, und jetzt war ich in diesem Ort, und es gab weder eine Kneipe noch eine Bar noch – es gab nichts, nichts, was mich abends hätte anziehen können. Und an diesem Nachmittag, an dem ich dieses Auto, an dem er wenig Interesse hatte, verkaufen wollte und ich Geld brauchte, entstand von einem Augenblick auf den anderen, mit Blick auf die Fabrik, der Gedanke: Thats it! Bring doch deine ganzen Sozialisationswerte, deine ganzen Künstlerfreunde hierher in diese Region, die Entertainment so dringlich braucht.

Ich hatte dann innerhalb der nächsten Woche, ich hatte ja sowieso nichts zu tun, alle Informationen eingeholt über den alten Konservendosenhersteller, der diese Fabrik schon zwanzig Jahre nicht mehr nutzte, über den Verwalter, und ich mietete dieses Ding für einen ganz kleinen Preis an. Ich war zwei Jahre in New York und zwei Jahre in Los Angeles und ein Jahr in Miami nur in Clubs gewesen und hatte eine Vision, als ich dieses Gebäude sah, und diese Vision habe ich auch umgesetzt, und ich hatte natürlich keinen Plan davon, was so alles aus dem Ruder laufen kann. Ich hab gedacht: Die Rhein-Neckar-Region braucht eine Bühne, und da wußte ich, da war ich zielsicher, daß ich viele Menschen erreichen würde.

Die einzige Disco, die es in der Gegend zwischen Haag und Waldwimmersbach gab, das war ein verhältnismäßig bescheidener Laden, aber der war jeden Freitag und Samstag unglaublich voll, so daß ich den Besitzer begeisterte von der Idee. Der hatte an eigenen Mitteln nur etwa 80 000 Mark, aber hatte halt, von seiner Aussage her, eine Brauerei an der Seite und weitere Mittel, die er privat besorgen könne.

Der Quadratmeterpreis lag bei 2 Mark 20, es waren 1700 Quadratmeter und sie kosteten nur 4000 Mark, aber sie sahen natürlich aus – ich fing an, den ganzen ölverseuchten Boden um das Gebäude abzutragen, drinnen standen alte Maschinen. Dann haben wir Wände rausgerissen, alles geöffnet, mit diesen eindrucksvollen Lichthöfen aus den 50er Jahren. Wir haben breite Treppen hineingebaut, die man sowohl als Aufgang benutzen konnte als auch als Tribüne. Von der Lufthansa holte ich alte Flugzeugsitzreihen. Vor der Fabrik haben wir amerikanische Limousinen halb im Sand eingegraben. Wir installierten ein Kartensystem – Karten, die man am Eingang bekommt, in die die Angestellten den Verzehr lochen, und die man zahlt, wenn man rausgeht. Ich kalkulierte zu Beginn mit 300 000 Mark, die wir bis zur Eröffnung brauchen würden, es waren dann 1,1 Millionen.

Ich holte meinen Vater, um mir beim Treppenbau zu helfen, aber er übernahm sofort die Bauführung. Wahrscheinlich ist jeder Vater so, vielleicht reagiere ich auch eines Tages so, besuche meinen Sohn und denke mir: Von dem, was er jetzt gerade macht, versteh ich viel. Und so schaltete er sich ein. Dann realisierte er direkt: Hier ist viel mehr notwendig als das, was ihr geplant habt, und das, was ihr habt. Laß mich einsteigen.

Er war total überzeugt, er wollte das. Er ging gleich mit Sicherheiten hinein und so bekamen wir einen höheren Kredit von der Brauerei. Wir investierten 450 000 Mark an Krediten und starteten mit 560 000 Mark, die wir noch zu zahlen hatten. Bevor wir überhaupt an eine Gesellschaftsgründung dachten, wäre sie schon komplett überschuldet gewesen. Der Discothekenbetreiber bekam sein Geld zurück, und mein Vater und ich waren gleichberechtigte Partner. Ich hatte ja dieses Haschischvergehen gehabt, deshalb hatte mein Vater die Konzession, offiziell war er alleiniger Inhaber. Aber da gab es auch später einen Gerichtsbeschluß, sonst hätten sie, nachdem der Senior starb, die ganzen Schulden nicht auf den Junior abwälzen können.

Beim Genehmigungsverfahren vertraute ich auf die Gemeinde, die natürlich sehr dankbar dafür war, daß jemand diesen sanierungsbedürftigen Schandfleck mitten im Dorf herrichten wollte und ihr bis Heidelberg und über Mannheim hinaus einen gewissen Bekanntheitsgrad bringen würde. In der Gemeinderatssitzung hatte ich achtzehn zu null Stimmen und in der anschließenden Befragung zur Baugenehmigung keine Gegenstimme.

Eine Woche vor der Eröffnung hing ich überall DIN-A1-Plakate auf, ganz in schwarz, auf denen stand nur in kleinen weißen Buchstaben: Asphalt Jungle ruft! Drei Tage vorher begannen die Spots auf Radio Regenbogen. Und Donnerstag abend war Eröffnung, mit 110 internationalen Gästen. Die

Freddie Wonder Combo spielte, bestehend aus den Gröne-
meyer-Bandmitgliedern, und dann Bonfire, so eine deutsche
Rockband. Und es kamen so viele Menschen, 6400 Leute in
den ersten drei Tagen, die darauf hindeuteten, daß das alles
hätte doch gutgehen können. Das Dorf war so zugeparkt wie
nie zuvor während eines Reitturniers oder Handballturniers
oder was auch immer, und damit begann auch schon der Ärger.
Wir scheiterten.

Ein Nachbar, Herr Walther, klagte gegen die erteilte Bauge-
nehmigung. Er war kein direkter Nachbar und lebte an der
Anfahrtsstraße. Er war Lokführer und hatte sich ein Haus von
der Bundesbahn gekauft, er schlief acht Meter neben den Glei-
sen, wurde in den Gutachten vermerkt. Aber er fühlte sich
trotzdem durch das zusätzliche Verkehrsaufkommen nach 22
Uhr gestört. Ich vermute, er war schwerhörig, aber mit dem
Mann war nicht zu reden. Er hatte das Haus gekauft für 48 000
Mark, und mein Vater bot ihm irgendwann dann – mehr aus
Jux und Dollerei, das hätten wir sowieso nicht finanzieren
können – 500 000 D-Mark, wenn er uns ins Ruhe lassen würde,
aber der hatte Spaß an der Zerstörung.

Wir öffneten am 11. 9. und am 9. 12. bekamen wir die ein-
schneidende Maßnahme, nur noch bis 23 Uhr 30 zu öffnen.
Das war der Killer. Bis dahin ließ er sich solche Sachen einfal-
len wie, was man ihm ja nicht nachweisen konnte, von der Telefonzelle ging der Anruf ein: Bombendrohung für 23 Uhr 10.
Der Asphalt Jungle mußte evakuiert werden, 1400 Leute, die
sind mit ihren Verzehrkarten raus und ich hatte null Einnahmen. Irre. Wenn du mit so einem Menschen zu tun hast, hast
du kaum eine Chance.

Wir fuhren ein Hilfsprogramm, ein Durchhalteprogramm
ab 9.12. Und jeden Abend rief er um 23 Uhr 32 wegen Ruhe-
störung an. Irgendwann empfahlen mir mal zwei befreundete
Polizisten – mittlerweile hatte ich Freundschaften zu denen
entwickelt: Mann, Junge, das mußt du selber anpacken das
Thema. Der Typ muß so einen auf den Arsch kriegen, daß er es
fühlt und sein läßt. Sie wußten mir auch keinen anderen Rat zu
geben. Auf dem Klageweg befanden wir uns mittlerweile in
Richtung Oberlandesgericht.

Eines Morgens dachte mein Vater, es sei eine gute Idee, mal mit den Leuten auf dem Landratsamt persönlich zu sprechen, fuhr ohne mein Wissen da raus, kam zurück und lachte so vor sich hin. Und sagte: Ich habe das Problem geregelt, ab jetzt dürfen wir wieder nach 23 Uhr 30 öffnen. Und ich sag: Papi, was hast du da gemacht? Er gestand mir, er hätte dafür was unterzeichnet, nämlich einen Verzicht auf Schadensersatz. Wir klagten ja schon wegen Schadensersatz: erteilte Baugenehmigung und jetzt... –. Der schriftliche Bescheid kam per Bote: fünfmal im Jahr durften wir per Ausnahmegenehmigung länger als bis 23 Uhr 30 öffnen. Später vor Gericht legte das Landratsamt einen zweizeiligen Wisch vor: Hiermit verzichte ich... Das hatte mein Vater unterschrieben.

Wir versuchten unseren Prozeß auf Schadensersatz noch erfolgreich zu gestalten, trotz seiner Unterschrift. Versuchten auf geistig nicht voll zurechnungsfähig zu machen, er hatte mal einen Schlaganfall ein paar Jahre vorher gehabt. Wir hätten die so viel Geld gekostet, ich konnte einen Umsatz nachweisen für die ersten drei Monate von 319 000 Mark ohne Eintritte, ich verdiente an einem der Wochenendtage brutto 600 Prozent von der Monatsmiete, es war ein gigantischer Erfolg. Das machte den Anwohner ja noch verrückter, damit hatte ich ja auch nicht gerechnet, daß es so ein Klopfer werden würde. Es war schon was los. Die Woche über gabs Konzerte, freitags und samstags gabs Club. Es gab DJs auf dem ersten und dem zweiten Flur und oben noch eine Ebene ohne Musik, mit Fenstern rundherum. Ich hatte vier Poolbillard-Tafeln drin, einige Bars und ein Kino. Außerdem ein tierisches Loft auf 120 Quadratmetern mit einem großen Büroraum und zwei Gästezimmern. In einem schlief ich selber und im anderen meine Eltern.

Es gab unglaubliche Szenen. Als Hans Dieter Hüsch mal auftrat, das ist so ein klassisches Beispiel, und es waren 400 oder 500 Besucher dort. Hüsch machte Pause zur Hälfte des Programms und saß oben, mit mir und meiner Mutter, die sich immer rührend um die Gäste kümmerte – sie bekam irgendwann sogar von dem versoffenen Mick Taylor eine Weihnachtskarte, weil sie ihm so ein schönes Essen gemacht hatte –, da hörten wir plötzlich Gelächter aus dem Publikum. Hüsch horchte auf und sagte: Das ist meine Show! Wer ist da auf der Bühne? Wir liefen raus, meine Mutter schon mit den Händen am Kopf – Alwis, Alwis, Alwis! –, da stand mein Vater auf der Bühne und erzählte norddeutsche Platitüden, nach dem Motto: Was der kann, kann ich schon lange. Er war ein uriger Typ.

Wir haben wirklich versucht, dieses Ding rauszureißen. Der Asphalt Jungle war sehr anstrengend, man kam da nie raus. Meine Mutter hat es geputzt, ein Jahr lang, weil wir kaum Einnahmen hatten. Ich hab in der Zeit überhaupt keinen Urlaub gemacht. Dieser Nachbar, der dich ruinieren will, guckt immer auf dein Gebäude, guckt immer rüber. Abends wußten wir: Er saß mit einem Fernglas unter seinem Dach. Er hatte zwei Pfannen abgenommen, und da lugte sein Fernglas raus. Also ein unglaublich besessener Zerstörer. Das war traurig, das war katastrophal. Da hat mein Vater die Lust am Leben verloren, weil er an nichts mehr glaubte. Ach, mein Gott, welche Verzweiflung muß in dem gewesen sein. Ich hatte das so nie gewollt. Ich hab mir natürlich oft den Vorwurf gemacht, ich hätte das nie zulassen dürfen, daß er über den Treppenbau..., und für ihn war es natürlich so: Ich war sein einziger Sohn.

In seiner Verzweiflung entwarf mein Vater irgendwann den verrückten Plan, weil er sowenig zurückbekam von der Gemeinde: Dann bieten wir jetzt mal das ganze Ding als Auffanglager der Kommune an. Das war die letzte Regung. Traurig, trauriges Thema. Wir fuhren das ganze Jahr 93 und die ersten Monate 94 mit dieser Auflage durch. Du machst abends auf und zu dir kommen 30, 40 Gäste. Die es unheimlich schön finden und ein bißchen Musik hören und danach ausgehen. Ich hatte einige unterstützende Maßnahmen, es gab ein paar Initiativen von Freunden, die umsonst spielten, aber es half alles nichts. Wir schleppten ja auch noch eine Belastung von 400 000 D-Mark hinterher, die wir erwirtschaften mußten, die der Bau verschlungen hatte über das Vermögen meines Vaters hinaus. Meinem Vater und mir blieb nichts anderes übrig, als den Offenbarungseid abzugeben. Das Haus, in dem ich aufwuchs, wurde versteigert und es blieb eine Restzahlungsverpflichtung von etwa 270-, 280-, 300 000. Das Doppelhaus hatte mein Vater schon zu Beginn, in weiser Voraussicht, meinen beiden Schwestern zu sehr freundschaftlichen, familiären Bedingungen verkauft. Er verstarb noch vor der Versteigerung. Mein Vater starb in erster Linie wegen dieses Kummers.

Ich wollte den Prozeß von Hamburg aus weiterführen. In Meckesheim, quasi beim Ausziehen, habe ich einen unglaublich schlimmen doppelten Bandscheibenvorfall mit gelähmten Beinen davongetragen. Auf dem Weg zum Oberverwaltungsgericht gab ich dann auf.

Das einzige, was ich nach Hamburg mitbrachte, waren Einrichtungsgegenstände, Boxen, die waren auch voll bezahlt, dafür suchte ich ein gutes Kneipenplätzchen auf Sankt Pauli. Eine Anzeige berichtete mir von der Erichstraße 11, und ich war von Oslo aus immer in die Erichstraße 11 gefahren, um mir von dort aus eine Wohnung zu suchen. Da war ich unterm Dach und zählte die Minuten, die die Bordsteinschwalben unterwegs waren für die Straßenfreier, die sie aufzogen. Ich dachte: Das ist Karma, das muß dein Objekt sein. So fing Schäfer's Ruh an, kolossal. Ich hatte es gerade eröffnet, ich hatte meine Bandscheibentherapie hinter mir, und mein Vater besuchte mich noch einmal, November 1995, wir waren beim HSV und hatten ein tolle Nacht mit einigen illustren St.-Pauli-Charakteren, um sieben Uhr morgens sang er noch, und er verstarb im Dezember.

Ich war im ersten Jahr glänzender Gastgeber und hab häufig Musik gemacht, stand selber hinter der Bar und hatte eine harte Tür. Es kamen große Musiker, die die Stadt berührten, viele, viele Schauspieler und mischten sich mit Kiezcharakteren. Lustige Pärchen bildeten sich, Heiner Lauterbach traf auf Jenny Elvers. Es gab ungewöhnliche Begegnungen, die eigentlich gar nicht paßten, aber in den Morgenstunden und unter den speziellen Umständen Sankt Paulis sich als Geschichte entwickelten.

Schäfer's Ruh war für zwei Jahre der meistdokumentierte Laden in Hamburg, mit Abstand. Da gab es riesige Albaner-Storys auf Seite eins und der Playboy berichtete. Ich habe einen großen Securityverein gegründet und mich mit den Albanern bekämpft, die drangen bei mir in den Keller ein und belästigten die weiblichen Gäste. Die wollten ihre Dealer pla-

zieren, da hatte ich keinen Bock drauf. Es gab schwere Auseinandersetzungen.

Den offiziellen Geschäftsführer hatte ich aus einer alteinge-
sessenen Kneipe neben meinem Wohnhaus in der Bernadotte-
straße abgeworben. Zur Kogge, so eine Seemannskneipe, die
schmiß er und machte das so akkurat. Ich dachte: Guter Junge,
patenter Junge, ganz gerader Junge, dem kannste voll vertrauen,
und der dritte Partner war Peter Neufeldt, bekannt auch als der
Backstagekönig Norddeutschlands. Mit dem hatte ich eine Absprache, daß er nach den Gigs die Roadies und die Band bringt.
Letztlich kam er nur mit den Roadies und vereinzelten Bands,
die ich dann nicht kannte, aber er hat sein Bestes versucht.

Im Schäfer's Ruh ging alles bar ab, mit viel Vertrauen in die
Barangestellten beziehungsweise in den Geschäftsführer. Leider war es dann so – ich wunderte mich schon manchmal über
die Umsätze, die er fuhr, und irgendwann, nach elf Monaten,
als ich herausfand, daß eine Bekannte von mir mit ihm anbän-
delte, da habe ich natürlich gesagt: Und, irgendwelche Unre-
gelmäßigkeiten bemerkt? Und die fand eines Morgens, als er
sein Apartment verlassen hatte, zwei große Moneystacks in
seinem Schrank – enggepreßte Scheinhaufen, 1 Meter 50 hoch.
Am gleichen Abend habe ich ein paar Freunde in den Laden
kommen lassen. Ich habe die gebeten: Fühlt dem doch mal auf
den Zahn, und am nächsten Morgen war er weg, sein Apartment war grob geräumt.

Später hat mein Rechtsanwalt die Geschäftsführung übernommen und hat mal aufgerechnet, was wir an Getränken bekommen und wieviel wir umgesetzt hatten, und dabei ging
40 Prozent auf den Getränkeeinkauf. Wobei ich sagen muß,
ich habe auch viele Freigetränke herausgegeben. Nur das ist
natürlich gar nicht möglich: Wenn ein Longdrink zwischen 12
und 14 Mark kostet, und du füllst vier cl ab und kippst die Cola
drauf, dann hast du 15 Prozent Einsatz, 20 bis 25 Prozent inklusive Personal, und ich landete bei 40 Prozent exklusive Personal. Bei einer hervorragenden Publikumsfrequenz und bei
10, 15 Filmvermietungen pro Jahr – das gab am Tag 3 500 Mark
und das war die Monatsmiete –, blieb letztlich nichts hängen.
Es reichte für ein angenehmes Leben und viel Reputation.

Der Regisseur Carl Schenkel kam zu mir und wollte einen Film auf Sankt Pauli drehen: Kalte Küsse. Und ich schaffte die Möglichkeiten, dort unter realen Umständen zu drehen und brachte ein paar authentische Charaktere hinein. Ich hielt Rücksprache mit den ganzen Luden und ging damit sensibel um. In meiner Erwartungshaltung dachte ich, ich müßte alle Originaldarsteller aus dem Bild raushalten, weil sie sonst auch immer so allergisch auf Kameras reagiert haben, es war dann aber in der Praxis so, wir hatten ein Riesencasting im Schäfer's Ruh, und es kamen ganz viele aus dem Milieu, also Charaktere, die sich selber spielen wollten, und die waren supergut. Die waren so gut, das fand ein Echo, das bemerkte die Stadt: erste Kameras seit Hans Albers. Und so schrieb ich als World of Today Production auch der Bavaria einen Brief, von der ich gelesen hatte, daß sie gerade nach Wedels Drehbuch den König von Sankt Pauli produzierten und Kulissen für drei Millionen in München nachbauten, und fragte, ob man nicht einige Tage an den Originallocations drehen wolle. Das führte dazu, daß aus zwei Teilen fünf wurden, die Produktionskosten in die Höhe schossen und Wedel selber die Regie übernahm. Der Stern machte eine Doppelseite, alle Boulevardmagazine reagierten, und plötzlich fand ich mich bei Verona Feldbusch auf dem Sofa in der Sendung Peep wieder und philosophierte. Ich habe mich erschrocken, als ich mich zum ersten Mal gesehen hab, wie ich als der sogenannte wirkliche König von Sankt Pauli durchs Bild schlich, über die regennasse Straße, zur Musik aus Große Freiheit Nummer 7. Das war nicht der Sinn der Sache.

Aber es war natürlich so, daß es dem Schäfer's Ruh viele Images brachte, mir viele Images brachte, mit denen es dann einfach war, trotz einer eigentlich zerrissenen materiellen Situation das Gaswerk an Land zu ziehen. Im Herbst 96, nach vierzehn Monaten Schäfer's Ruh, turnten sie mich an damit. Claus Conen – Holo-Claus – hat mir das gezeigt. Dort hatte Kai Hosie, einer der Bacardi-Erben Deutschlands, schon einige Goa-Partys gemacht und einige Konzerte veranstaltet. Es war noch gar nichts drin, ähnlich wie in Meckesheim. Hosie hatte auch schon viel reingesteckt – die Gebäude waren 30 Jahre nicht mehr benutzt worden –, und ist rausgeklagt worden, nachdem er in Insolvenz geraten war, und in den letzten Tagen vorher wurde noch alles zerstört.

Nur daß die Rahmenbedingungen sehr günstige waren. Es waren zwei Hallen, und die eine bot sich als Konzerthalle, in der du etwa 2800 bis 3500 Besucher unterbringen konntest. Genau das fehlte ja immer in Hamburg. Hamburg fehlt zwischen 2- und 5000 Besuchern einfach der Veranstaltungsort, wenn man mal vom CCH absieht, und Rock 'n' Roll im Sitzen ist ja nun nicht das Ding von einem jeden. So war es sehr reizvoll und ging aus sich selbst heraus auf.

Ich holte mir als Partner dafür Joe Rambock, den Konzertveranstalter, der die Rolling Stones Tour 95 gemacht hatte und viele Tourneen im harten Rockbereich machte, und Willi Engelhorn aus Frankfurt, der vor allem abonniert war auf die deutschen Mädels wie Doro und Nena und viele ältere Rockgeschichten. Das war mein Freund, der hatte mir aus der Nähe zugeschaut beim Asphalt Jungle, weil er hatte seine Ranch neun Kilometer entfernt. Es war meine Vision, und durch geschickte Verhandlungspolitik hielt ich, ohne selbst Kapital reinzugeben, 35 oder 40 Prozent. Meine Schwester war meine Treuhänderin.

Wir kalkulierten zunächst, im Februar 97, mit 600 000 D-Mark Gesamtkosten, waren aber sehr schnell über die Millionengrenze hinaus. Das war die Ausbesserung des Daches, die Errichtung des Backstage-Bereiches, die Errichtung einer Tribüne. Die Toiletten, unglaubliche Toiletten, wir hatten die Auflage, 16 Abspülorte für Damen herzurichten, 12 für Männer und 20 Urinale. Und allein der Fußboden, den wir gar nicht auf der Rechnung hatten, kostete uns 200 000 Mark. Wir entdeckten so viele Unebenheiten, also mußte der auch her, so ein elastischer Fußboden wie in Turnhallen, auf dem du stundenlang tanzen kannst, den hatte ich auch schon im Asphalt Jungle. Am Ende belief sich die Investition auf 1,7 Millionen, von denen 1,4 bezahlt waren. Das G1 hat 1,7 Millionen an Geldern gefressen, die nie wieder rauskamen. Der arme Willi Engelhorn hat dabei am meisten geblutet und natürlich auf mich gesetzt. Der Reiz für ihn war, daß er als Frankfurter Veranstalter in Hamburg örtlich Fuß fassen kann, und das ging in die Hose.

Es war ein Mietobjekt, und wir waren so scharf drauf, daß wir mit den Besitzern einen Staffelmietvertrag machten über fünf Jahre, mit einer Option für uns, den um weitere fünf Jahre zu verlängern. Der begann mit 12 000 D-Mark im Monat und kostete uns im vierten Jahr schon 26 000 Mark Nettomiete, was 50 000 Mark Bruttomiete wurde durch die Nebenkosten, die enorm hoch waren. Da war ja soviel offen, das kostete alleine an Heizung 8000 im Winter. Wir hatten einen Apparat von 140 000 Mark Festkosten im Monat.

Trotzdem gings. Einmal im Monat hatten die Organisatoren des Hamburg Schlagermoves eine Großveranstaltung, zu der kamen nie weniger als 2000 Leute. Dann hatten wir einmal im Monat eine Goa-Veranstaltung über quasi 36 Stunden, die Samstag abend losging und montags in den frühen Morgenstunden endete. Die hatte immer zwischen 2000 und 4000 Besucher. Das Konzertgeschäft lief weniger gut, das lag vor allem an dem Sound und natürlich auch an einer gewissen Blockade der Hamburger Veranstalter, denn schließlich war ein Frankfurter Konkurrent der Halleninhaber. Das war keine gute Strategie. Uns hauten die Superevents raus, die viel Geld brachten: 50 Jahre Stern, die kamen für eine Woche und bauten die Produktion auf, 10 Jahre RTL Nord, die machten den Fußboden kaputt, und die Versicherung zahlte. Wir hatten viele, viele Industrieveranstaltungen, die gut liefen.

Wenn es nicht die ständigen Löcher, die ständigen Erneuerungsmaßnahmen gegeben hätte, für die der Vermieter eigentlich zuständig war – undichte Dächer zum Beispiel, dadurch ging viel Technik kaputt. Es gingen immer Schreiben hin und her, der war daran nicht interessiert. Die haben uns die Heizzufuhr unterbunden im Winter, dann gingen ein paar Scheiben zu Bruch und und und. Aufgrund der fehlenden Heizzufuhr haben wir die Miete gekürzt um 50 Prozent, was immer noch viel zu viel war, daraufhin kam es zur Klage, sie klagten auf Erstattung des Mietrückstands: Sie hätten uns ja kein Veranstaltungszentrum gegeben, sondern sie hätten uns eine Lagerhalle vermietet – für 20 Mark pro Quadratmeter, in baufälligem Zustand ... Das war eine ganz gemeine Kiste. Die wollten einfach nur, daß dieses marode Gelände aufgewertet wird. Riesige

Zusatzaufbauten an Zelten: 50 Jahre Stern – es war das Medienevent des Jahrzehnts, wenn du mal durch die Gästelisten schaust. Und die Lufthansa, die HSV Jahresfeier, die Deutsche Revision – Riesenfeiern. Sie haben da soviel Renommée abgezockt und durch die Mietzahlungen nochmal eine Million reingeholt.

Heute kann man schön sehen, was für Pläne sie verfolgten. Sie hatten das Gelände für 17 Millionen gekauft und jetzt ist es eine Perle mit Einkaufscenter, riesigen Wohnparks und und und. Als sie nebenan anfingen zu bauen und abzureißen, und wir hatten plötzlich das ganze Gebäude vollsitzen mit Ratten. Oh, war das irre.

Im Frühjahr 99 hat ein Freund 200 000 Mark an unsere Gesellschaft, die G. A. D. (Gaswerk After Dark) GmbH, überwiesen, um uns zu retten. Ich war mit dem Freund zu der Zeit in der Karibik, und das war eigentlich der Betrag, den unser Geschäftsführer uns am Telefon signalisiert hatte. Tatsache war, daß das dann doch bei weitem nicht ausreichte. Am 15. Juni legte er für G. A. D. Insolvenz ein und war weg und verschwunden. Fünf Tage später gab es dann noch einen Einbruch in unser Büro, und es wurden alle Aktenordner gestohlen.

Im August kam der Insolvenzverwalter, und am 26.9. zeigte er auf, daß er die Gesellschaft abschließen wollte und damit auch den Mietvertrag aufgab. Ich hatte den Vertrag privat mitunterzeichnet, und ich einigte mich mit den Vermietern zunächst darauf, daß wir die Programme weiterlaufen ließen. Daß wir auf eine Mietzahlung verzichteten und die Einnahmen teilten. Ich war dann nach recht erfolgreichen Herbstmonaten der Ansicht, daß sie mir nun mal ein Signal geben müßten, daß wir diesen Zustand verlängern. Und da stießen wir auf taube Ohren. Die hatten die ganze Zeit in der Planung, im Frühjahr 2000 abzureißen. Die hatten eine klare Strategie. Die haben 1997 schon gewußt, 1999/2000 müssen wir das Ding abreißen. Die haben sich einfach nur nochmal richtig frisch gemacht an diesem Objekt.

Die von der G. A. D. gezahlte Kaution wurde einbehalten für die Mietrückstände, und zur Fortsetzung des Mietverhältnisses durch Herman Vieljans, Willi Engelhorn und ihre neuen

Partner hätte es einer neuen Kautionshinterlegung bedurft. Am 2. 2. 2000 haben wir das Objekt verloren. Da forderte man von uns die Hinterlegung der Kaution: drei volle Monatsmieten. Mit einer Räumungsorder verbunden, falls das nicht erfolgen würde. Dann hab ich mit meinem Anwalt versucht, durch Anordnung des Gerichtes wieder hineinzukommen. Aber das ist ein Riesenklüngel in Hamburg, alles SPD-Mitglieder.

Ich hatte den Asphalt Jungle abgeschlossen mit etwa 300-, 400 000 D-Mark an ausstehenden Zahlungen, die zum Teil gar nicht angefordert worden waren, aber die ich so grob überschlagen habe, und hab im Laufe der Jahre durch gütige Einigungen den großen Teil getilgt. Immer wenn Geld über war. Im Asphalt Jungle waren einige nette Leute eingebunden, wo auch persönliche Schicksale für mich damit verbunden waren, die habe ich über Jahre befriedigt. Dazu kamen dann die Verpflichtungen, die sich aus dem G1 ergaben, wo ich mitunterschrieben hatte. Und jetzt, mit einer Summe von 50 000 Euro, wäre ich nach vielen Jahren wohl wieder frei. Auf einer 25 Prozent-Ebene könnte ich mit 50 000 Euro frei sein. Aber drauf ging natürlich das Haus, das im Emsland für mich stand, und und und. Und ich hatte viel Geld beim Film verdient in den Jahren 96, 97, 98, durch die Organisation der Locations und Darsteller, das floß mit ein.

Das Schäfer's Ruh gabs, nachdem ich das Gaswerk begonnen hatte, noch ein dreiviertel Jahr, dann hab ich eingesehen: Das braucht deine persönliche Betreuung, du mußt da sein, sonst läuft alles drunter und drüber, und dann haben wirs eingestellt. Wollten auch nicht, das irgend jemand anders das weiter führt, weil ich denke immer noch, daß ich irgendwann irgendwo ein Schäfer's Ruh wieder aufmache, und es gibt heute noch viele Leute, die sagen: Mann, Schäfer's Ruh, Darling, das wars, das ist unser Wohnzimmer gewesen.

Ich hab natürlich sehr leichtfertig gehandelt. Im Jahr 98, als alles sehr schön, smooth lief, da hab ich vier, fünf Monate in Los Angeles verbracht, bei meinem Freund Ralph im Haus, und das war nicht gut, die Kontrollinstanz fehlte, so haben sich sehr viele selbständig bereichert, die eigentlich nur innerhalb der Struktur eine Aufgabe zu erfüllen hatten. Ich setzte dann selber jemanden für das G1 ein, von dem ich dachte: Der kann keiner Fliege was zuleide tun, der ist unbedingt ehrlich. Im Herbst 99 machte ich mit dem einen Deal, daß er die Gastroangestellten selber rekrutiert, und überprüfte ihn dann bei einer Veranstaltung, morgens um fünf sagte ich: Es geht noch keiner nach Hause, jetzt werden die Flaschen gezählt, um mal den Schankverlust zu bewerten. Er hatte an dem Tag 33 000 Mark an Einnahmen, und 48 000 hätten da sein müssen, das war ein Loch von 30 Prozent. Worauf ich ihm natürlich höllische Vorwürfe machte. 14 Tage später auf einer Goa-Party, 5 Minuten nachdem ich gegangen war, Sonntag nachmittag um 20 vor 3, wurde ich vom Weg nach Hause zurückgerufen. Wir seien gerade überfallen worden, und er hing in der Ecke des Gastrolagers, hatte wohl etwas über den Kopf bekommen und war mit einer Handschelle gekettet an eine kleine Kühlzelle und wirkte ganz erbärmlich. Was mir komisch vorkam: Der Goa-Rave wurde in mehreren Schichten gefahren, er hatte am Abend die erste Schicht gefahren, dann kam seine Frau und dann wieder er. Nun hatte er zur dritten Schicht das Geld aus der ersten und zweiten Schicht wieder dabei. Der beendete damit seinen Dienst und eröffnete dann drei, vier, fünf Monate später ein Lokal auf der Großen Freiheit.

Schon für den Asphalt Jungle rekrutierte ich die Gastroangestellten in den Clubs der Umgebung, zwischen Darmstadt und Karlsruhe. Also keine öffentliche Ausschreibung, sondern Selektion über Zuschauen, und einige verpflichtete ich von der Straße weg – so wie die heutige Mutter meines zweiten Sohnes, Marinka. Ich habe dann natürlich einige kleinere Betrügereien aufgedeckt, trotz Kartensystems: Wenn jemand an der Tür steht und Freunde reinkommen oder Bekannte, die geben ihm einen Zehner oder einen Zwanziger, und er drückt denen zwei Karten in die Hand. Die trinken nur auf die eine Karte und schmeißen die weg. Ich habe schon viele Karten gefunden. Und dann war es ein Doppelüberwachungssystem, das heißt die Zangen der Angestellten lochten individuell, das merkte aber keiner. Der Steuerberater machte am Ende des Jahres eine genaue Berechnung, und von 130 Angestellten, die ich eingesetzt hatte, blieb tatsächlich nur eine über, die alle

Drinks, die sie an der Ausgabe erhalten hatte, korrekt abgerechnet hatte, und das war Marinka.

Ich dachte immer: Ein Augenblick des Verständnisses, gut gezahlte Stundenlöhne – das reicht. Aber letztlich darfst du mit der Moral immer nur als Angestellter arbeiten, denn soviel Geld kannst du als Inhaber nicht verdienen. Wenn du eine Mietbelastung hast von 46 000 Mark brutto im Monat, da brauchst du eine Disziplin, da mußt du Gas geben. Und die persönliche Tragödie, die sich abspielte, gerade in den Jahren 98, 99, war wiederholt ein vehementer desolater Zustand. Ich hatte soviel Resonanz, daß alle Leute, die ich vielleicht 15, 20 Jahre nicht gesehen hatte, oder selbst Leute, mit denen ich die Schulbank gedrückt hatte, die wurden alle auf mich aufmerksam und kontakteten mich. Dazu die ganzen Rock-'n'-Roll-Bekannten, und wenn die Hamburg besuchen, verbinden sie das mit Party und Sankt Pauli: Und da haben wir nun einen sitzen, das ist Herman, mein netter Freund Herman! Und erwarten natürlich von dem, daß der die ganze Nacht mit on the roll ist. Da wurde ich einfach Opfer meiner selbsthergestellten Bedingungen. Und wenn man die ganze Nacht unterwegs ist, füttert man sich natürlich mit den Stimulanzen, die einem das Leben ohne Schlaf ermöglichen, und so war es ein klares Bild. Sex and Drugs and Rock 'n' Roll, das war deren Thema, und meines war: Drugs and Rock 'n' Roll, weil ich war so was von unsexuell auf dem Kiez, ich schaute bei den ganzen Darstellerinnen, die es zu buchen galt, hinter den Vorhang, und da blieb nicht viel an Faszination übrig. Ich hatte aber eh 19 Monate Muttermilch und war so sehr mit Liebe erdrückt von meiner Mama, daß ich nie der Mann war, der die Frau so verwöhnt hat, wie sie sich das häufig wünscht.

Vor dem Hintergrund des persönlichen Fuck ups bin ich in die Eifel gezogen. Als ich einen Freund hier besuchte, da dachte ich: Das könnte Heilland sein. Ich hab hier von Anfang ein unglaublich gutes Gefühl gehabt, wenn ich so hinter dem Kölner Südkreuz oder dem Bliesheimer Kreuz war. Als ich dieses Haus sah, dachte ich: Das ist ja wie das Häuschen, in dem du geboren bist.

Am 15. April 2000 kam ich hier an und fiel zunächst mal in

ein Loch – ich glaube, ich nahm 12 bis 15 Kilo zu und war sehr untätig. Ich hab mich ein Jahr lang nur auf meinen Sohn konzentriert und eigentlich gar nichts gemacht. Ein englischer Konzertagent hat mich ein bißchen unterstützt, so daß ich in der Lage war zu überleben. Dafür trag ich Sorge für sein persönliches Unterhaltungsprogramm und die wichtigen Figuren seiner Bands, wenn sie denn unser Land berühren.

Ende August 2001 organisierte ich anläßlich des zehnjährigen Bestehens der Emslandhallen in Lingen zwei Konzerte der Scorpions. In diesem Zusammenhang bot sich ein Sponsor an, ein Mitpräsentator, das war die Firma Indara. Die warben mich anschließend an für eine Beratertätigkeit, und bei einem ihrer Fahrer im Auto bekam ich einen Katalog in die Hand von der Firma Dreamland und entdeckte darin das Mediadrom, eine große mobile Traglufthalle, die größte der Welt, die nur drei Monate 1997 gestanden hat auf dem Flughafen Mainz Finthen, vom ZDF betrieben, mit der Option, die über weitere Jahre einsetzen zu wollen. Das ZDF nahm diese Option nicht wahr, der Hersteller ging in Konkurs und die Halle wurde eingelagert. Zwei Auditorien, eins für 5000 Leute, das andere für 1500. Jetzt sah ich das in dem Katalog und dachte: Thats it für Hamburg. Ich dachte sofort wieder an den Standort Hamburg.

Mit zwei Personen, die aus dem Kaufmännischen kommen, der eine hat auch bereits Gastronomie, auf dem Hans-Albers-Platz, habe ich die Gesellschaft Hanse Projektagentur gegründet. Beide kennen sich, weil sie eine zwölfjährige Bundeswehrkarriere hinter sich haben, und bieten ein gutes Pendant zu mir, weil sie offensichtlich die Disziplin haben, die mir immer fehlte. Zunächst hatte ich das Konzept für die Firma Indara entworfen, aber die geriet wie viele auf dem neuen Medienmarkt unter Druck und konnte das einfach nicht umsetzen, das kristallisierte sich im Mai diesen Jahres heraus. Daraufhin verkauften wir Teile der Hanse Projektagentur, die zunächst nur gastronomischer Betreiber und Booker sein sollte, und sind selbst Eigentümer der Traglufthalle geworden – sehr überzeugendes Konzept, sonst wärs nicht möglich gewesen. Wir haben das ganze ursprüngliche Team, den Architekten, der es entwickelt hat, den Aufbauer, wieder zusammengeführt.

140 Tonnen festes Fundament, mit 82 Trucks wird sie hergefahren.

Wir fanden zunächst eine Stellfläche auf der Bahrenfelder Trabrennrahn, wo auch große Open Airs stattfinden. Eigentlich wollten wir am 29.8. unsere erste Veranstaltung fahren, haben aber einen massiven Gegenwind gespürt von seiten der Anwohnerschaft und des Begrünungsamtes. Vor vier Wochen kristallisierte sich das heraus, als wir eigentlich gerade mit dem Aufbau beginnen wollten, und wir haben uns dann, statt diese Probleme zu lösen, um eine andere Stellfläche bemüht und wurden bei der Deutschen Bundesbahn fündig. Neben den Deichtorhallen und hinter dem Hauptbahnhof liegt ein 7000 Quadratmeter großes Gelände, allerdings im Hochwassergebiet, im Zuflutbereich, und die Baugenehmigung wird nur erstellt mit einem Bedingungskatalog, den das Katastrophenschutzamt erstellt. Dessen erste Stellungnahme war: Ja, bauen sie doch eine Brücke, um die Leute zu evakuieren, wenn es eine Blitzflut oder Sturmflut gibt. Wir haben dann von uns aus einen Maßnahmenkatalog vorgeschlagen und gerade eben hat der Amtsleiter reagiert und sein mündliches Okay gegeben.

Mitte Oktober werden wir beginnen. Wir haben noch eine kleine Zwischenfinanzierungslücke, die zu schließen ist, also ich denke, Mitte Oktober. Unser Vertrag für den Standort läuft bis zum 31. 7. 2006. Er muß allerdings von uns komplett asphaltiert werden, das sind auch schon wieder enorme Vorarbeiten.

Diesmal muß es gut werden. Das ist der dritte Anlauf, aller guten Dinge sind drei. Es wird anders strukturiert und von den Kontrollinstanzen her besetzt sein wie das, was ich in der Vergangenheit an Mess zusammengefahren habe. Und ich glaube, wir haben das perfekte Format für ein Veranstaltungshaus der Zukunft. Wir haben das Baubuch mit gekauft. Wir sind die Produzenten und Verkäufer von Traglufthallen, an Kommunen und Veranstalter. Meine Vision ist es, 15 oder 20 dieser Veranstaltungszentren über ganz Europa verteilt zu haben und eigene Tourneen hineinzubuchen. Das spart natürlich viel Streß. Du triffst immer auf das gleiche Veranstaltungsforum, du fährst einen ausgezeichneten Sound und kannst überall gleich viele Karten verkaufen und toll kalkulieren. Und in der heutigen Zeit, die so schnellebig ist, kann man sich schnell mal vertun und Dankbarkeit für den Bau einer Veranstaltungshalle kann auch schnell umschlagen, da ist man gut dran mit einer mobilen Halle, die man wieder abbauen und wieder verkaufen kann.

Das betrachte ich ganz relaxt aus der Eifel. Hab diese Vision gehabt, hab alles zusammengefügt, und es kann keine Entscheidung ohne mich gefällt werden. Ein sehr alter Freund, mit dem ich aufgewachsen bin, hat die Treuhand für meinen Anteil übernommen, und ich werd damit hoffentlich auch in kürzester Zeit in der Lage sein, endlich meinen Offenbarungseid zu löschen. Sport, Rock 'n' Roll und dann Veranstaltungskaufmann.

Wenn ich heute meine Jungen anschaue und denke, mit welcher Begeisterung ich meine ersten Tore erzielt hab und wie ich allein mit dem Ball über den Hof meiner Eltern jagte und mein eigenes Spiel kommentierte – ich hätte schon gerne eine fußballerische Karriere gemacht und beim FC Bayern München gespielt. Sicher, wenn ich nicht den Joint auf der Schülerwiese geraucht hätte, wäre das was geworden.

Und dann Rock 'n' Roll, gut. Da muß ich natürlich immer daran denken, daß ich nicht ohne Grund vom Musiklehrer aus dem Schulchor gedrängt wurde. Ich hatte nie die große Stimme. Das hat nur Spaß gemacht über all die Jahre. Da bin ich dankbar für alles, was mir passiert ist, für jeden der 3 bis 800 Zuschauer, denen ich in unseren Shows begegnete. Bei den anderen entwickelten sich natürlich Musikkarrieren. Ralph Riekermann wurde, als ich in der Rehabilitation war, der neue Bassist der Scorpions, die er kennengelernt hatte während der Dokumentation. Markus Deml, unser Gitarrist, machte mit Sven Väth und Ralle Hildenbeutel in Frankfurt ein instrumentales Projekt, das gut lief. Nach der Rehabilitation habe ich mit ihm Earth Nation machen können, was dann auch überall in die Dance Charts ging: Thoughts in Past Future. Das hat mich ein bißchen gelöst von dem Desaster in Meckesheim.

Da sagen mir natürlich meine ehemaligen Bandmitglieder, die sich heute ein ganz angenehmes Leben erlauben können durch ihre musikalischen Leistungen, daß ich nie 100 Prozent dedicated gewesen wäre und immer noch allen möglichen anderen Mist und unnötige Freundschaften und Beziehungen im Kopf gehabt hätte, sonst wären wir ein Renner geworden. Das läßt sich ja auch im nachhinein einfach sagen. Ralph kann sagen: Wärst du damals nicht zur Beerdigung von Heidi Brühl geflogen, wären wir die absolute Kultband geworden. Du lebst ja von der Illusion. Wenn ich unten bei einer Plattenfirma nach telefonischer Rücksprache mit irgendeinem A&R bei der Sekretärin für ihn ein Tape abgegeben hatte, dann lebte ich ja sechs Wochen lang schon mit dem potentiellen Deal. Dann hieß es: Wir sind jetzt in Verhandlungen.

Und als Gastronom, muß ich rückblickend bitter bekennen, da hätte ich nun mal alles anders machen müssen – oder fast alles. Da bin ich selber schuld, durch und durch. Ich muß mich nicht so weit aus dem Fenster lehnen, nicht so euphorisch mit Tagesergebnissen umgehen, und ich muß mich selber raushalten aus jeder kaufmännischen Überwachung.

Wir waren in Meckesheim, vor sechs Wochen, ich und einer meiner neuen Partner. Meine Autos haben sie aus dem Sand rausgeholt, mein zwölf Meter langer Spruch In the World of Today bröckelt immer noch langsam ab. Die neuen Fenster, die ich eingebaut habe, hängen drin. Nichts, gar nichts ist dort passiert, als ob die Zeit stehengeblieben wäre. Unheimlich schönes Objekt, nur von Ratten bewohnt.

Heidi hat eine Tochter. Heidi fahre ich nächste oder übernächste Woche wieder in Norwegen besuchen, wie ungefähr zwei- bis dreimal im Jahr; zwei- bis dreimal im Jahr kommt sie mich besuchen. Marlies möchte mich nicht mehr sehen. Die habe ich vereinzelt getroffen in den letzten Jahren, 10, 15 Jahre später löst sie diesen Bann gegen mich langsam auf. Zumindest kann ich mit ihr reden, und ich stellte ihr auch ihren heutigen Partner vor, einen netten Jungen, und die scheinen glücklich zu sein. Mit Birgit verstehe ich mich glänzend, die sehe ich häufig. Und jetzt gibt es ja seit Jahren diese einzig gerade Gastrokraft, Marinka.

Meine Mama hatte ich gerade mit in Spanien, die muß ich natürlich ein bißchen unterstützen, aber die hat auch sehr viel

Halt bei meinen beiden Schwestern, die in dem Doppelhaus leben, das mein Vater ihnen baute, da sind sechs Kinder drin. Sie hat eine geräumige Zwei-Zimmer-Wohnung von Freunden meines Vaters erhalten im gleichen Ort und ist eigentlich so gerade am glücklichsten, ich habe sie nie glücklicher erlebt über all die Jahre. Sonntags läßt sie sich immer von Freundinnen abholen und geht tanzen, meiner Mama gehts gut.

Michael Losberg (Name geändert)
*1973

Juni 2000. Wir sitzen auf einer kleinen öffentlichen Rasenfläche – einem letzten unbebauten Claim – am Hackeschen Markt in Berlin Mitte. Zuletzt traf sich Michael Losberg hier mit seinen Gefängnispsychologen, nur wenige Schritte entfernt von den Goldgräberlokalen der jungen Medienwelt. Einer Welt, in der Michael Losberg Einlaß finden wollte, was ihm, nachdem er für seine betrügerischen Wege mit einer mehrjährigen Haftstrafe büßen mußte, schließlich auch gelang.

Heute meinte eine Kollegin zu mir, die durch Zufall in mein To-Do-Buch geguckt hat: Du hast ja eine gespaltene Persönlichkeit, du hast ja zwei verschiedene Handschriften. Und blätterte durch das Buch: Du hast nicht nur eine gespaltene Persönlichkeit, ist echt gefährlich mit dir.

Ich hab immer den Drang gehabt, was Besonderes zu sein. Ich giere nach Anerkennung – also eine typische Betrügeratmosphäre, was sich auch schon in der Kindheit festsetzt. Mit drei war ich mit meinen Eltern im Zirkus, und von diesem Tag an hatte ich es mir in den Kopf gesetzt, beim Zirkus zu arbeiten. Hab das mit Leidenschaft verfolgt, war so etwas wie ein kleiner Experte, ich hab sämtliche Veröffentlichungen zu diesem Thema gelesen. Bin dann in eine Arbeitsgemeinschaft gegangen, die sich mit Zauberei befaßt hat.

Irgendwann hab ich das Interesse verloren, da war ich so fünfzehn, und hab mich umorientiert Richtung Medien. Mich fing an, Radio und Fernsehen zu interessieren. In den Sommerferien hab ich bei Bako gearbeitet – das Backwarenkombinat der DDR –, hab für vier Wochen 700 Mark bekommen und mir davon mein allererstes Radio gekauft. Ein Radio kostete in der DDR richtig Geld. Ein kleiner Empfänger, der ein bißchen nach was aussah, kostete halt einfach 200 Mark. Den hab ich mir von meinem Geld gekauft und auf Mittelwelle Radio Luxemburg gehört – die ferne, weite Welt bei mir.

Hatte aber zwischenzeitlich ziemlich viele Probleme zu Hause. Ich kam mit meinen Eltern nicht klar, meine Eltern nicht mit mir klar. So daß ich mit 16 vom Jugendamt aus der Familie genommen wurde.

Wobei ich hinterherschieben muß, daß ich eine relativ anständige Familie hatte im Sinne von: es gab zu essen, es gab zu trinken, wir waren alle ordentlich eingekleidet und meine Eltern waren keine Alkoholiker. Meine Mutter war sehr jähzornig, das war ziemlich anstrengend. Ich hab mich nicht getraut, mit Mitschülern zu mir nach Hause zu gehen, weil meine Mutter irgendwann wieder anfing auszuticken. Und die hatten auch keinen Bock auf mich oder so. Das hielt sich alles in Grenzen.

Irgendwann meinte meine Mutter: Sie kann nicht mehr. Sie weiß nicht mehr, was sie machen soll. Sie geht jetzt zum Jugendamt. An dem Tag, an dem sies mir sagte – was sie nicht wußte –, war ich selber beim Jugendamt. Ich lief auf, und meine ehemalige Schuldirektorin stand vor mir, die war inzwischen Leiterin des Jugendamtes – ich hab ja auch dreimal die Schule wechseln müssen, weil ich so extrem verhaltensauffällig war. Dann sagte ich: Ich will nicht mehr zu Hause bleiben, ich schaffs einfach nicht mehr. Und die kannte das Problem.

Meine Mutter ist am nächsten Tag hin und es hieß, das war im März: Wir stellen ihnen einen ehrenamtlichen Sozialarbeiter zur Seite, der versucht, die Sache zu kitten. Der merkte auch, daß es überhaupt keinen Sinn hat, und hat im Juni die Empfehlung abgegeben, daß ich mit Beendigung der Schule und des Schuljahres irgendwo anders hingehe.

Und bin mit sechzehn ins heutige Mecklenburg gegangen, in die Nähe von Rostock, und hab dort angefangen, eine Ausbildung zum Tischler zu machen – die ich machen mußte, ich hatte nämlich überhaupt keine Lust drauf, weil so handwerklich begabt bin ich leider nicht. Bin da rein im August 89, hab dann noch DDR-Erziehung richtig knallhart 24 Stunden am Tag mitbekommen. Obwohl es nicht anstrengend war. Es war halt so leichter militärischer Drill mit Frühsport und Bettenbau und Socken auf Socken und alles gerade und Kante.

Keiner durfte seine eigene Akte sehen, aber der Betreuer hat meine irgendwann offen rumliegen lassen, guckte einen Moment nicht hin, dann hab ich sie mir geschnappt. Und beim zweiten, dritten oder vierten Satz bin ich stutzig geworden, weil da stand: Der Vater ist nicht der Vater. Der Junge weiß es nicht. Daraufhin riß der mir die Akte aus der Hand, stürmte aus dem Zimmer. Also der hatte bei uns immer den Spitznamen Brummbär, weil der Typ sah ein bißchen so aus und trottete auch so. Aber da hab ich den das erste Mal rennen sehen.

Ich stand dann vier Tage unter Beobachtung, weil die Angst hatten, ich tu mir was an. Aber es hat mich nicht geschockt, weil ich es immer vermutet hatte. Ich hatte es immer im Gefühl: Das ist nicht dein Vater, der behandelt dich nicht wie sein eigenes Kind, der behandelt dich irgendwie anders. Er war mir gegenüber sehr zurückhaltend. Hat mit meiner Mutter natürlich immer in dieselbe Kerbe geschlagen. Wenn ich Mist gebaut habe, hat er nicht gesagt: Bleib mal ruhig und schlag ihn nicht. Sondern es kam auch vor, daß er mich verprügelt hat.

Dann kam im November 89 die Wende, und das war die Zeit, wo ich anfing, mich politisch zu entwickeln, politisch nachzudenken. Hab mich da sehr engagiert und in dieser Einrichtung den ersten Jugendbeirat mitgegründet. Keine Ahnung von Demokratie: Ich war Wahlleiter und stand selber auf dem Wahlzettel.

Hab dann angefangen, Versicherungen zu verkaufen und bin zu dem Schulungsmeeting nach Hamburg gefahren. Da standen 24jährige People in dunklen Armani-Anzügen und mit zurückgegelten Haaren – was man heute noch rumlaufen sieht. Die sahen richtig gut aus, schöne Frauen an ihrer Seite, dicken Porsche. Und da hab ich gedacht: Was ihr könnt, kann ich schon lange. Da will ich auch hin.

Ich habe seriös Versicherungen verkauft im Sinne: was bei Versicherungen seriös ist. Also richtig Türenklappern, ins Hochhaus rein, 13 Stockwerke runtergefahren, 14 Lebensversicherungen und drei Hausratsversicherungen verkauft und ein bißchen Geld verdient. Ich bin in Wohnungen gekommen, die hatten vier Lebensversicherungen, und denen hab ich die fünfte auf die Nase gedrückt.

Ich war relativ erfolgreich, hatte dann aber auch keinen

Bock drauf und hab mich auf die Medienschiene gesetzt. Damit begann das Ärgernis. Mir fehlte das Selbstbewußtsein, zu einer Werbeagentur oder einem Radiosender zu gehen und zu sagen: Ich würd das gerne machen.

Statt dessen hab ich versucht, mich in Hochstaplermanier in Kreise reinzuschleichen, in die man einfach als junger Mensch nicht reinkommt. Wurde nicht so akzeptiert, wie ich das gern gehabt hätte, bin dann zurückgekommen nach Berlin und habe angefangen, das zu verfeinern. Ich bin auf irgendwelche Fachkongresse gegangen. Hab damals zwar diese Leute alle kennengelernt, die ich kennenlernen wollte, aber ich hab denen nichts geboten und die konnten mir im Gegenzug natürlich auch nichts bieten.

Ich hatte eine Gewerbeanmeldung als freier Handelsvertreter, da braucht man keine großen Genehmigungen, das geht relativ fix, kostet 50 Mark, und hatte reingeschrieben: Werbung und Marketing. Und als dieses bin ich auch aufgetreten: Ich habe eine Werbeagentur. Und ich kann Ihnen alles bieten, was Sie haben möchten – konnte ich nicht, weil ich hatte keine Leute. Das, was da wirklich rüberkam: Ich hab einige kleine Sachen gemacht. Was weiß ich: Ich brauch mal ein Reklameschild hier oder 100 Werbezettel, die gesteckt werden. Völligen Schwachsinn, was völlig uninteressant war, wo ich mir aber gesagt hab: Damit kommst du rein, damit schaffst du das, und wenn du das machst, wirds immer größer.

Und ich brauchte halt auch Geld zum Leben. Aus meiner Versicherungserfahrung hab ich mir Anträge für Kapitalanlagen drucken lassen und hab die verscheuert, und dieses Geld natürlich niemals in irgendwelche Kapitalanlagen gesteckt, sondern in meine eigene Tasche gewirtschaftet. Hab damit ein paar Leute sehr unglücklich gemacht inklusive mir.

Das einfachste, was immer ein Risiko ist, war Optionshandel. Oder ich handel mit Schweinebäuchen, also wette, daß der Kurs steigt oder sinkt. Kaffee, Schweineköpfe, Orangen, Stahlteile, lalalalala – alles. Ich hatte keine Ahnung von dem Geschäft, hab ich bis heute nicht. Ich hab einfach nur gequatscht.

Entweder an der Tür oder ich hab mir dann irgendwann

Leute genommen, wo ich wußte: Die haben richtig Kohle. Die können 10 000 Mark über den Tisch schieben und das tut denen nicht weh. Das war viel Arbeit, man hat nicht gleich beim ersten Mal verkauft, sondern hat lange Zeit Networking gemacht, hat die immer mal wieder getroffen, und irgendwann haben sie mir so weit vertraut, daß sie gesagt haben: Okay, ich mach das mal, ich probier das mal aus.

Ich hab dann mit Briefpapier und allem Pipax und drum und dran – also es hatte einen sehr seriösen Anstrich. Und hab auch schön jeden Monat einen Kontoauszug geschickt die ersten paar Monate, wie sich ihr Geld vermehrt grade. Und irgendwann kriegten sie einen, wo auf einmal ein Minus von 7000 Mark dastand: Alles Geld verloren, bitte nochmal nachschießen. Dann haben die nochmal nachgeschossen, haben aber nie irgendwelche Scheine sehen wollen, ob ich wirklich damit gehandelt hab, sondern ich hab einfach davon gelebt. Das hatte ich bar in der Hand, die haben meistens bar – mit schwarzem Geld – bezahlt. Nicht alle. Diejenigen, die nicht mit schwarzem Geld gearbeitet haben, waren auch diejenigen, die mich irgendwann angezeigt haben.

Ich habe nie auf Empfehlung gearbeitet. Ich habs ja nicht nur in Berlin gemacht, ich habs ins Hamburg gemacht, in München, in Saarbrücken, in Leipzig, in Rostock, überall. Das waren Leute, die man auf Festen kennengelernt hat, wo man sich reingeschmuggelt hat, oder bei denen ich meinen neuen Anzug gekauft hab. War der Laden leer, hab ich zusätzlich ne halbe Stunde geplauscht. Und bin nach drei Tagen nochmal rein und: Ach, wollt mal vorbeischauen, larifari, blablabla. Man war nett, charmant, witzig, man wurde perfekt darin, den Leuten zu erzählen, was die hören wollten. Weil wenn ein 21jähriger Spund einem erzählt: Ich hab die und die Firma, ich mach das und das, ich hab den und den Jahresumsatz, dann stehen alle da: Guter Mann. So jung, guter Mann.

Es war beide Mal interessant, daß man aus dem Osten kam. Im Westen kam das an wie: Da ist einer, der nimmt seine Zukunft in die Hand, der gehört nicht zu diesen Jammerossis. Und im Osten wars: Das ist einer von uns, der bringt das auch, der zeigt den Wessis, wos langgeht. Wobei die Männer mei-

stens die kritischeren waren. Erstaunlicherweise, eigentlich ist
es umgekehrt, meistens sind die Frauen sehr vorsichtig.

Man hat nicht jeden Monat Kapitalanlagen verkauft, und
von irgendwas mußte ich leben. Und ich lebte auf einem ziemlich großen Fuß. Ich habe bis zu meiner Knastzeit nie einen
H&M-Laden von innen gesehen. Ich hab bis heute keinen
Führerschein, aber drei Jahre lang bin ich keine U-Bahn und S-
Bahn und nichts gefahren, sondern hab mich von Taxis durch
die Gegend chauffieren lassen. Bin nach München geflogen,
weil ich irgendwelchen Leuten wieder irgendwelche Kapitalanlagen andrehen wollte. Und dann mußte es ein standesgemä-
ßes Hotel sein, und man reservierte im Bayrischen Hof et cetera. Ich habs mir gutgehen lassen und hab entweder die
Rechnung bezahlt oder hab sie halt nicht bezahlt, je nachdem,
wie gerade meine finanzielle Situation war.

Ich hab in einem Münchner Hotel die Nummer gebracht:
Ich hab mich einquartiert in einer Suite und bin bei Armani
einkaufen gewesen. Hab die Ware unbezahlt ins Hotel schikken lassen und bin erst sehr spät zurückgegangen, weil ich
wußte: Das Hotel bezahlt die Ware. Oder ich bin hier in Berlin
früh in ein Hotel eingecheckt und hab es zehn Minuten später
wieder verlassen. Hab im Hotel angerufen und mir selber
Nachrichten hinterlassen, die ich, als ich abends wiederkam,
auf die Hand kriegte, und denen dann sagte: Passen sie mal auf,
ich muß hier heute nacht noch mit den und den Personen, die
rufe ich jetzt alle an, von Berlin nach Luxemburg fahren. Und
das mußt du mal um 23 Uhr machen. Da stellten sich dann Ho-
telangestellte hin, blätterten im Fahrplan der Deutschen Bahn
und stellten Reiserouten zusammen, die sehr spannend waren:
von Berlin nach Hamburg, von Hamburg nach München und
von da aus nach Luxemburg. Und da kostete einfach ein Ticket
mal 500 Mark. Und dann habe ich gesagt: Ich hab keine Kreditkarten, kein Bargeld jetzt bei, können Sie mir was auszahlen? Und Hotels fragen ja dann immer sehr frech: Wieviel hätten Sie denn gerne? Und dann hab ich als Gegenfrage gegeben:
Wieviel zahlen Sie denn aus pro Gast? – Ja, bis zu 3000 Mark.
Dann schickten die ihren Auszubildenden los, der zahlte die
Tickets bar am Bahnhof. Und am nächsten Tag war ich um

3000 Mark reicher, weil die Karten habe ich bei der Bahn natürlich wieder abgegeben.

Ich hab immer gedacht: Na Gott, das sind ein paar tausend Mark, wer will mir was? Ich hab aber nicht gesehen, daß ich das vorher schon hundertmal gemacht habe und da eine ganz andere Summe zusammenkommt. Die Mahnungen kannst du in den Papierkorb werfen, die mußt du nicht aufmachen, wenn da drauf steht: Inkassobüro XYZ. Und wenn dieser Brief weg ist, ist die Sache auch schon wieder vergessen. Ich hab das ja nicht geordnet und abgeheftet und mich dann mal abends hingesetzt und mit dem Taschenrechner zusammengezählt: Was hab ich denn? Mir ist nie in den Sinn gekommen: Irgendwann kriegst du die komplette Rechnung. Das ist mir so alle halbe Jahr mal – huh. Dann bist du mal aufgewacht und hast gedacht: Holla, jetzt kommts doch langsam. Aber dann hast du es wieder verdrängt und hast am nächsten Tag weitergemacht, weil du irgendwie Spaß an der Sache hattest. Hey, es war doch lustig, bei der Lufthansa ins Flugzeug zu steigen, erster Klasse zu fliegen, ein trockenes Brötchen mit einer Wiener darin zu bekommen, und die Stewardeß lächelt dich an: Wollen Sie einen Sekt, wollen Sie einen O-Saft? Und das bei meiner Höhenangst. Es war sehr lustig, es hatte was.

Wenn man mit der Lufthansa First Class nach Australien fliegt. Oder wenn man für drei Stunden nach New York fliegt, nur damit man sagt: Ich war mal in New York. Fliegt First Class rüber, läßt sich Champagner servieren, schläft da son bißchen, aber so ein Flug kostet halt einfach mal 14 000 Mark. In der Zwischenzeit sind sie billiger, aber sie waren früher richtig teuer. Wenn man sich eine Woche in 5-Sterne-Hotels einquartiert und Suiten nimmt, die 700 Mark kosten, und die Rechnungen alle nicht bezahlt. Es kleckert sich dann nach und nach zusammen. Wenn man Kapitalanlagen für 25 000 Mark verkauft, das Geld in bar kriegt und es dummerweise kein Schwarzgeld war, sondern richtig ordentlich versteuertes Geld, und derjenige zeigt einen an.

Wenn die zur Polizei gegangen sind, hat die gesagt: Nach dem Schema ist das schon mal passiert, das können wir doch hundertprozentig zuordnen. Die Anträge waren ja alle die gleichen, ich hab 4000 solcher Anträge mal drucken lassen in dreifacher Ausfertigung. Und bei einigen stand auch mein richtiger Name da.

Ich bin auf der Straße weggefischt worden. Da stand ich an der Straßenbahnhaltestelle – auf einmal greifen mich zwei Leute am Schlafittchen, die ich vorher gar nicht gesehen habe. Ich hab sie sofort wiedererkannt. Was ich nur wußte: Sie durften mich nicht festhalten. In dem Moment wär es Freiheitsberaubung, dafür könnt ich sie an den Arsch nehmen. Ich hab ihnen das auch gesagt und bin losgelaufen. Und die haben sich geteilt. Der eine ist mir einfach die ganze Zeit nicht von der Seite gewichen, der ist nicht mal hinter mir gelaufen. Und der andere hat die Polizei geholt. Und dann hab ichs nach zwei Stunden Fußmarsch durch die Stadt aufgegeben und bin da freiwillig hingelatscht. Die Polizei hat Fotos gemacht, Fingerabdrücke. Nach der erkennungsdienstlichen Behandlung durfte ich nach Hause gehen.

Ein Gläubiger hat mir eine rechtsradikale Bande auf den Hals gehetzt. Es war ein Montagabend: Auf einmal geht die Wohnzimmertür auf. Und das Licht ging aus, ich kriegte nen Schlag vor den Kopf, lag sofort auf dem Boden, einer saß auf mir und vier Glatzen rannten durch meine Wohnung, nahmen meinen Fernseher mit, meine Stereoanlage und meine CD-Sammlung, mein Laptop. Die waren nur so blöd, mir zu sagen, wers war, und haben angekündigt, drei Tage später das Geld abzuholen. Ich stand dann unter Polizeischutz. Der Polizei war klar, daß ich daran selber schuld war, aber in diesem Fall war ich halt das Opfer. Ich hatte in der Wohnung fünf Polizisten, vorm Haus zwei im Wagen. Auf einmal kommt per Funk: Da sind irgendwelche Glatzen bei euch rein, sechs an der Zahl. Es rumorte an der Tür, ich machte die Tür auf, sprang in die Wohnung, die mir hinterher. Aber hinter der Tür stand Polizei und hat einfach mal zugemacht.

Der Gerichtsvollzieher hat die Wohnung aufgebohrt, und ich hatte einen Zettel dran: Holen Sie sich ihren Schlüssel in der Polizeidienststelle da und da ab. Die wußten, wer ich bin, aber sie konnten mich nicht ins Gefängnis bringen, weil der Richter gesehen hat: Ich hab einen festen Wohnsitz. Er mußte abschätzen, ob Fluchtgefahr bestand. Hat er gesagt: Nein. Wo sollte ich hin? Dafür hatte ich einfach auch nichts angespart.

Die ersten Sachen waren die aus Rostock, das war gar nicht so viel, da sind 35 000 Mark verhandelt worden. Das waren so banale Sachen: Ich hab einen Anzug gekauft und hab ihn nicht bezahlt, sondern hab mir die Rechnung schicken lassen. Ich hatte eigentlich das Geld, hatte es nur nicht bei, und dachte: Ja, ich laß mir die Rechnung schicken und dann bezahl ich das. Ich habs halt nur nie bezahlt. Dafür bin ich das erste Mal von der Justiz gekescht und zu 200 Stunden gemeinnütziger Arbeit verurteilt worden. Und der Richter meinte: Wenn sie nochmal zu mir kommen, verknack ich sie. Für zwei Tage hatte ich davor Respekt und dann hab ich wieder angefangen. Weil ich hab auch nicht die Perspektive gesehen: Wo fang ich jetzt an zu arbeiten? Ich hab keinen Bock, am Fließband zu stehen, sondern ich möchte was machen, was mir Spaß macht.

In dieser Zeit, in der das verhandelt worden ist, liefen natürlich schon wieder neue Anzeigen auf, die die Staatsanwaltschaft noch gar nicht bearbeitet hatte. Es ging noch ein dreiviertel Jahr gut und dann kam das nächste Verfahren, ein Jahr Jugendstrafe ohne Bewährung. Und auch in dieser Zeit liefen wieder Sachen auf. Und bei dem dritten Prozeß – da hab ich schon gesessen –, war das eine 24seitige Anklage, weil jeder Punkt einzeln aufgezählt werden mußte. Ich wurde damals verurteilt wegen vierfachem Betrug, in einem Fall – das waren die Kapitalanlagen – mit 23 Fortsetzungen. Ich bekam 16 Monate, zusätzlich zur Jugendstrafe. Damit waren es insgesamt zweieinhalb Jahre. Es sind noch ein paar Anzeigen nachgetrudelt, und das wurde immer mit der Begründung eingestellt, solche einzelnen Anzeigen hätten keine Auswirkungen auf das derzeitige Urteil.

Ich hab mit 18 angefangen und mit 22 war Schluß. Am 4. März 95, das war ein Sonntag, haben sie mich früh um sieben aus meiner Wohnung mitgenommen. Haftbefehl, Strafantritt in der Justizvollzugsanstalt für Jugendliche in Plötzensee. Und erst in dem Moment, als ich in der Zelle war, die zugeschlossen wurde, bin ich innerlich zusammengebrochen. Da hab ich mir das erste Mal Gedanken gemacht: Was hast du eigentlich für ei-

nen Mist gebaut, und hab ein bißchen Rotz und Wasser geheult, und nach zwei Stunden war es auch wieder gut. Und hab
mir dann gesagt: Versuch aus dieser Situation das beste zu machen.

Ich war der Älteste. Das waren alles Leute, die haben entweder – die Ausländer hauptsächlich – wegen Drogen- und Ge-
waltdelikten gesessen, und die Deutschen waren zu 95 Prozent
aus dem Kreis Hellersdorf, Marzahn et cetera: Autos klauen,
Alkoholmißbrauch hinterm Steuer, ohne Führerschein fahren.
Aber dann nicht nur einmal, sondern bandenmäßig, serienmä-
ßig Autos nach Polen verschoben.

Nach einer Woche hatte ich einen Spitznamen weg: Profes-
sor. Ich hab mich für Politik interessiert, ich hab Zeitung gelesen und mir gedacht: Mit denen redest du nicht, du willst deine
Ruhe haben, du willst nicht in irgendwelche Szenen reinrut-
schen, und das kommt natürlich nicht an. Da hatte ich das erste
halbe Jahr drunter zu leiden. Es waren Kinderspiele, die mit der
Zeit einfach anstrengend wurden: Zahncreme quer durchs Bett
geschmiert, wenn ich mal zehn Minuten nicht aufgepaßt hab.

Dann hab ich mir gesagt: Geh auf die ein, und von diesem Tag
änderte sich das, als ich bestimmte Dummheiten mitgemacht
hab einfach aus Spaß oder den Leuten den Rücken freigehalten
hab. Und hab in der Jugendstrafanstalt meinen Realschlußab-
schluß fertig gemacht und nach der Prüfung angefangen, im
Freigang eine Ausbildung als Reiseverkehrskaufmann zu machen.

Die Jugendstrafanstalt war restlos überfüllt, so daß man irgendwann auf den Trichter kam: Alle, die über 21 sind, werden
nach Tegel verlegt – wo die Situation nicht wesentlich besser
war, aber ich meine Ausbildung nicht zu Ende machen konnte.
In Tegel habe ich gearbeitet auf der Arztstation. Das war ein
ziemlich entspannter, ruhiger Job und hat mir ein relativ gutes
Standing im Haus verschafft, weil es gab Leute, die haben sich
tätowieren lassen, die brauchten Wundsalben, da habe ich
dann mit gehandelt. Die ganzen Kraftsportler wollten Vit-
amine haben und Eiweißprodukte.

Den Job habe ich nach drei Monaten verloren, weil ich mich
ganz tierisch mit einer Mitarbeiterin aus der Physiotherapie

angelegt hab, die ein bißchen zickig war und die ich überhaupt nicht mochte. Irgendwann war ich auch rot, konnte mich nicht mehr zurückhalten, hab eine dumme Bemerkung gemacht und war sofort raus. War dann auf meiner Station ganz normaler Hausarbeiter, war auch in Ordnung, gab ein ordentliches Geld, zum Schluß 500 Mark im Monat.

Dann bin ich nach Plötzensee verlegt worden, und der Vollzugsplan, der für mich in Tegel geschrieben wurde – also: Dann und dann darf er rausgehen –, der war völlig uninteressant. Nach dem Motto: Wir kennen Sie nicht, wir müssen das alles nochmal neu beurteilen. Man kann so ziemlich jede Straftat begangen haben, aber wehe, du bist als Betrüger verurteilt worden. Jedes Wort, das man gesagt hat, jede Behauptung wurde erst viermal nachgeprüft, bevor irgendwas in irgendeiner Form genehmigt wurde. Was sehr anstrengend war, dadurch kam auch oft meine Gereiztheit.

Hab dort in der Verwaltung auch als Hausarbeiter gearbeitet, Flur wischen einmal am Tag und ein bißchen durchfegen und ein nettes Gesicht machen, wenn die Beamten vorbeikommen. Da hab ich einen Psychologen kennengelernt, mit dem ich mich sehr gut unterhalten konnte. Und als es hieß: Sie haben jetzt Vollzugskonferenz bei der Direktion, und Sie müssen mit einem Psychologen reden, hat der sich bereit erklärt, obwohl er für mein Haus überhaupt nicht zuständig war. Eigentlich war geplant, daß er sich zwei-, dreimal mit mir unterhält und dann bewertet, ob ich in den Freigang soll. Für ein dreiviertel Jahr haben wir uns jeden Mittwoch von 15 bis 18 Uhr getroffen. Ich konnte mit zu ihm hochgehen, konnt mich einmal eine Runde im Kreis drehen, konnt mich aufregen, und er hat nur daneben gesessen, seinen Tee getrunken, seine Camel ohne Filter geraucht und mir zugehört. Er hat sich als Katalysator gesehen und gesagt: Toben Sie sich bei mir aus, machen Sie sich unten keinen Ärger. Mit dem hab ich heute noch Kontakt, weil es ihn freut, daß es geklappt hat, daß ich ein einigermaßen anständiges Leben führe. Ich treff mich alle zwei oder drei Monate mit dem, und wir rekonstruieren die Ereignisse der letzten Monate. Er ist der im Hintergrund, der sagt: Passen Sie da auf, passen Sie da auf.

Ich hatte, als ich vor dem Gericht stand und die wußten, was bei mir in der Kindheit abgelaufen ist, das Problem, daß ich diese Story: Ja, das Elternhaus ist schuld – das fand ich nicht so prickelnd. Ich find auch nicht prickelnd, wenn das bei irgendwelchen Kindermördern oder sonstigen schweren Straftätern gemacht wird. Aber dieser Psychologe hat das mit mir ein bißchen aufgearbeitet.

Also ich glaube, so was nennt man Züchtigung, was meine Mutter damals mit mir gemacht hat. Wenn sie wieder anfing, sich aufzuregen über irgendwelche Kleinigkeiten, und wenns nur ist, daß ich einen Schrank nicht ordentlich sauber gemacht hab oder mein Zimmer nicht aufgeräumt hab, daß sie dann völlig austickte, rumbrüllte und die Hand halt relativ locker saß. Es gab Momente, da bin ich mit einer Verlängerungsschnur von ihr verprügelt worden, völlig im Wahn. Hatte einen roten, grünblauen Rücken.

Der Sommer 97 war dann so ziemlich der coolste, den ich mal hatte. Ich konnte jedes Wochenende Urlaub nehmen und hatte unter der Woche 60 Stunden, die ich jederzeit rauskonnte, ich mußte nur abends um 22 Uhr wieder drin sein. Wir waren um die Ecke auf dem Plötzensee Tretboot fahren, wir waren Fallschirm springen und auf der Fête de la Musique, auf der Love Parade – wir haben alles mitgemacht, was man in dem Sommer mitmachen konnte.

Diese offene Vollzugszeit möchte ich nicht missen. Das hat mir die Erkenntnis gebracht: Spaß ist wichtig im Leben. Nicht nur Geld zu haben, sondern auf Partys rumzuhocken oder ins Theater zu gehen, auf dem See zu sitzen, einfach zu gucken, die Vögel zwitschern und es ist wunderschön.

Im August hab ich mir eine Wohnung besorgt, habe die fertiggemacht, eingerichtet. Bin dann entlassen worden und hab ein gutes Jahr die Beine hochgelegt und gesagt: Mal sehen, was kommt. Im Knast mußt du ja Arbeitslosengeld abführen, und ich hab ganz normal von Arbeitslosenhilfe gelebt.

Die erste Zeit natürlich war es superentspannt: Hey, hier wohn ich, und ich kann rausgehen und hinter mir schließt niemand die Tür ab. Das hat man so das erste Vierteljahr genossen, aber wurde dann depressiv. Das ging mir irgendwann so auf den Sender, daß ich einen guten Freund angerufen hab: Ich brauch Arbeit, hast du nicht was für mich? Der wurde gerade zu diesem Zeitpunkt bei einer medizintechnischen Firma Geschäftsführer. Und der hat gesagt: Ja klar, komm mal. Damit hatte ich einen richtigen beruflichen Einstieg: Erstmal freie Recherchen, ständig im Patentamt rumsitzen, hab da Patente rausgesucht, die kopiert, hin- und hergetragen.

Dieser Freund hat sich selbständig gemacht, und meine Rolle war dann: Kümmer dich um das Organisatorische, kümmer dich darum, daß Rechnungen bezahlt werden. Was natürlich sehr schwierig ist, wenn die Firma keine Einnahmen hat. Ich kam wieder so auf Trips, die ich vor meiner Knastzeit hatte – Gläubiger trösten. Ich konnte das ja ganz gut. Und es ging irgendwann nicht mehr.

Durch das ganze Networking für diese Firma hab ich einen Job bei einer PR-Agentur hier in Berlin bekommen, und das ist das, was ich machen wollte. Ich wollte immer in diesen Marketing-Kommunikationsbereich hinein und hab so meine Nummer gefunden, ohne überhaupt einen blassen Schimmer von PR zu haben, was man die ersten 14 Tage auch sehr deutlich merkte. Da stand das schon hart auf der Kippe, daß die mich behalten. Hab mich dann aber gefangen und denke, ich mache meine Sache ganz gut.

Wenn ich eine gute Schule hatte durch das, was ich früher gemacht hab: Ich hab gelernt zu kommunizieren. Womit ich manchmal noch ein bißchen Probleme habe, ist ein Teamspiel. Also auch dieses Statement zu lernen: Wir. Nicht beim Kunden zu sitzen und zu sagen: Ich mach das für Sie. Sondern: Wir machen das für Sie.

Bei den Betrügereien war niemand eingeweiht, das war ich ganz allein. Alle Leute kannten halt diese Geschichte: Michael ist ein junger, erfolgreicher, dynamischer Unternehmer. Alle haben zwar gedacht: Na langsam mal, der Junge dreht ein bißchen groß an den Knöpfen, aber es hat keiner überprüft, weil keiner gedacht hat, ich lüge so stringent. Mit denen ich privat viel unterwegs war, Spaß gehabt hab, aber alles halt unter diesem Druck: Du mußt vorsichtig sein mit dem, was du sagst, du darfst dich nicht verplappern. So daß ich anfing, in meiner eigenen Welt zu leben, eine Geschichte zu erzählen und diese immer weiterzuspinnen. Irgendwann stellte sich heraus, daß er nur rumgesponnen hat. Und der größte Teil hat tatsächlich zu mir gehalten. Die haben gesagt: Okay, war nicht so die Nummer, aber wir unterstützen dich halt.

Ich hab Mist gebaut und hab dafür zweieinhalb Jahre vom ersten bis zum letzten Tag abgesessen. Ich versteck mich nicht, sondern gehe relativ offen damit um. Wenn ich heute Leute kennenlerne, mach ich nicht gleich: Ich bin Michael, ich hab übrigens im Knast gesessen, sondern denen erzähle ich das ein Vierteljahr, ein halbes Jahr später. Und wenn mich irgendeiner meiner Gläubiger an die Kandare kriegt oder mir über den Weg läuft, und der würde schreien: Da, das ist er, der hat mich ruiniert, oder – ruiniert habe ich niemanden –: Der hat mich um 20-, 30-, 35 000 Mark betrogen, würde ich sagen: Ist in Ordnung, er hat recht, aber ich hab meine Strafe abgesessen, und damit ist die Sache auch erledigt. Erstmal soweit. Daß ich natürlich das Problem hab, die Schulden irgendwann mal zurückzuzahlen, steht auf einem ganz anderen Papier.

Verhandelt worden ist zuletzt ein Schaden von 450 000 Mark. Und alles andere, was darüber hinauslief, haben die gar nicht mehr mitbekommen. Es gibt auch viele Firmen, die erstatten keine Anzeige, sondern schalten nur ein Inkassobüro ein, zum Beispiel Hotels, die um ihren eigenen Ruf fürchten. Als ich dann saß und man mir meine Post mal zustellen konnte, hab ich die Schulden akribisch geordnet. Und da denkt man: Hupps. Das ist ein Schlag in die Magengegend, da wacht man auch für einen Moment auf, und dann verdrängt man das wieder. Ich verdräng das bis heute noch, daß ich diesen Berg Schulden habe, weil sonst würde ich überhaupt keine Ruhe haben.

Als ich entlassen wurde, waren es mit Zinsen etwas über drei Millionen Mark, jetzt sind es noch etwa zweieinhalb Millionen. Ein Haufen der Leute hat mir die Schulden erlassen. Mit der Schuldnerberatung bildete man Gläubigerpools, und die sahen: Der hat Schulden an soundsoviele, der zahlt uns das eh nie zurück. Daß es auch Firmen gab, die geschrieben haben: Überweisen sie uns 400 Mark für die Verwaltungskosten und wir stampfen die Sache ein.

Aber es gibt genügend Firmen, die sich darauf nicht einlassen. Die sagen: Der ist 27, der wird noch 30 Jahre, 40 Jahre arbeiten, und so lange werden wir zugreifen, wie wir können. Also ich bin jetzt wirklich auf diesem Trip, Geld zusammenzusammeln, und dann, wenn ich bei einem 2000 Mark Schulden habe, den anzurufen und zu sagen: Paß auf, ich hab 800 Mark, nimm die, oder du wirst nie etwas von mir kriegen. Daß man Vergleiche schließt. In das Insolvenzverfahren für Privatpersonen rutsch ich nicht rein. Kein Gericht wird mir jemals die Schulden erlassen. Das heißt, daß ich den Spaß habe, immer damit rechnen zu müssen, daß mir mein Geld abgeknöpft werden kann.

Mir ist heute nicht so wichtig, ob ich 4000 Mark in der Tasche habe. Schön, hab ich gerne, ich kann aber auch von 500 Mark im Monat leben. Und es muß kein Armani-Hemd sein, sondern es kann auch eins sein von Strauss oder H&M, damit hab ich überhaupt kein Problem mehr.

Jetzt auf einmal, wo ich für diese PR-Agentur arbeite, lerne ich all die Leute kennen, mit denen ich mal arbeiten wollte, mit denen ich mal an einem Tisch sitzen wollte, und das durch ehrliche Arbeit. Das ist das, was mich am meisten zur Zeit so ein bißchen frustriert, daß man das in diesem Bereich doch schafft.

Ich hab festgestellt, es gibt Kreise in dieser Stadt, da ist mein Name bekannt. Wenn man dann auch ein Feedback bekommt, daß der Kunde einen akzeptiert und die Entscheidungen und Ratschläge, die man gibt, befolgt, das hat mein Selbstbewußtsein gehoben. Oder wenn ich sehe, über das aktuelle Projekt laufen Fernsehbeiträge, und ich weiß: Das war deine Arbeit. Ich find schon, daß ich mich ziemlich aus der Scheiße gezogen hab.

Andrea Steinhilber
*1959

Juni 2000. Bald werden die Holzwerke in Heidenheim abgerissen sein. Für unser Gespräch sitzen wir in Stuttgart, auf der Terrasse von Andrea Steinhilbers neubezogener Mietwohnung. Die Terrasse ist Teil eines Anbaus – eine der letzten Arbeiten ihrer Firma.

Ich habe vor etwas mehr als zehn Jahren einen Betrieb übernommen, ein Familienunternehmen, ich bin die vierte Generation. Ziegler ist der Name meines Urgroßvaters, und schon mein eingeheirateter Großvater hieß Steinhilber. Mein Vater hat diesen Betrieb sehr jung geerbt, als sein Vater starb, wobei es aber immer klar war, daß er ihn übernehmen wird. Mein Vater selbst ist relativ jung gestorben, mit Mitte sechzig, und sehr unvorbereitet. Keine von uns drei Töchtern war willens, den Betrieb zu übernehmen, keine hatte sich vorbereitet. Ich hatte mir das bei seinem Tod zwar überlegt, aber hatte vor allen Dingen die Vorstellung: Was soll ich als höhere Tochter sozusagen jetzt hier ankommen?

Wir haben dann einen Geschäftsführer gesucht. Wir, das sind wir drei Kinder, meine Mutter hat das Erbe ausgeschlagen. Haben einen Geschäftsführer gesucht, was immer sehr schwierig ist in einem mittelständischen Betrieb, weil entweder er ist gut und man kann ihn nicht bezahlen oder man kann ihn bezahlen und er ist nicht gut. Wir hatten die letztere Version. Im Grunde genommen habe ich es diesem Geschäftsführer zu verdanken, daß ich auf die Idee kam, das doch zu probieren. Wir Kinder waren viele Wochenenden in Heidenheim, haben viele Dinge versucht zu verfolgen und irgendwie eine Übersicht zu bekommen. Der Betrieb war damals in einer wirtschaftlich katastrophalen Lage und eigentlich konkursreif. Das wußte mein Vater schon einige Jahre, die Bank hat ihn aber gebeten, einfach durchzuhalten. Und er ist in dieser Situation auch gestorben.

Holzwerke Ziegler

Andrea Steinhilber vor dem Sägenebenprodukt Hackschnitzel.
Foto: Herbert Egl

Wir Kinder waren Kommanditisten und mein Vater war Komplementär, der alleinhaftende Gesellschafter. Es gab gleichzeitig eine sogenannte Vorrats-GmbH, in der wir Kinder auch Gesellschafter waren und die nach dem Tod meines Vaters die Haupthaftung übernommen hat. Für uns sah es damals so aus, als hätten wir zwar viele Schulden geerbt und eine unlösbare Aufgabe, aber nicht die Verpflichtung, wenn es vollends schiefgeht, aus nicht vorhandenem Privatvermögen noch reinzahlen zu müssen. Es gab einen Steuerberater, der diesen Betrieb viele Jahre betreut hat und der uns auf bestimmte Dinge nicht hingewiesen hat. Es gab nämlich doch ein sehr großes finanzielles Risiko, und zwar ein steuerliches. Denn wenn wir Konkurs gemacht hätten, wäre unser Minuskapital zu Null gekommen, und wir hätten diese Differenz zwischen Minus X und Null versteuern müssen. Das wär für jeden von uns eine persönliche Steuerschuld gewesen, der wir nicht entkommen wären, sondern die wir wirklich wahrscheinlich unser Leben lang hätten abstottern müssen. Das haben wir aber erst zwei Jahre nach dem Erbantritt kapiert.

Es stand auch kaum zur Debatte, das Erbe auszuschlagen. Das war tatsächlich auch eine Pietätsfrage. Es wäre so gewesen, daß mein Vater, der, ich sag einfach mal, ein ehrenhafter Mann war, der angesehen war in dieser Stadt, im nachhinein sich plötzlich in einem ganz anderen Licht dargestellt hätte.

Es gab eine Bank, die unser Hauptgläubiger war und der sehr viel daran lag, daß dieses Erbe angenommen wird. Das haben wir als Druckmittel benutzen können, um Zinsverzichte für eine bestimmte Zeit auszuhandeln. Aber es hat sicher eine Portion Naivität unsererseits dazugehört, daß wir gesagt haben: Nö, Konkurs machen wir nicht.

Ich habe in der Beobachtung des Geschäftsführers gesehen, was zu tun ist, und dachte: Diese Dinge traue ich mir auch zu. Da ist jemand nötig, der Probleme strukturieren kann, der analytisch denken kann. Das kann ich, das hab ich gelernt, und da ist es egal, um welche Inhalte es geht. Mehr Engagement bringe ich allemal mit, und dann versuch ichs einfach. Ich war damals gegen Ende meines zweiten Studiums. Ich hab zuerst Philosophie studiert und dann Volkswirtschaft. Und hab nach der Diplomarbeit angefangen zu pendeln, war ein paar Tage die Woche in Heidenheim und ein paar Tage in Heidelberg, wo ich gelebt hatte. Und bin nach den letzten Prüfungen, praktisch die Woche drauf, umgezogen. Ich dachte: Entweder ich schaffs, den Betrieb wieder so hinzukriegen, daß ich ihn verkaufen kann. Oder wenn mein Herz irgendwann mal so daran hängt, daß ichs weitermachen will, dann erübrigt sich die Frage.

Der Geschäftsführer wurde noch während der Übergangszeit entlassen, weil einfach auch klar war: Er war zu alt. Er hatte überhaupt keine Ahnung von EDV. Seine beste Tat war, daß er eine sehr gute Buchhalterin eingestellt hat, aber er hatte noch so ganz riesige, aus mehreren Seiten mit Tesafilm zusammengeklebte Betriebsabrechnungsbögen. Und immer, wenn man wissen wollte, wo die und die Zahl herkommt, mußte er eben zur Buchhalterin gehen und fragen, aus was sie sich zusammensetzt.

Ich hab mir dann überlegt, als ich nach Heidenheim kam: Was für eine Arbeit ist das eigentlich? Und mir ist eingefallen, daß ich als Kind immer das Problem hatte, mir die Arbeit eines Königs vorzustellen. Man kannte das aus Märchen, daß die Audienzen geben und sich dauernd umziehen, aber was die nun wirklich tun? Und ich hatte das Gefühl, die gleiche Frage muß ich mir jetzt selber stellen.

Wir waren als Kinder viel im Betrieb gewesen, das hat mit 12, 13 aufgehört. Wir waren Mädchen, und dann durfte man hinten auf dem Gelände nicht mehr arbeiten, und es gab eher Büroarbeiten, Inventurrechnen und son Zeug, was einen nicht gerade vom Hocker reißt.

Meine älteste Schwester sollte ursprünglich Betriebswirtschaft studieren und hätte das auch beinahe gemacht. Sie ist inzwischen Professorin für Architektur, hat ein sehr gutes eigenes Büro und ist mit Leib und Seele Architekt, also es wäre schade gewesen, wenn sie diesen Weg nicht eingeschlagen hätte. Meine mittlere Schwester ist Biologin. Das stand irgendwie nie zur Debatte, daß sie in den Betrieb kommt, auch witzigerweise, als sie klein war, nie. Ich bin mit einem Abstand von sechs und sieben Jahren hinterhergekommen. Meine Eltern haben schon sehr versucht auf mich einzuwirken, nach Rosenheim zu gehen, dort Holztechniker zu lernen. Nur wollte ich von meiner pubertären und sonstigen Entwicklung möglichst weit weg von meinem Elternhaus und allem, was damit zusammenhängt, daß ich mich da mit Händen und Füßen gewehrt hab, aber sehr wohl diese Aufgabe im Hinterkopf hatte.

Ich hatte mal einen Sommer noch während des Philosophiestudiums meinem Vater geholfen, als er die ganze EDV und elektronische Steuerung für das Sägewerk gerechnet hat. Mir hat es eigentlich Spaß gemacht, auch mit ihm zusammen was zu machen. Ich hatte mir dann überlegt, mal ein Semester ganz nach Heidenheim zu kommen und ihm da was zu helfen. Wollte aber nicht zu Hause wohnen, sondern in einem Haus meiner Großmutter, das leer stand. Und scheiterte daran, daß meine Eltern meinten, dann müßte ich bei ihnen wohnen und mich nicht in einem verlassenen Haus selbständig machen.

Ich bin sehr froh gewesen, daß ich nicht direkt nach dem Tod von meinem Vater zurück bin, weil ich wär wahrscheinlich zwei Monate später wieder weg gewesen, sondern daß ich mir solange Zeit gelassen hab, bis ein eigener Zugang zu dieser Aufgabe bei mir entstanden ist. Ich habe praktisch alles aufgegeben, was ich in den zehn Jahren davor hatte. Ich war auch alleine und hatte keine privaten Bezüge in Heidenheim, hab überhaupt keine Kontakte mehr dorthin gehabt, außer daß ich zweimal im Jahr meine Eltern besucht hab. Und in einer Kleinstadt gibts bestimmte Strukturen – das war nicht unbedingt meine Welt, jetzt mich zu bemühen, im Lions Club mein Zuhause zu finden. Für andere Dinge wie Sportverein hab ich schlicht keine Zeit gehabt, irgendwelche privaten Dinge, die mit Regelmäßigkeiten zu tun haben. Und hab deswegen die ersten zwei Jahre eigentlich fast nur gearbeitet. Ich hab natürlich unter einem gehörigem Druck gestanden, mich selbst einarbeiten zu müssen und zu verstehen, worums überhaupt geht. Gleichzeitig zu sehen, daß alles sehr dringend ist.

Ich hatte die Übernahme der Geschäftsführung meinen Geschwistern gegenüber als Angebot mitgeteilt. Sie waren eigentlich froh und haben beide, ohne lange zu überlegen gesagt: Ja, mach. Aber kaum hatte ich angefangen, gab es sehr heftige

Auseinandersetzungen, daß die mittlere Schwester sich zu kurz gekommen gefühlt hat. Und auch große Angst hatte, in der finanziell sehr schwierigen Situation in etwas reingerissen zu werden, dadurch daß ich jetzt Chef spiele. Ich hab ihr dann nochmal angeboten: Wir können gerne tauschen, und ich hätte auch andere Dinge zu tun. Das ganze führte dazu, daß wir uns getrennt haben, also daß wir diesen Betrieb nur noch zu zweit besessen haben, ich mit meiner ältesten Schwester. Und unsere mittlere Schwester, man kann nicht unbedingt sagen, ausbezahlt wurde, sondern sie hat uns – das war rein technisch und steuerlich nicht ganz einfach – unseren Schuldenanteil vermacht. Ich wollte das zunächst nicht, aber mir war klar, wenn wir dazu nicht ja sagen, werde ich nie handlungsfähig und alles geht einfach den Bach runter.

Es war ein erstes Ankündigen eines sehr spannenden Kapitels, daß nämlich in Familienunternehmen mehr als Geld, Besitz und betriebswirtschaftliche Fragen eine Rolle spielen. Man hat es damals gesehen, daß meine Schwester in ihrem Willen, da nicht mit reingezogen zu werden, nicht auseinandergehalten hat: Was sind betriebliche Dinge und was sind familiäre Dinge. Und kurz vorm Notartermin, als diese Trennung vollzogen werden sollte, kam noch einmal ein Aha und Rückzieherversuch. Daß sie meinte, sie wird jetzt sozusagen aus der Familie entlassen, was ja nicht so sein muß, wenn man das auseinanderhält.

Nach etwa zwei Jahren habe ich angefangen, mich mit der Arbeit wohl zu fühlen. Ich kann das an dem Moment festmachen, in dem ich einfach sagen konnte: Ich kapier das und das nicht, erklär mir mal. Weil man am Anfang viele Dinge nicht weiß, aber das Gefühl hat: Ich hab hier ne bestimmte Position, ich kann nicht alles fragen, sondern muß bestimmte Dinge einfach irgendwie anders rauskriegen. Ich wußte zum Beispiel, es gibt eine Trockenkammer auf dem Gelände, aber ich habe erst einmal eine Woche gesucht und wußte, das darf ich jetzt niemanden fragen. Es war ein schönes Gefühl, als ich wieder normal sein konnte und eine gewisse Autorität und Glaubwürdigkeit hatte dadurch, daß ich Dinge sehr konsequent gemacht habe.

Der praktisch mitgeerbte Steuerberater war ein netter und guter Freund der Familie, aber kein sehr gewiefter, sondern jemand, der eher geglaubt hat, mit gutem Willen muß es doch irgendwie gehen. Der starb zwei, drei Jahre nach meinem Vater, sein Sohn hat das Büro übernommen, zu dem ich sehr wenig bis gar kein Vertrauen hatte. Ich fands katastrophal. Es war das Problem, daß die beiden Witwen, meine Mutter und seine Mutter, sehr befreundet sind, und es war dann schwierig, sich geschäftlich zu trennen. Ich hab mir mit sehr vielen Mühen viele verschiedene Büros angeguckt und hab Riesenglück gehabt und einen sehr sehr guten Steuerberater gefunden. Mit dem ich am Anfang eine Vereinbarung hatte, daß offiziell der Sohn des früheren Steuerberaters unsere Bilanzen erstellt.

Das ist ein Büro, die wirklich Ideen entwickelt haben und denen wir sehr viel zu verdanken haben. Wir hatten Verlustvorträge in großer Höhe durch den alten Steuerberater einfach verloren. Die verfallen waren und die wir nicht mehr nutzen konnten. Und dieses neue Büro hat uns mit ein bißchen komplizierten, ausgeheckten Dingen geholfen, nicht sofort, nachdem man ein bißchen Luft schnappen kann, statt die Schulden zu tilgen, alles Verdiente dem Finanzamt zu zahlen.

Ich wußte, daß auch zu Zeiten meines Vaters noch ein reiner Kaufmann im Betrieb gearbeitet hat, und dachte, wir stellen einen kaufmännischen Leiter ein, der mir zur Seite steht. Wir haben uns dann nach anderthalb Jahren voneinander getrennt. Ich hab von ihm eine Menge gelernt und diese Stelle ersatzlos gestrichen.

Ich hatte ihn mit ausgesucht, weil er über den zweiten Bildungsweg Betriebswirt wurde, war Dreher von der Ausbildung her, hat auf der Abendschule das Abitur nachgemacht und auf der Abenduni studiert. Ich hatte die Vorstellung: Das ist noch einer, der einen Bezug zu den Dingen hat, was in der Betriebsgröße einfach wichtig ist. Was ich überhaupt nicht bedacht hatte, ist, daß jemand, der so einen anstrengenden und aufwendigen Weg geht, unter Umständen ein extrem starkes Hierarchiebewußtsein hat. Er hat immer davon gesprochen: Ich würde mich zuviel direkt um die Dinge kümmern und müßte mehr delegieren. Und auf meine Frage, an wen ichs denn delegieren soll, war er sehr schnell mit Hire & Fire zur Hand. Das hatte ein bißchen den Touch von Großindustrie.

Ich habe einmal mit ihm – da ging es eigentlich um die Entscheidung, welche EDV-Anlage wir kaufen sollen – eine unheimlich intensive, etwa dreistündige Auseinandersetzung gehabt, in der es nur um Führungsstile ging. Ich hab mir das danach nochmal sehr zu Gemüte geführt und dachte: Was war denn das jetzt? Ich bin ein ziemliches Greenhorn und streite mit jemanden, der Jahrzehnte mehr Berufserfahrung hat als ich. Es war schön, es war eines der ganz wenigen Male, die ich gerne und freiwillig meinen Vater auf dem Friedhof besucht hab. Ich dachte: Ich muß ihn jetzt fragen, was da Sache ist. Und mir wurde bei diesem Spaziergang klar, daß ich die Dinge so machen muß, wie ich sie machen muß, weil ich muß auch die Konsequenzen tragen.

Es hat sehr gut ohne diesen Kaufmann funktioniert. Ein Teilfach meines Studiums war Betriebswirtschaft. Im Grunde genommen reicht ein betriebswirtschaftliches Grundwissen. Und was ich versucht habe, ist, ein relativ gutes Zahlenwerk und Zahlenerfassungswerk aufzustellen, um die einzelnen Bereiche rechnerisch auseinanderzudividieren und zu gucken, was wo eigentlich passiert. Während des Studiums war Betriebswirtschaft was sehr Abstraktes und Trockenes, und ich fands dann eigentlich eine total spannende Geschichte, wie man ein riesiges Wirrwarr und komplexes Gebilde von Menschen und Material und Maschinen letztendlich auf einem DIN-A4-Blatt darstellen kann.

Es war teilweise schade und auch ärgerlich, zu sehen, daß wir in den ersten drei bis fünf Jahren, die ich in Heidenheim war, soviel erreichen und verbessern konnten an Leistungsfähigkeit im Betrieb, ohne eine einzige Schraube dazuzukaufen. Ich hab die Dinge viel rationeller organisieren können. Wir sind ein Betrieb geworden, der eine extrem kleine Verwaltung hatte, so daß Kollegenbetriebe zum Teil wirklich gestaunt haben und es kaum glauben konnten. Gut, es ist natürlich eine Zeit gewesen, in der durch die EDV unheimliche Rationalisierungen möglich waren.

Mein Vater hat sehr wohl Entscheidungen getroffen, aber

eher im technischen Bereich. Er war auch sehr findig. In den 60er Jahren war Holz nicht der Renner, hat keinen Markt gehabt und keine Zukunft. In der Zeit hat mein Vater eine Abteilung gegründet, die aus Fiberglas Wohnwagen gebaut hat. Das waren klasse Dinger, schwäbisch stabil, viel zu teuer. Aber super Teile, die bis heute noch rumfahren. Ich hab in den letzten Jahren immer wieder Anfragen gehabt nach alten Unterlagen, weil das so originale 60er-Jahre-Eier sind. Und man hat dann noch eine Weile, als das mit den Wohnwagen schwierig wurde, weil die Blechwohnwagen kamen, Kühlwagen für Iglo und Langnese gebaut, bevor man diese Abteilung wieder geschlossen hat.

In den 70er Jahren mußte meine Vater seine Schwester auszahlen. Was immer ein großes Problem ist bei Familienunternehmen, das Geld muß irgendwo herkommen, und das fehlt natürlich in dem Betrieb. Es war sicher nicht bedrohlich, aber es ist einfach eine Reserve, die dann fehlt.

Und ein großes Problem, das schlicht Pech war und nicht unternehmerisches Unvermögen, war die große Investition Anfang der 80er Jahre. Der Betrieb ist vorher gut gelaufen, aber es war klar, es gibt einen Strukturwandel in der ganzen Branche, und es ist, wie oft, daß Unternehmen dann vor der Entscheidung stehen: Entweder große Schritte nach vorne machen oder es ist klar, daß man irgendwann aufhören muß. Er hatte damals auch gesagt: Von euch wills keiner und jetzt guck ich einfach, daß ich einen guten Betrieb noch hinterlaß, den kann dann einer kaufen. Und hat sehr mutig ein ganz neues Sägewerk gebaut. Er war technisch interessiert, und es hat ihn einfach gejuckt, das zu probieren. Was die Firma in große Probleme gebracht hat, weil einige Dinge schiefgegangen sind.

Das war eine neue Technologie, die Installation hat wesentlich länger gedauert als berechnet und kalkuliert, und als das Ding endlich lief, war die Bauwirtschaft ziemlich am Bach, und zusätzlich war das Endprodukt ein bißchen anders, weil die Sägeschnitte anders waren, und das war noch nicht sehr eingeführt am Markt. Das heißt im Klartext, daß der Betrieb die ersten Jahre nach dieser Investition kein Geld verdienen konnte und auch die Zinsen nicht vollständig bezahlt werden konnten. Dazu kam, daß die Mitarbeiter vorher ein Gatter bedient haben, das sehr viel robuster ist – da kann man auch mal mit einem Vorschlaghammer draufhauen, und mit dieser Methode ist dann auch mit dem neuen Sägewerk umgegangen worden. Das war Zufall, daß, als ich nach Heidenheim kam, auch die neu geschulten Leute nachgewachsen waren. Wenn ich die Zahlen anguck, was die Tagesleistungen waren, nachdem das so halbwegs damals lief, dann ist es nur bitter, daß man die gleiche Maschine doppelt so gut bedienen kann oder eben nur halb so gut.

Natürlich war es so, daß wir viele Sachen besser machen konnten als zu Zeiten meines Vaters, ich aber trotzdem nie das Gefühl hatte, er war ein schlechter Geschäftsmann. Und ich da manchmal lieber die Klappe gehalten hab, weil ich ihn auch nicht so darstellen wollte. Er ist sicherlich ein Unternehmer gewesen, der sehr weich, sehr menschlich war. Ich denke, daß ich, obwohl ich ihm in vielen Dingen sehr ähnlich bin, mit mehr Distanz an die Dinge rangehe und auch mal gerne einen Deal mache.

Er ist da reingewachsen, für ihn gabs eigentlich nie die Frage, was sonst zu machen. Ich habe überhaupt erst, nachdem der Betrieb geschlossen war, erfahren, was mein Vater ursprünglich mal machen wollte. Daß er gern gerechnet hat, daß er begeisterter Ingenieur war, wußt ich und hat man auch gemerkt, aber er wär unheimlich gern Mathematiker oder Statiker geworden.

Er ist die Generation, die sehr jung im Krieg war und sehr jung Verantwortung übernehmen mußte. Sehr protestantisch aufgewachsen. Er war auf eine ganz schöne Art religiös, er hat so einen Kinderglauben gehabt, ein Vertrauen in die Dinge, die werden so wie sie sein werden und sein sollen.

Im Winter 85/86 hatte er eine Prostataoperation, und bei den Voruntersuchungen hat man auch was Verkapseltes an der Lunge gefunden. Techniker, der mein Vater war, war das für ihn klar: Wenn da ein Problem ist, muß man danach gucken und dann kann man das auch reparieren lassen. Mein Vater war ein sehr großer, breiter Mann, der in diesem Krankenhaus-Bettchen, wo man wenig Platz hat, eine Ungeduld ausgestrahlt hat und sich schwer getan hat in diesem langsamen Betrieb mit jeden Tag nur einer kleinen Voruntersuchung. Er hat der Bank oder Kollegen gegenüber gesagt, er sei jetzt drei Wochen weg und käm dann wieder. Und das war wohl auch die Version, die er für sich selber hatte.

Das einzige, was er mal grundsätzlich meiner Mutter gesagt hatte: Wenn mir was passiert, dann geht zu einem Beratungsunternehmen, das an die Banken angeschlossen war. Wir haben das auch gemacht und hatten ein paar Wochen einen Geschäftsführer auf Zeit. Das hat sich als ziemlich teuer rausgestellt, aber das war ein Hinweis, dem wir gefolgt sind, und ansonsten müßten wir da selber irgendwie rumstochern.

Was mir sehr weh getan hat: Ich hab viele Dinge, die mein Vater vor seinem Tod erlebt hat, erst so richtig in ihrer Tragweite erkannt, als ich auf seinem Stuhl saß, als ich seine Perspektive hatte. Wir wußten zwar, das ist alles irgendwie schwierig, aber was das konkret heißt, hat keiner von uns gewußt, auch meine Mutter nicht, der er auch viele Jahre gar nichts gesagt hat. Weil das für ihn eine Frage war: Das ist jetzt schlimm und ich belaste damit niemanden, aber es wird wieder.

Ich aber denke, wir haben teilweise durch die Verhandlungen mit der Bank nach seinem Tod die Erleichterungen geschaffen und teilweise durch eine Umfunktionierung eines Teils vom Betriebsgelände, auf dem wir einen Supermarkt gebaut haben. Und diese Genehmigung nur mit einer gewissen Zähigkeit bekommen und fast auch Argumentation der Stadt gegenüber, die das genehmigen mußte: Entweder dieser Supermarkt, oder der Betrieb kann sich nicht über Wasser halten. Ich weiß nicht, ob mein Vater die Kraft gehabt hätte, noch solche Dinge durchzuführen und durchzustehen, und deswegen war für ihn die Situation fast aussichtslos. Und ich denke, diese Krankheiten, die er hatte – das ist ein Nichtmehrkönnen oder eine Qual, die sich auch physisch ausdrückt.

1986 hatten wir einen Umsatz von 12 Millionen und ungefähr genauso viele Schulden. Gegen Ende hatten wir einen Umsatz von 18 Millionen und die Schulden schlicht halbiert. Es gab sehr sanfte Rationalisierungen: Einige Stellen von älteren Mitarbeitern wurden nicht ersetzt. Durch sozusagen diesen natürlichen Schwund waren wir am Anfang knapp 60 Leute und am Ende etwas über 50. Wir haben am Anfang knapp 180 Festmeter am Tag geschnitten und waren gut bei 300 Festmetern gegen Ende. Bis 240, teilweise 250 Festmeter ging es ohne teure Investitionen. Und um eine größere Leistung noch erzielen zu können, haben wir eine Stapel- und Sortieranlage gebaut.

Wir wußten, daß alle in unserer Industrie unter einer Überkapazität leiden und wir betriebswirtschaftlich etwas machen, was volkswirtschaftlich schwachsinnig ist. Ich habe das sehr klar gesehen: Wir sind jetzt fleißig daran beteiligt, die Situation für die Branche noch schwieriger zu machen. Aber jeder hofft halt, er gehört zu denen, die es überleben.

Es gab schon immer eine sehr starke Konkurrenz aus Skandinavien, Schweden in erster Linie. Dort spielt die Holzindustrie eine sehr große Rolle, also ist etwa vergleichbar bei uns mit Auto- oder Anlagenindustrie. Die Schweden exportieren in alle Welt, und je nachdem, wenn sie nicht genügend nach sonstwohin exportieren können, dann drücken sie bei uns auf den Markt. Zusätzlich kommt noch ein Teil des Ostmarkts, vor allem Tschechien. Und es gibt in allen möglichen Branchen einfach Strukturentwicklungen, es sind immer wieder Phasen, in denen bestimmte Betriebsgrößen oder -strukturen absterben und andere sich als zumindest für die nächsten 20 Jahre überlebensfähig herausstellen. Da kann man als einzelner Betrieb sich auf den Kopf stellen und Männchen machen, das ist einfach so.

Wir waren von den großen Betrieben ein kleiner. Wir haben zu den Massesägewerken gehört, aber hatten noch die Möglichkeit, relativ individuell halbe LKW-Ladungen in bestimmten Dimensionen zu schneiden, und hatten dadurch einen Kundenstamm, der bis heute teilweise nicht so recht weiß, wo er seine Ware denn jetzt in der Form herkriegen soll. Aber diese Struktur unserer Kunden wird unter Umständen in ein paar Jahren auch nicht mehr so sein.

Es sind an dieses Sägewerk noch eine Abteilung Zaunwerk angeschlossen gewesen, die alle möglichen Holz-im-Garten-Produkte vom Gartenzaun über Bänke und Pergolen und solche Dinge hergestellt hat. Ein kleiner Handel, ein sogenannter Holzfachmarkt, und eine Holzbauabteilung und Zimmerei – Zirkus Roncalli, wenn man da in der Loge sitzt, das ist von Firma Ziegler, Zirkus Krone hat fast seine komplette Einrichtung von uns.

Eine Abteilung, die ich ziemlich umgekrempelt habe, war das Zaunwerk, das in den 20er Jahren von meinem Großvater entwickelt wurde. Mein Vater hat sich darum nicht sehr viel gekümmert. Man kann im nachhinein an so einer Unternehmensgeschichte auch ganz gut die Hobbys der unterschiedlichen Leute erkennen. Ziegler war damals einer der ganz wenigen und ersten Zaunhersteller in Deutschland. Die Abteilung hatte noch die Struktur, daß man Masse herstellt und man geredet hat von diesen kilometerlangen Scherenzäunen. Nur ist die Welt außenrum in der Zwischenzeit komplett anders geworden. Vieles ist aus dem Osten sehr viel billiger importiert worden. Man hat sowieso nicht mehr diese Massen gemacht. Und ich hab dann die Abteilung insofern umgekrempelt, daß ich gesagt hab: Dieser Zug ist eh abgefahren, wir spezialisieren uns auf Sonderanfertigungen. Ein gewisses Sortiment an Grundbausteinen zu entwickeln, aber die individuelle Anfertigung in den Vordergrund zu stellen. Das hat immerhin so weit funktioniert, daß die Abteilung keine Verluste mehr gemacht hat.

Es war klar, daß wir nicht auf Dauer als Sägewerk überleben können werden. Eigentlich war mein Ziel, wieder so weit auf einen grünen Zweig zu kommen, daß wir uns einen Eigenkapitalstock erarbeiten können, um in einer Richtung den Betrieb weiterzuentwickeln, der die Bretter im Betrieb selbst weiterverarbeitet. Das heißt, Trockenkammern zu bauen und Leimwerke. Das sind Investitionen, die nicht so riesig sind, wie ein neues Sägewerk zu bauen.

Wir hätten noch zwei, drei Jahre gebraucht, so wie die Jahre Anfang, Mitte der 90er. Und das Problem war einfach, daß die Rahmenbedingungen für die Sägeindustrie so katastrophal wurden. Als ich angefangen hab in Heidenheim, hatten wir einen Materialeinsatz von 56 Prozent im Verhältnis zu 100 Prozent Umsatz, und wir waren in den letzten Jahren bei fast

80 Prozent Materialeinsatz. Das heißt, unser Rohertrag hat sich halbiert: Von dem muß man die Leute bezahlen, die Maschinen instand halten, Investitionen finanzieren und Zinsen bezahlen. Das ist eine Kalkulation, die darin endet, daß man sich am Anfang des Jahres bereits überlegen kann, wie hoch der Verlust im laufenden Jahr wird. Wir haben einige Jahre gehofft, daß sich diese Rahmenbedingungen irgendwie ändern. Irgendwann kommt der Punkt, wo man an diese Hoffnungen nicht mehr glaubt und wo auch das Polster, das man sich ein bißchen erarbeitet hat, gefährlich dünn wird.

Ich war 98 in der Situation, daß eine andere Firma ein Teil von unserem Grundstück nutzen wollte. Ich hatte auch das Gefühl, so viele Angebote wirds nicht geben, das ist eine ganz gute Chance. Ich muß zumindest diesen Anstoß wahrnehmen und nachrechnen. Wenn man dann mal anfängt, die Dinge ehrlich anzugucken, und ich ganz klar gesehen hab, wenn ich jetzt die Augen noch zwei Jahre zumach, bin ich wieder da, wo ich schon mal war, und dann kann ich nur noch Konkurs anmelden. Und wenn ich sehr schnell handle, kann es sein, daß wir noch Null zu Null alles rechnen können. Daß man diesen Akt noch selber macht und handelt und sich nicht mit dem Rücken an die Wand stellt und sagt: Ich kann nicht mehr.

Wobei auch die Frage war: Wenn es keinen Nachfolger innerhalb der Familie gibt, wozu ein Risiko eingehen, wo recht wahrscheinlich doch nichts bei rauskommt? Ich hab selber keine Kinder, weil ich keine Kinder bekommen kann. Ich habe zwei Nichten, aber da ist auch nicht unbedingt der Familienbezug so, daß die ganz heftig Aua geschrien hätten, wenn da plötzlich ein Revier wegfällt.

Ich hatte mir vorher, als ich mal grundsätzlich wissen wollte: Können wir uns das überhaupt leisten, den Betrieb zuzumachen, wenn wir sehen, daß es nicht mehr geht, sehr mühsam jemanden gesucht, der mich eventuell beraten könnte. War bei superschicken Anwaltsbüros, die gesagt haben: Was haben Sie denn, Sie leben doch noch. Wo ich dachte: Wenn ich mich von so jemandem beraten lassen müßte, in so einer Situation, ich müßte mich erstmal gegen meinen eigenen Anwalt abgrenzen.

Ich bin jemand, der ziemlich gute Nerven hat und eigentlich

viel aushält. Aber als ich diesen Menschen, den ich damals doch noch hatte finden können, dann anrufen wollte... Ich hatte ein, zwei Jahre keinen Kontakt zu ihm, wußte gar nicht, ob er da noch zu erreichen ist. Ich bin fast drei Wochen um mein Telefon geschlichen und hab gezittert, weil ich wußte, das ist der Startschuß vom Ende.

Ich bin so was von froh, daß ichs so gemacht habe. Die Verhandlungen waren teilweise noch sehr hart und unglücklich. Man machts für sich, und das muß einem sehr klar sein. Ich muß damit leben den Rest meines Lebens und niemand anders. Man darf nicht meinen, daß diesen großen Aufwand und dieses Risiko, das man eingeht – daß da irgendwie besonders viele kommen und sagen: Danke. Weil im Normalfall meint jeder, die sind stinkreich und machen jetzt den Reibach.

Man hat kein Geheimnis draus gemacht, wie schwierig das ist und daß wir Geld verlieren, aber wie das oft ist: Was nicht sein darf, ist nicht. Es war ein totaler Schlag für alle. Ich hab mit allem möglichen gerechnet bei der Betriebsversammlung, auch daß es aggressiv wird oder daß Leute auf die Barrikaden gehen, aber was eigentlich viel schlimmer war, daß es einfach nur ein gelähmtes Schweigen war. Wenn ein großes Remmidemmi losgegangen wäre, hätte ich mich wenigstens wehren können.

Direkt im Anschluß daran habe ich die Presse eingeladen und denen die Dinge dargestellt und erklärt. Dem Oberbürgermeister das noch mitgeteilt, bevor es in der Zeitung steht. Das war im November, und bis zum Jahresende haben wir den Interessenausgleich und den Sozialplan verhandelt. Da es aber Kündigungsfristen gibt, die man auch bei Betriebsschließungen einhalten muß, hat das Sägewerk bis zum 31. März gearbeitet, so halbwegs normal, wies eben geht, wenn die Leute sich teilweise schon neue Stellen suchen und auch die Motivation natürlich nicht mehr da ist. Im Holzmarkt haben wir bis zum 31. Juni gearbeitet, und die Zimmerei wurde erst am 31. Dezember 99 zugemacht.

Ich hab viel Geld in Neuinvestitionen Mitte der 90er gesteckt, wirklich Millionen, die jetzt weg sind. Und theoretisch könnte man sagen: Ja hätt man damals zugemacht, wäre mehr übriggeblieben oder wär auf jeden Fall klargewesen, daß noch was übrigbleibt. Das ist für mich eine vollkommen sinnlose Betrachtungsweise, weil ich damals nicht hätte zumachen können. Ich hätte mir den Rest meines Lebens immer wieder überlegen müssen: Hättste nicht das und das noch probieren können, und das hätte mich nicht losgelassen. Dadurch, daß wir noch so viel Zeit mit wirklich das Beste geben und versuchen verbracht haben, war ich sicher, wir haben jetzt auch alles probiert. Mit tollen Mitarbeitern, die sehr engagiert waren, sich sehr identifiziert haben. Ich bin unendlich froh, daß wirs genauso gemacht haben, auch daß wir es nicht früher gemacht haben und nicht länger gewartet haben.

Daß ich mir am Anfang irgendwas zwischen sieben und zehn Jahren für diese Arbeit mal überlegt hatte und gedacht hab: Da geb ich mir in meinem Leben für frei, das ist mir erst dann wieder eingefallen. Daß es gepaßt hat zu meinen ursprünglichen Überlegungen.

Ironie des Schicksals: Das Unternehmen, das bei uns einziehen wollte, hat uns, zwei oder drei Tage bevor ich meinen Mitarbeitern den Entschluß mitgeteilt hab, abgesagt. Also war klar, das geht ins Blaue rein und wir werden nach anderen Verwertungsmöglichkeiten für das Grundstück gucken müssen. Ich bin jetzt noch damit beschäftigt und werd sicher noch eine ganze Weile damit beschäftigt sein, aber es wird auch passen. Ich bin in eine Vorleistung gegangen mit dieser Entscheidung, um erst mal den Sozialplan zu finanzieren. Mit der Kalkulation im Kopf, daß die Verwertung der Grundstücke die restlichen Schulden decken wird. Mit den Maschinen, so war meine Überlegung und so ists auch gekommen, erlöst man gerade noch soviel, daß man den Abbruch und das Räumen des Grundstücks finanzieren kann.

Es gibt unterschiedliche Gesichtspunkte, nach denen Unternehmen bewertet werden: das eine ist nach Stillegung, und das andere ist nach Going Concern, also was ist das Unternehmen wert, wenn es arbeitet. Wir sind in der Situation der Überschuldung, die einen zwingen würde, rein gesetzlich, Konkurs anzumelden, nur nicht gestanden, weil wir den Betrieb im Going Concern bewertet haben. Das ist nichts Ungewöhnliches für den Mittelstand, aber das ist eine Denkweise, wo man merkt, was die bedeutet, wenn der Betrieb dann stillsteht: Wir haben im Herbst 98 angefangen, die Maschinen anzubieten, und ich hab sie im Mai 2000 erst verkaufen können. Ich war mir am Schluß nicht sicher, ob ich nicht noch was draufzahlen muß, damits weggeräumt wird.

Ich hab jetzt nicht irgendwie Existenznöte. Jemand, der mal Philosophie studiert hat, hat ein gewisses Talent zu meinen, irgendwie überlebt man schon, weil sonst macht man solche Sachen nicht. Ich hab keine Scheu, was auch immer zu arbeiten, um mich finanzieren zu können. Was mir eher schwergefallen ist, daß ich mir meine Heimat und meinen Boden unter den Füßen weggezogen hab. Ich bin im letzten März, als der letzte Stamm über das Sägewerk gegangen ist, bestimmt drei Wochen lang jeden Abend da rausgegangen, hab jeden Abend geheult wie ein Schloßhund, hab mir diese toten Maschinen angeguckt, was etwas ganz Grauenhaftes ist. Man sieht plötzlich so viel Rost. Hab auch den Boden auf dem Gelände teilweise zum ersten Mal gesehen und dachte: Aha, das ist also der Boden, den dein Urgroßvater mal gekauft hat, und ich werde unter Umständen in einem Jahr kein Recht mehr haben, dadrauf zu stehen überhaupt.

Ich habe sehr gern in dieser Branche gearbeitet, auch sehr gern in dieser Männerwelt gearbeitet. Ich war in der Tarifkommission im Sägerverband und dann gabs einen Holzschützerverband, wo die ganzen Imprägnierer drin sind, da war ich im Präsidium. Gut, teilweise ist man die Alibifrau. Mancher kommt einem ein bißchen jovial oder als der männliche Beschützer entgegen, der im Hintergrund überlegt: Es ist auch mal ganz nett, aber dann nicht so ganz ernst genommen. Was für mich eher ein Vorteil war, weil mancher dachte, er kanns mit einem Michele treiben, und überrascht war, wenn es doch nicht so war.

Der einzige Nachteil ist, ich konnte nie etwas völlig unbeobachtet tun. Wenn ich irgendwas getan habe, ist es eher wahrgenommen worden. Wenn man als Frau sauer wird, muß man sich sehr überlegen, wie man sauer wird oder muß es irgendwie so hinkriegen, daß man nicht ein hysterisches Weib wird, weil Männer dürfen schreien, das merkt man sehr schnell, daß es nicht funktioniert, wenn man das als Frau macht. Da gibt es einen Unterschied, aber man muß den nicht als Problem sehen.

Ich hatte eher ganz am Anfang mal Probleme mit den Damen bei mir im eigenen Betrieb. Was mir ziemlich viel Kopfzerbrechen bereitet hat, woran das liegt, bis ich mit ein paar anderen ab und zu mal drüber reden konnte und gemerkt hab, daß es wohl unter Frauen manchmal ein Problem ist: Frauen in unterschiedlichen Hierarchiestufen. Als ich das kapiert hab und dachte, gut, da kann ich nichts dagegen tun, wurds auch besser.

Meine ältere Schwester stand immer auf dem Standpunkt: Ich hab Vertrauen, daß dus so gut machst, wie du kannst. Ich kanns nicht und ich hab weder die Zeit noch die Lust. Und sie klaglos meine Entscheidungen mitgetragen hat. Meiner Mutter habe ich die Schließung nur mitteilen können. Für sie war sehr schwierig: wie ist das jetzt gesellschaftlich. Ich hab auch eine Weile gebraucht, bis ich ein grades Verhältnis dazu haben konnte. Für mich war es sehr wichtig, ganz offensiv auch nach draußen zu gehen.

Ich hatte meiner Mutter angeboten, ihr da zu helfen und mit ihr unter die Leute zu gehen. Das war damals für sie noch gar nicht so schwierig wie heute, wo das Gelände brachliegt und teilweise noch nicht abgebaute Maschinen dastehen. Und ich aus ihrer Perspektive der personifizierte Zugrunderichter von diesem Unternehmen bin.

Das Jammern: Warum sind die Verhältnisse nicht anders, als sie sind? ist eine Art, die bei mir glücklicherweise nicht sehr ausgeprägt ist. Das hat dazu beigetragen, diese Entscheidung zu treffen, weil ich es so öde fand und frustrierend, dieses ganze Gejammere in der Branche. Wenn man mal zwei, drei Jahre gejammert hat, wirds schlicht langweilig.

Ich kenne Arbeiten und Unternehmersein nur begleitet von einem wahnsinnigen Druck. Und dieses Gefühl, der Druck ist weg, war was total Irres. Und ich dann dachte: Gut, was will ich machen, was hab ich gelernt, was kann ich draus machen?

Oft sind es einfach Zufälle, die sich ergeben. Als der Betrieb noch ganz normal lief, bin ich durch einen früheren Freund eingeladen worden, an der Hochschule einen Vortrag über

Familienunternehmen zu halten. Das hat mir riesig Spaß gemacht. Ich hatte zum ersten Mal seit langem das Gefühl: Mensch, ich bin erfahren, ich weiß ne Menge. Was man in seinem Berufsalltag normalerweise nicht hat, weil man eher sieht, was noch fehlt. Und als er mich gefragt hat – da hatte die Betriebsschließung grad begonnen –, ob ich Lust hätte, einen Lehrauftrag zu übernehmen, hab ich ja gesagt. Ich mach das jetzt seit anderthalb Jahren an der Fachhochschule in Heilbronn und halte Vorlesungen über Organisation. So zu unterrichten und an der Hochschule zu arbeiten, ist eine Möglichkeit, die ich mir nicht verschließen möchte. Es ist aber klar, ohne Promotion ist da kein Blumentopf zu gewinnen.

Eine zweite Überlegung war, daß ich dieses Gemischel, das es in Familienunternehmen immer auseinanderzudividieren gibt, nämlich zwischen betriebswirtschaftlichen Dingen und familiären Strukturen, sehr spannend finde. Das hat mich bewogen, mir eine Perspektive zu überlegen im beratenden Bereich. Was mich ein bißchen Überwindung gekostet hat, weil ich immer dachte: Das ist einer der schrecklichsten Berufe, die es gibt, die Leute, die irgendwie schlauer sind, alles besser wissen, viel Geld kosten und dann wieder gehen. Ich hab wiederum durch einen Zufall von einem Institut erfahren, die genau mit diesen Familiendynamiken zu tun haben, und hab letztes Jahr dort angefangen, eine Fortbildung zu machen. Und ich hab da ziemlich ins Schwarze getroffen, weil das was ist, was mir liegt. Mir sicher auch nochmal selber geholfen hat. Das ist ein Ableger vom familientherapeutischen Institut in Heidelberg, ein systemischer Ansatz. Das ist eine Ecke an Denkfiguren, die für mich neu waren und eine Riesenentdeckung.

Ich weiß, daß es nicht einfach ist, ausgerechnet im Mittelstand solche beratenden Geschichten zu machen, und daß man einfach gut sein muß, um davon leben zu können. Ich fühl mich noch zu grün und zu befangen im Moment und brauch einfach ein bißchen Zeit, die ich nutze für meine Promotion. Ich hab soweit mir was sparen können, daß ich jetzt mal zwei, maximal drei Jahre leben kann, ohne Geld verdienen zu müssen.

Ich wollte in eine Stadt, wo ich einfacher in Bibliotheken

komme und ein selbstverständlicheres Umfeld hab für meine Promotion. Das heißt, in eine größere Stadt. Ich hab zehn Jahre in Mannheim-Heidelberg gewohnt, hatte aber Probleme damit zurückzugehen. An Vergangenheit anzuknüpfen ist immer was Komisches. Ich wußte, es muß ein bestimmter Radius sein, ich war bis vor kurzem noch zwei, drei Tage die Woche in Heidenheim, bin jetzt einen Tag in der Woche dort. Wollte auch die Arbeit an der Hochschule in Heilbronn nicht aufgeben. Es war ein Zufall, daß ich durch eine Bekannte, deren Mutter das Haus hier gehört, von dieser Wohnung erfahren habe.

Armin von Milch
*1970

April 2000. Eine riesenäugige Eule wacht an seiner Matratze, wenn Armin von Milch mal schläft. Auf der gegenüberliegenden Seite des Zimmers findet ein kompaktes Musikstudio Platz. Platten, Kleider und Akten passen in je einen Karton. Kein neues Gerät, das nicht mindestens ein altes ersetzt. Für jede neue Platte wirft Armin eine alte weg, und trotz Kohleofens hält er seine Wohnung staubfrei. Die Wände sind spiegelglatt geschliffen. In den Jahren des Wartens auf die Freigabe seiner Platte Socialpark blieb ihm viel Zeit, Wand für Wand.

1993 hat die Gruppe Milch – ich und das damalige Bandmitglied Ralf – bei einer kleinen Hamburger Plattenfirma namens L'age d'or einen Vertrag unterschrieben. Der Vertrag war bereits Teil einer Zusammenarbeit zwischen diesem und dem größeren Label Motor Music, das jährlich soundsoviel Gelder zur Verfügung gestellt hat, um dann im Erfolgsfalle das Vorrecht zu haben, eine Band aus dem Fundus von L'age d'or zu signen, sprich: eine Option auszuüben.

Das ist mir erst im nachhinein klargeworden: L'age d'or war eigentlich aus dem Gedanken heraus entstanden, eine Alternative zum Mainstream-Musikmarkt zu signen und herauszubringen, nur das ist irgendwann an materielle Grenzen gestoßen und wurde durch einen Kooperationsdeal mit der Musikindustrie abgefedert. Seitdem haben sie schon fast verbeamtet die Träume der naiven oder jungen Musiker verwaltet. Unter der Prämisse, ihre Lieblinge eventuell abgeben zu müssen, wenn der große Bruder Interesse zeigen würde an dem einen oder anderen Projekt, wurde dieses Label zu einem Vorzimmer der Musikindustrie. Es war erstmal eine Abschreibung oder Investition in die Zukunft seitens der Industrie, einen Fuß in die Tür der Szene zu setzen, und die Szene macht ja oft die Musik, die der Mainstream Jahre später konsumiert.

L'age d'or verfügte zwar über eine gute Credibility bei der Presse, verkaufte allerdings nie besonders Platten. Auf den ersten Blick bestehen faire Bedingungen für die Musiker, aber mit ihnen wird solange nichts passieren, bis Motor sagt: Wollen wir haben, und alles andere geht verschutt. Wir waren eine von 12 Bands, das war ungefähr wie bei der Bundeswehr, die hatten ein Grundbudget und mußten jährlich soundsoviele Platten machen.

Nachdem der Kooperationsdeal sich aufgelöst und L'age d'or sich in mehrere Unterlabel zersplittert hatte, gab es eine Band, Tocotronic, die das erste Mal von sich aus einfach gut Platten verkaufte. Der Rest bewegte sich zwischen 100 und 1000 Stück.

Wir hatten ein gutes Standing in den Medien und waren ein halbes Jahr auf Tour, und die Leute sind regelmäßig auf den Konzerten zu uns gekommen und haben gefragt, warum die Platte nicht in den Läden steht. L'age d'or hat jemals so viele Milch-Platten verkauft wie meine neue Plattenfirma in zwei Wochen. Und das ist eigentlich keine Plattenfirma, das sind Anfänger, die haben im nachhinein gerade noch einen Labelcode hingekriegt, in der Presse war nicht mal der Vertrieb angegeben, weil das nicht rechtzeitig geklappt hat. Ich glaubte schon damals, daß Motor zwecks Katalogpflege die Hand drüber gehalten hat, weil es ein Produkt bei der großen Firma gab, was verkaufstechnisch in eine ähnliche Kerbe schlug.

Als wir mit der Promogeschichte fertig waren, wurden neue Demos erstellt, und ich war ganz froh, daß ich das erste Mal Geld – wie eine Auftragsarbeit – für Demos gekriegt habe. Motor hat Monate später, knapp vor Auslaufen des Label-Kooperationsdeals, Milch als Option gezogen, und wir haben einen hochdotierten Vertrag abgeschlossen. Wie sich herausstellen sollte, war es hart verdientes Geld.

Zeitgleich wechselte eine Mitarbeiterin von L'age d'or, Charlotte Goltermann, als A&R-Managerin zu Motor. Und das war auch unsere Überlegung, wenn man zur Industrie geht, daß man da noch jemanden kennt quasi als Puffer, um mit den Leuten in so einem großen, unübersichtlichen Label zurechtzukommen.

Uns bei Motor weiterzuhelfen, uns mit Vorschüssen auszustaffieren war für Charlotte ein Dankeschön. Sie sagte mal: Durch uns wär sie ja zur Musik gekommen. Wir hatten ihr Independent buchstabiert in München, und sie hat dann auch bei Sub up, unserem ersten Label, gearbeitet.

Charlotte ist eine Schattenkünstlerin. Sie war ursprünglich in der Fotoschule mit meinem Partner Ralf. Mit der Fotografie wurde das eben nichts. Sie hat sich dann darauf spezialisiert, in der Musikbranche zu arbeiten, wo man zwar auch mit Künstlern zu tun hat, aber das organisatorische Drumherum macht, ihr großes Talent. Leute für sich zu gewinnen, darin war sie stark. Da ging es nicht um Inhaltliches, sondern um die Türklinke. Ihr Schattenkünstler-Dasein hat sie kompensiert, indem sie wie eine Herrentorte aus den 50ern ihre Cover von Ladomat, dem Dance-Unterlabel von Lado, mit einer Praktikantin von Springer & Jacoby stylte. Dieses Outfit: Ich will dein Geschenk sein. Plattencover, die aussehen wie Bonbonverpackungen, Farbkombination egal. Wenn man das sieht, hat man wieder das Bild vom häßlichen Deutschen im Kopf. So schlecht, daß es auch schon nicht wieder gut ist, sondern einfach nur sehr, sehr traurig. Charlotte hatte ein Problem.

Bei Meinungsverschiedenheiten gab es nur noch einen Satz: Armin, bitte laß uns nicht streiten. Und wenn es Probleme gab, ging sie denen insofern aus dem Weg, daß sie mich als ultimatives, egomanisches Monster darstellte. Der Egomane, der seine eigene Sicht vertritt – was eigentlich jeden guten Künstler ausmachen sollte –, sich aber auf eine Diskussion einläßt, wurde als würdiger Diskussionspartner nicht wahrgenommen oder der Industrie nicht dargestellt, weil eine Schattenkünstlerin das nicht verkneifen konnte. Die Künstler waren ihr Eigentum. Sie ist zu meinen Liebschaften auf Partys hingegangen und hat die gewarnt vor mir.

Charlotte hatte die Funktion als Schnittstelle Plattenlabel – Künstler. Künstler hat Vorstellungen, Plattenlabel schüttelt den Kopf und der A&R-Manager vermittelt das. Sagt dem Künstler: Schau mal, so gehts nicht, das sind die und die Strukturen, das stellst du dir zu naiv vor. Und biegt das alles eben gerade. Aber sie kriegte das mit mir nicht auf die Reihe und hat aus Respekt oder Komplex Ralf als Flaschenpost benutzt. Er war quasi der Psychiater, der den Kontakt hergestellt hat, er war für Charlotte der Key zum schwer zugänglichen Künstler und hat mich dadurch isoliert. Und ich war ein dankbares Opfer, weil ich ein Eigenbrötler-Typ war und nicht mit jedem einfach nur Small Talk halte. Charlotte war leider sehr einflußreich, ihr Job war es ja, den ganzen Tag am Telefon zu sitzen. Das begründete meinen schlechten Ruf im Musikgeschäft, vor allem in Hamburg.

Da Ralf und ich uns privat auseinandergelebt hatten, hat diese Vermittlerfunktion zwischen Charlotte und mir irgendwann nicht mehr funktioniert. Bei der vorhergehenden Platte gibt es nur einen Grund, warum Ralf in den Credits an erster Stelle steht: Musik: Ralf Maria Zimmermann + Armin von Milch. Weil Ralf damals aussteigen wollte und mit der Situation, irgendeinem Traum hinterherzujagen, nicht mehr zurechtkam. Er war auch nicht so involviert wie ich. Er war Schlagzeuger, ich Gitarrist und Sänger. Unsere Bandstrukturen hatten sich aufgelöst, weil wir beschlossen hatten: kein Naturschlagzeug mehr. Es blieb tatsächlich nur noch dieses Werkzeug: Hardwaresequenzer/Musikcomputer übrig. Wir haben sehr spät festgestellt, was Ralf eben wirklich an der neuen Platte beigesteuert hatte, das waren zwischen fünf und acht Prozent der Urheberrechte. Da wir vom Indie kamen und noch relativ naiv mit den Summen umgegangen waren, hatten wir die Vorauszahlungen unter dem Strich vierzig und sechzig zu meinen Gunsten aufgeteilt.

Ralf wohnte schon ein Jahr in Berlin, ich bin schließlich auch nach Berlin gezogen. Da hatte Ralf sich verändert. Er hatte angefangen, seinen Körper makrobiotisch zu entgiften, abgesehen von einem Haufen Hasch und einigen Litern Bier, mit denen er sich während jeder Session zudröhnte und seine Stunden absaß. Er meinte mal, es wär eine schöne Zeit gewesen in St. Pauli, aber die wär ja jetzt vorbei.

Ralf wohnte auf einmal in einem Neubaukomplex, der von demselben Architekten erstellt war, der nebenan ein Altenheim aufgebaut hat. Er hatte also irgendwo seinen Hafen gefunden. Es gab mal auf St. Pauli ein Streitgespräch, wir haben uns da besoffen nachts auf der Straße gestritten, und er fragte mich nach dem Sinn des Lebens und dann meinte ich: Weiß nicht. Und dann meinte er: Fortpflanzung. Ich sage: Ralf, du hast nicht mal ne Freundin, wie willstn das hinkriegen? Okay, dreiviertel Jahre später hatte er eine Freundin, und die hat ihn aus dem ganzen Sumpf gerettet.

Es hatte sich auch inhaltlich-musikalisch auseinanderdividiert. Er wollte in die amerikanische House-Richtung und ich europäische Trash-Pop-Kultur, Musik mit Schmiß, nicht so ein angepepptes Reisebüro-Party-Ambiente.

Nach vier Monaten in Berlin wußte ich: Armin, du bist allein. Du hast einen riesen Industriedeal am Start, die Leute wollen endlich Musik. Innerhalb von einem halben Jahr stand dann im Herbst 1996 das Album Socialpark. In dieser Phase steuerte Katrin Katarakt einige Gesangs- und Synthie-Tracks bei und wurde später, nach Ralfs Ausstieg, neues Bandmitglied.

Die Platte war fertig, Motor wußte aber nicht, was sie damit anfangen sollten. Charlotte hatte Assoziationen mit den Doofen, Wigald Boning von irgendsoeiner RTL-Show hatte da mal einen Hit. Da meinte ich: Äh, nicht ganz getroffen, ist schon auch so ein bißchen witzig gedacht, aber doch eher ironisch. Das hatten die einfach nicht verstanden, denn wir hatten es ja mit Motor zu tun. Da gibt es keinen Zwischenbereich.

Socialpark ist ja auch teilweise sehr platt – als Korrespondenz, damit die Leute es überhaupt nachvollziehen können, müssen einfach Wetten-daß-Toms her: definitiv 80er Jahre mitten in den 90ern, Techno ist tot und alles ein bißchen crazy. Vielleicht hätte das den Durchschnittskäufer überfordert. An einen Hit habe ich nicht geglaubt, aber das wird ja jeder Musiker sagen, der sogar gerade über sein Hitalbum spricht: Wir machen nur die Musik, die wir machen wollen, bla, bla ...

Da Motor keine Idee, keine Vermarktungskonzepte hatten und da sie mir schon gar nicht zugetraut haben, das selbst zu produzieren, gab es die Idee, so was mit einem Helden zu machen. Produzentengott Giorgio Moroder schien uns unerreichbar, also haben wir uns seinen langjährigen Weggefährten Harold Faltermeyer ausgesucht, auch bekannt als Axel F.

Charlotte hat dann ihre ganzen Stärken ausgespielt und tatsächlich diesen Faltermeyer überredet.

Da gehen für Milch die Motor Years los, denn die Platte hätte ich so auch selber machen können. Faltermeyer hatte erst ein Dreivierteljahr später Zeit, okay, gewartet, gewartet. Es kamen immer wieder neue Ideen dazu, deshalb klingt die Socialpark so barock, zugeschissen mit allen möglichen Ideen, Szenen, Samples. Das kam davon, daß ein Produkt eigentlich schon fertig war, das auch damals 1996 schon in Form von Kassetten, sicher hundert Stück, in Deutschland die Runde machte. Und zwar unter anderem, um schon mal bei Viva anzufragen, ob ein gewisses Stück auch als Single ankommen würde. Damit fing es an: Bands erstmal zu katalogisieren in Form von Unterlabels, zehn ähnliche Bands am Start haben, auswürfeln, eine davon auf den Markt werfen und die restlichen neun Bands, von denen hört man nie wieder was. Die werden teilweise abgefunden, sogar mit stattlichen Beträgen, auch wenn das Produkt schon im Preßwerk war, das wird einfach gedropt.

Es gab auf Socialpark Ideen, die mit Westbam, Cher, Vengaboys, deutschsprachiger Popmusik und 80er-Revival in den Folgejahren realisiert wurden. Alles das hatte ich mit Socialpark als fertige Idee 1996. Sie haben sich die Zauberhand gewünscht, Faltermeyer, der den Hitkick reinbringt, aber das war von der Herangehensweise unrealistisch: Harold und ich hatten nur fünf Wochen. In der Industrie passiert alles sehr triebhaft und die Logik spielt oft nicht mit. In der Singlediskussion wäre ein neuer radiotauglicher Mix entstanden, an dem wir das restliche Material soundtechnisch neu orientiert hätten. Dazu kam es nicht mehr.

Ralf war mit Produktionsbeginn aus der Band ausgestiegen. Aber nach Fertigstellung der Platte präsentierte Charlotte ihre Vision von den deutschen Pet Shop Boys und brachte damit ihren Ralf wieder ins Spiel. Es gab eine Krisensitzung mit dem Chef von Motor Music, Tim Renner, und ich warnte: Das Duo wird zur künstlichen Staffage. Tim, das ist nicht gut für das Produkt, wir können das nicht so machen, wie sich das Charlotte vorstellt.

Armin von Milch bricht die Platin-Schallplatte für Axel F. übers Knie. Harold Faltermeyers Keyboarder Goerny hält die Milch. Foto: Armin von Milch

Ich habe ihnen vorgeschlagen, eine virtuelle Band zu machen, mit Dummies. Bei einer virtuellen Band würde auch nicht auffallen, wenn Ralf langfristig rausfiele. Ich habe ihnen angeboten: ohne Ralf und mit dem neuen Bandmitglied Katrin Katarakt, damit sie wieder ihr Duo hatten und Abstand halten konnten zu einem ähnlichen Solo-Produkt in der Firma. Motor hatte nur eine Antwort: Armin und Ralf, die deutschen Pet Shop Boys. Friß oder stirb. Von Katrin stand ja nichts im Vertrag, aber mit einem von der Plattenfirma getragenen Mitglied wie Ralf hätte ich in der Band einen Spitzel gehabt.

Es gab Psychoterror. Nach jedem Produktionsblock, von dem ich nach Hause kam, lag im Briefkasten das Schreiben der Deutschen Inkassofirma Hamburg mit Sitz an der Alster gegenüber von Polygram, sprich Motor, die wollte einmal 47 000 Mark, beim nächsten Mal das Doppelte von mir wiederhaben: Überweisen Sie innerhalb von 14 Tagen... Das muß man sich so vorstellen, wie man es kennt, wenn man mal eine Telefon-rechnung nicht bezahlt hat, nur standen bei mir 47 000 Mark drauf. Das war fast genau meine erste Vorschußrate. Die Schreiben gabs jedes Wochenende und die hörten mit den Pro-duktionsblöcken bei Faltermeyer auf. Angeblich gab es, wie sich im nachhinein herausstellte, einen Namensvetter in St. Pauli, der bei der Bavaria-Brauerei 150 000 Mark Schulden ge-macht hatte, und ich wurde auf Verdacht angeschrieben.

Außerdem tauchte in der Produktionsphase eine Band na-mens Milch auf Ex auf. Meine Anwälte erwirkten eine einst-weilige Verfügung wegen Verwechslungsgefahr. Daraufhin mußte die Firma Mercury einige tausend Singles einstampfen. Später erfuhr ich: Die Firma Mercury ist Bestandteil der Poly-gram-Gruppe, ich war also gegen meinen eigenen Vertrieb vorgegangen. In den folgenden Wochen landeten Drohbriefe, unter anderem eine Morddrohung, in meinem Briefkasten.

Ich hatte ungenießbaren Camembert im Briefkasten. Ein Ti-tel auf Socialpark, Es gibt kein geregeltes Leben, ist in memo-riam Tobias Gruben, der hatte sich gerade den Goldenen Schuß gegeben. Dann gab es eine Fixerinstallation, es war ein Fixerbesteck auf meinem Außenklo. Wie man es sich vorstellt: ein kleines Fläschchen, ein Löffel und eine Spritze. Die Spritze spießte in meiner Klorolle. Und der Tim ließ sich von seiner Belegschaft eine vergoldete Kloschüssel schenken.

Nach der Produktion wurde mir der restliche Label-Vor-schuß nicht gezahlt, der Geldhahn abgedreht. Charlotte ist zwei, drei Monate, nachdem die Platte fertig war, zurück zu Lado gegangen oder gegangen worden. Das ist bekanntlich das Todesurteil für jedes Projekt in der Industrie. Das ist dieses A&R-Prinzip bei der Industrie: Tausend Produkte und ein paar Leute sind drauf angesetzt, die haben den Überblick und der Rest hat von Tuten und Blasen keine Ahnung.

Mein A&R war weg, ich voll pleite. Ein halbes Jahr nach der Produktion hat Motor festgestellt, daß sie es definitiv nicht machen wollen, aber mich nicht freigegeben. Ralf als fehlendes Mitglied machte die Gruppe Milch unvollständig und damit vertragsbrüchig. Wir hatten eigentlich einen fairen Vertrag, aber es fehlte eine Gruppenausstiegsklausel. Das war das rechtliche Schlupfloch für Motor, der Bauer Ralf, und ich war schachmatt.

Mein erster Anwalt prophezeite, Tim Renner würde mich so lange zappeln lassen, wie geht. Man könne ja ein Produkt erstmal noch halten, um es eventuell weiterzuverkaufen. Aber die Situation war die: Renner, damals erfolgreichster Geschäftsmann in der Musikbranche, wenn so jemand – der Klassenprimus, der Streber – eine Faltermeyer-Produktion im letzten Moment absägt, hat das schon mal den Flair des Problematischen. Zudem war die Ablöse kostspielig. Ein Independent Label sollte zwar nur die Studiokosten zahlen, aber das bewegte sich auch in Richtung sechsstelliger Betrag.

Ich mußte mir dann, nicht in dem Klüngel Hamburg, einen anderen Anwalt in Berlin suchen, um wirklich aus dem Ding rauszukommen. Mein erster Anwalt, der Jörn, der anscheinend zuviel Musiker bei Motor betreut, der geht mit dir koksen auf dem Klo auf St. Pauli, macht auf Kumpel, verschafft dir nen coolen Deal, ist der nette Onkel, und wenn irgendwas nicht stimmt und er merkt, ah der Vertrag, den er formulierte, war nicht so optimal, dann heißt es: Armin, Leuten, die sich an die Verträge nicht halten, können wir nicht helfen.

Ich habe eine Zeitreise gemacht. Drei Jahre waren am Anfang wie Hölle und am Ende war es ein Tag-ein-Tag-aus-Leben, denn ich wußte ja nicht: Wann bin ich frei? Ich hatte keine Beweggründe, neue Musik zu machen. Für was? Für die Schublade? In den Motor Years habe ich ein wenig musiziert auf der Hobbyebene oder Metaebene, aber nicht in dieser Welt. Kein anderes Plattenlabel wäre das Risiko eingegangen, Geld in mich zu investieren, weil ich bei Motor noch exklusiv unter Vertrag war. Ich fing an, meine Instrumente und Studio Equipment zu verkaufen, so pleite war ich.

Man hört mal was von George Michael, der drei Jahre bei Sony streikt. Letztendlich bin ich ja nur die Spitze vom Eisberg, einer von vielleicht 90 Prozent. Das ist gang und gäbe, daß Musik einfach verschwindet und höchstens nochmal veröffentlicht wird, wenn der Musiker daran festhält.

Was mich enttäuscht hat, waren die Leute, die reihenweise opportun umfielen. Die Presse, die vor der Geschichte zu einem gehalten hat und dann aufgrund von Drohungen eines einflußreichen Anzeigenkunden wie Motor Music, mittlerweile Teil der Universal Gruppe – es gibt nur noch drei große Plattenfirmen auf der Welt. Jedes größere Musikmagazin ist von der Musikindustrie abhängig. Mir ist aufgefallen: je unabhängiger, desto positiver die Berichte, je abhängiger, desto negativer beziehungsweise desto mehr bleiben sie aus. Spex bekam angeblich grobe Ansagen von Motor Music: Wenn sie was drüber schreiben, daß es das Heft dann nur noch drei Monate geben würde.

Letztlich haben die mich freigegeben, weil ich über die Presse ständig den Daumen reingehalten habe. Motor hatte so ein positives, progressives Industrielabel-Image inne. Und ich habe bei den Multiplikanten von morgen, den A&Rs, den Plattenchefs, den Schreiberlingen von morgen*, bei Fanzines und Musikern dieses Bild ausgehebelt. Ich habe mit Katrin Abschiedsgalas für die Platte inszeniert.

In einem Interview erzählte ich, daß mich Motor am ausgestreckten Arm verhungern ließe. Darauf hat Petra Husemann, A&R von Rammstein, Ehefrau von Tim Renner und mittlerweile Motor-Chefin, ein offizielles Motor-Fax an dieses Magazin geschrieben: In der Motor-Verfassung stünde, arbeite nicht mit Arschlöchern zusammen, und da ich eins sei, könnten sie nicht mit mir zusammenarbeiten, und das Fanzine solle die Platte selbst rausbringen. Dieser Entgleisung konnte mein neuer Anwalt, Peter F. Schulz, zivilrechtlich allerlei Aufforderungen zum Weiterlizenzieren entnehmen, und ein halbes Jahr später hatte er mich frei.

Im Spätsommer '99 wurde der Vertrag aufgelöst, aber die Platte gab es bei Motor gar nicht mehr, nicht im Archiv und nicht im Tresor. Das Master war verschwunden. Das Schlimme ist, ich konnte es ihnen nicht nachweisen, denn ich hatte Socialpark persönlich im Bombenkoffer vorbeigebracht. So mußte ich von Faltermeyer die Original-Mixe anfordern, mir schikken und nochmal mastern lassen.

---

* Einer ist Ingo Romeo Mocek (siehe Seite 41). In der Zeitschrift Spex veröffentlicht er einen Artikel mit dem Titel Käse.

Gerade ist Socialpark bei den Labels Saas Fee und Gigolo erschienen, und ich kann endlich anfangen, die Anwaltskosten abzutragen. Ich habe mein Ziel erreicht, wieder eine super Platte zu machen, aber was ich verloren habe, sind vier Jahre meiner Jugend.

Außerdem wurden die Vorschüsse bei Motor zur Hälfte auf den Verlag MCA abgewälzt, als nicht zurückzahlbares Darlehen, aber voll verrechenbar gegen meine zukünftigen Einnahmen. Bis dieser Vorschuß auf zu erwartende Gema-Ausschüttungen durch Radioeinsätze und Verkäufe wieder eingespielt ist, wird mein Einkommen als Musiker noch einige Jahre halbiert sein.

Markus Schneider
*1967

April 2000. Wenn er in seiner Wohnung im 22. Stock einmal nicht auf den Berliner Fernsehturm blickt, sondern auf die Wand, erinnern drei gerahmte Fotos eines unbekannt gebliebenen holländischen Künstlers Markus Schneider an seine Zeit als Galerist – nicht die Arbeiten heute berühmter Künstler wie Carsten Höller, Olaffur Eliasson oder Kai Althoff.

Sechs Meter DJ- und Musiker-Gerät reihen sich über mehrere Tische aneinander. Markus Schneider spielt mir ein paar gesampelte, mit Effekten belegte Loops vor, aber keines seiner Stücke. Die durfte man in Zürich hören und eben nicht in Berlin.

In der Musikszene kennt sich kaum einer mit Kunst aus. Ich bin für die irgendein Mucker von 150 000 Muckern, der irgendwo aus dem Nichts kommt und irgendwie auch nix is und nichts darstellt. Die merken vielleicht schon, daß ich ein bißchen anders bin: Ich bin ein alter Sack irgendwie, der schräge Platten auflegt. Ein paar finden das lustig und ein paar nervts auch.

Das erste DJ-Set, da waren ziemlich viele Größen versammelt und keiner hat gewußt, alle dachten, der ist schon lange dabei, so alt wie der ist, und dieser DJ-Name Hank hat super funktioniert. Die Leute, die mich da reingebracht haben, haben gesagt: Du, und übrigens, sogar DJ Hank aus Berlin spielt. Kennst du nicht DJ Hank? Das ist genau das Prinzip wie mit Lukas & Hoffmann: Aha, Lukas & Hoffmann. Das hört sich einfach so an, als ob man das schon mal gehört haben müßte.

Das war erst mal ein ganz naives Bedürfnis: Du warst als Künstler in Berlin und es gab einfach nichts zum Ausstellen. Die Galerien hatten immer noch diese Insel-provinzielle Struktur und bis auf wenige Ausnahmen mit dem internationalen Kunstmarkt nichts zu tun. Es war so eine Langeweile: Es muß einfach etwas passieren, sonst kann ich auch woanders hinziehen.

Es gab für junge Künstler in den Jahren 90 bis 92 in Berlin nur ganz wenige Möglichkeiten und die vor allem im Off-Bereich, und aus diesem Zusammenhang tauchen ja auch Namen auf, die heute sehr bekannt sind, zum Beispiel Franz Ackermann, der hatte eine seiner ersten Einzelausstellungen überhaupt im Art Acker, der Michel Majerus, der Stephan Jung sind aus dem Kunst kaufen in der Invalidenstraße.

Nicole Hackert hatte die künstlerische Leitung des Art Ackers*, da war ich immer mehr involviert und hab aber das Gefühl gehabt, ich würde gerne etwas machen, was damit überhaupt nichts zu tun hat, also was auch nichts mit einer Vereinsstruktur zu tun hat. Ich wollte einfach ein Büro machen oder einen Ausstellungsraum, irgendwas, und wußte nur, daß ich das nicht alleine machen wollte. Und über eine Pariser Freundin, die ein Jahr in Berlin gelebt hatte, Caroline Schneider, bin ich an Nicolaus Schafhausen gekommen, weil die mir sagte: Ich kenn da jemanden, der ist auch Künstler und will so was machen wie eine Galerie für ein Jahr als künstlerisches Projekt. Wir haben uns getroffen, und es war klar, wir machen was zusammen. Wir hatten nicht die Idee: Wir machen eine Galerie und machen Karriere damit. Es ging einfach nur darum: Was kann man machen, was kann man anders machen und wie kann man es zeitgemäß und zeitgenössisch gestalten.

Relativ schnell ist klar geworden, daß es eine Galerie wird, weil diese Struktur wie in Köln, wo man neben etablierten Galerien einfach à la Friesenwall 120 einen Projektraum machen konnte, die gabs nicht. In einer Struktur, die im Grunde aus Leerstellen besteht, kannst du nicht sagen: Ich mache Nischenpolitik. Da kannst du nur eine Galerie machen, weil die Galerie die Nische ist.

Als wir auf dem Markt einkaufen waren zusammen, habe ich Nicolaus gefragt, wie denn der Mädchenname seiner Mut-

---

* Später betreibt Nicole Hackert gemeinsam mit Bruno Brunnet die Galerie Contemporary Fine Arts. Deren wichtigster Kunde ist mehrere Jahre lang der Sammler Herbert Volkmann (siehe Seite 266).

ter ist, und der war Lukas, und der Mädchenname meiner Mutter ist Hoffmann, und der Name war dann sofort auch abgehakt. Er sollte die Identität der Galerie von der Identität der Betreiber, nämlich Künstler, trennen und als Label oder als imaginäre Firma gesehen werden, als etwas, das einfach diesen Namen trägt, wie ein Markenprodukt.*

Ende April haben wir uns richtig zusammengesetzt, haben einen Raum der Kunst-Werke gemietet und im Juni 92 gab es schon die erste Ausstellung – Galerie, Galerie –, und zwar waren das nur Werbeartikel der Galerie – Feuerzeuge, Brieftaschen und Kugelschreiber – und die Einrichtung, das waren Campingmöbel, eine Schreibmaschine, zwei Aktentaschen und ein kleines gerahmtes Foto von Nicolaus und mir.

Fast parallel ist das Magazin 241 entstanden. Wir haben ein paar Kunststudenten von der HdK getroffen, die auch unbedingt was machen wollten, aber eher an einem Printmedium interessiert waren. Und da irgendwie klar war, daß die das allein nicht auf die Beine bringen wollten oder konnten, haben wir das erste Heft drucken lassen und das Geld aufgetrieben. In dieser Ausgabe, bei der Nicolaus und ich als Herausgeber firmierten, gab es einen Cartoon, der sich auf eine Arbeit von dem Künstlerpaar Art in Ruins bezog, wo die mit ihren Rucksäcken vor dem Polke-Bild Moderne Kunst stehen, und im Cartoon gab es zwei Sprechblasen. Er sagt zu ihr: I don't like this modern art! Why are we living in such a bad world and why can't we enjoy ourselves! und sie sagt zu ihm: Maybe we had more fun if you had a real nigger dick!

Art in Ruins hatten gerade eine Ausstellung mit Werbeartikeln des ANC gemacht, und der ANC hat seine Gegner auch gefoltert und sich teilweise der Methoden bedient, die von der weißen Minderheits-Diktatur angewandt wurden, deshalb hatte ich überhaupt keine Probleme mit dem Cartoon. Es ging natürlich auch um den Aspekt, daß Art in Ruins überhaupt keinen lebensfrohen Moment hatten, weder in ihrem Erscheinungsbild noch in ihrer Kunst. Und diese zwei Sprechblasen

---

* Nicolaus Schafhausen und Caroline Schneider gründen später in analoger Namensfindung den Kunstbuchverlag Lukas & Sternberg.

Nicolaus Schafhausen und Markus Schneider in einem Kreuzberger Fotostudio. Foto: Sahin

haben Art in Ruins so dermaßen ins Mark getroffen, daß dadurch eine aberwitzige Kette von Ereignissen ausgelöst wurde.

In die Galerie wurde eingebrochen. Was es gab, das war kaputt, und es war schnell klar, in welchem Bezug dieser Einbruch stand, denn auf unserem privaten Anrufbeantworter gingen stündlich neue Drohungen ein und die Stimme war ganz klar zuortbar. Bei dem Einbruch wurde unser Foto entwendet und das war dann auf Plakaten in Kreuzberg und Mitte zu sehen, auf denen stand: Kickt Kunst, die so ist. Und Kicken bedeutet in der Autonomensprache Zusammenschlagen oder mehr noch. Bestimmte Zirkel der autonomen Szene waren motiviert, gegen uns aktiv zu werden. Überall hingen die Plakate, und dann wurde spekuliert, daß wir das selber in Auftrag gegeben und selber nachts heimlich plakatiert hätten. Das hat mich später immer wieder überrascht, diese wahnsinnigen Spekulationen. Der Phantasie war eigentlich gar keine Grenze gesetzt.

Ich hab zwei Wochen lang ständig eine Beretta bei mir gehabt. Ich dachte einfach: Warum nicht? Es ging mir nicht darum, das in irgendeiner Weise als korrekt zu empfinden und die wirklich zu benutzen, aber ich fands halt auch gar nicht unsexy, dann mit so einem Teil rumzulaufen.

Das ganze Auftreten, das wir hatten ... wir haben gedacht: Warum darf Kunst oder das, was darum passiert, keinen Sex-Appeal haben? Man muß sich vergegenwärtigen, 92 oder 91 Berlin, was das für Lebensumstände waren. Das war auch eine Reaktion darauf. Das gehörte ja alles zu unserem Alltag dazu. Das hat, glaube ich, keiner kapiert. Wir haben ja nicht in irgendwelchen Residenzen gewohnt und unsere Sonnenbrillen aufgezogen. Ich habe im besetzten Haus gewohnt und sah halt nicht unbedingt aus wie ein Hausbesetzer. Nur, de facto war ich Hausbesetzer. Unser erster Galerieraum hat 50 Mark Miete im Monat gekostet, und wir hatten weder Telefonanschluß noch Computer.

Wir haben Anfeindungen gehabt von Yuppietum über Faschisten, wo auch nie jemand uns gefragt hat: Was denkt ihr darüber? Oder: Wie ist eure Haltung? Oder: Ich find euch scheiße, weil ..., und jetzt sagt mal was dazu. Das ist ja nie passiert. Die Aura des Reaktionären ist ein völliges Mißverständnis.

Du hast deine Cowboyboots an, deine Bomberjacke und deine verspiegelte Sonnenbrille und dein Goldkettchen – aber das war doch ein Teil des Spiels und das war auch nicht der typische Galerist, der so rumgelaufen ist. Natürlich waren wir die coolen Boys mit den kurzgeschnittenen Haaren. Aber trotzdem, wenn ich Fotos sehe, das sieht total freakig aus. Daß man zu irgendwelchen Fünf-Mark-Anzügen das 200-Mark-Helmut-Lang-T-Shirt trug, was man sich natürlich nicht leisten konnte und irgendwoher geschenkt bekam. Ich war 24, Schafhausen war 26, man wollte jetzt einfach mal was zeigen, und dann trittst du auch so auf.

Man will demonstrieren, daß Dinge anders funktionieren können, ohne daß man das immer auf einer inhaltlichen Ebene postulieren muß. Wir haben nicht gesagt: Wir erfinden die Galerie neu. Das war ja nicht alles zum Fortschreiten der Theorie der Kunstgeschichte gedacht.

Die Perspektive war eh nur: Wir machen das mal ein Jahr oder mal zwei, und in der Zeit machen wir keine Kunst. Meine letzte Ausstellung, die ich als Künstler hatte, war im Oktober 92, ich habe da keine große Werbung mehr für gemacht, weil ich nicht wollte, daß im umgekehrten Fall die Leute denken, ich als Galerist stelle jetzt noch als Künstler aus.

Wir haben die Sachen ausgestellt, die uns eigentlich am meisten irritiert haben oder sprachlos gemacht haben. Wir wußten nicht unbedingt, ob wir das von Anfang an toll finden sollten. Die erste Ausstellung von Kai Althoff, wir haben wirklich keine Vorstellung gehabt von dem, was wir da tun. Wir wußten nur, es ist total wichtig. Das hat sich oft nach anderthalb Jahren erst eingestellt, daß man wirklich in der Lage war zu vermitteln, warum man das ausstellt.

Erst waren wir die Yuppies und später waren wir auf einmal die Schwulen. Ich glaube, wir waren überhaupt die absolute Quotengalerie, in keiner Galerie gab es so viele Schwule und Frauen. 1993 ist es das erste Mal aufgetaucht, ich glaube in Flash Art, daß jemand geschrieben hat, wir seien ein Talentstore.

In kürzester Zeit hatten wir ein großes Echo, und da lag einfach eine große Verführung drin, mit einer entsprechenden Vehemenz ans Werk zu gehen. Die Rezeption, die wir hatten, in Deutschland oder auch im Ausland, war so groß für die Zeit, für eine Galerie in Berlin, die scheinbar aus dem Nichts auftauchte, aber doch ihre Verbindungen hatte über die Betreiber und die künstlerische Herkunft – das war etwas, wo ich ganz schnell nicht mehr drüber nachgedacht habe, das war auch kein innerer Zwiespalt, und ich glaube, das Konfliktpotential ist erst viel später aufgetaucht. Wenn man in diesem Prozeß drin ist und wenn die Maschine erst mal läuft, dann passieren die Dinge auch von alleine. Das ist ein merkwürdiges Prinzip von Erfolg, daß die Dinge eher von alleine passieren, als daß man an jeder Ecke anschieben muß. Die ersten zwei Jahre haben wir nur rund um die Uhr geturnt um dieses Lukas & Hoffmann herum. Was auch zu einer eheähnlichen Situation geführt hat.

Ich war nicht so an der Familienstruktur interessiert wie Nicolaus. Mein Interesse war nicht, mit allen Künstlern gut befreundet zu sein. Ich habe mich aus vielen Sachen rausgehalten, weil es gar nicht anders ging. Nicolaus, wenn der eine halbe Stunde in der Galerie war, dann mußte er raus, erstmal einen Kaffee trinken oder irgend jemand treffen oder ... – Dinge, die immer im Verborgenen geblieben sind. Nicolaus hat viel dafür gesorgt am Anfang, daß überhaupt eine Form von Geld auch da war. Es gab nie eine richtig klare Aufgabenteilung, aber ich habe schon mehr die interne Struktur am Laufen gehalten und Nicolaus ist mehr unterwegs gewesen und hat einfach auch Sammler aufgerissen – hat da sein Potential entwickelt.

93, nachdem wir in Brüssel drei Monate lang einen Projektraum gemacht hatten* und unsere Idee auch nicht war: Wir

---

* Dort stellt auch das Künstlerduo RothStauffenberg aus. Roth erinnert sich: »In Brüssel haben wir ein geschlossenes Gewächshaus mit Hydrokultur gezeigt. Das stand auf einem Sockel, in den war ein Autoradio eingelassen, und das spielte einen Loop. An der Wand hing das Foto einer nackten Familie, die stammte aus der Werbung eines Münchner Freibads und hatte über sich eine Sprechblase. Was da drinstand, weiß ich nicht mehr. Ich glaube, etwas sehr Positives.«
Roth und Stauffenberg gründen 1999 Stylegames (siehe Seite 122).

sind eine Galerie, die sich nur an einem Ort manifestiert, sondern wir wollten einfach auch Dinge ausprobieren, die teilweise mit einer ungeheuren Anstrengung verbunden waren – allein dieser Projektraum in Brüssel hat soviel Energie gefressen –, dann war die Überlegung: Paß auf, wir gehen jetzt mal für ein Jahr nach Köln, um die Marktmöglichkeiten, die sich da bieten, zu nutzen. Um da Zugang zu dem Fachpublikum zu bekommen, Kuratoren und Sammler und Presse, und so gab es im Grunde genommen die ersten zweieinhalb Jahre einen ganz kontinuierlichen Aufstieg.

Da hat uns noch einmal ein Bruch interessiert, und wir haben den Künstler Perry C. Hall erfunden, ein Produkt der Langeweile als Galerist. Es ging nicht darum, uns als Künstler selber zu verwirklichen, sondern darum, die Struktur von innen nochmal aufzubrechen. Einfach ein Ei zu legen. Perry C. Hall hat auch nur eine Ausstellung gemacht. Wir waren der eigene Adressat, es war unsere Struktur, die wir selber erfunden haben, in die haben wir etwas implementiert, und niemand sonst wußte davon.

1994 hat sich Nicolaus im Künstlerhaus Stuttgart erfolgreich als künstlerischer Leiter beworben. Ursprünglich war ganz naiv geplant: Nicolaus macht das, und alles läuft wie bisher. Es war dann ganz schnell ersichtlich, daß der Arbeitsumfang beider Projekte einfach zuviel war, so daß wir ganz pragmatisch entschieden haben: Ich mach die Galerie alleine weiter. Die Option war ja zu sagen: Okay, je nachdem, wies in Stuttgart läuft, ist das eine Phase, und dann gehts wieder weiter.

Zu dem Zeitpunkt, wo klar war, daß Nicolaus definitiv aus der Galerie ausscheidet, haben wir geguckt: Wieviele Schulden sind da und wer hat wieviel ungefähr getragen, also das war in keiner Minute eigentlich ein Problem, das auseinanderzudividieren, weil es ja auch nicht um das Thema Geld ging, von uns beiden aus nicht. Wir sind nicht die Typen, die dann jeden Pfennig umgedreht haben – es war halt einfach unser gemeinsames Leben. Und da wurde es relativ Pi mal Daumen aufgeteilt.

Gleichzeitig fiel in die Phase die Überlegung, die gesamte Struktur auf ein anderes Niveau zu heben. Ich habe andere Räume angemietet, die sehr groß waren – 160, 170 Quadratmeter. Die erste Galerie in Köln hatte, glaube ich, nur 18 Quadrat-meter, das war praktisch ein Kuckkasten auf der Straße. Die Struktur war längst viel größer als dieser kleine Raum.

Der Arbeitsaufwand ist größer geworden, die Ausstellungen sind größer geworden und die Kosten der Ausstellungen sind auch größer geworden. Und irgendwann hatte ich das Gefühl, daß es nichts mehr damit zu tun hatte, daß man irgendwas macht und die Dinge von alleine laufen, sondern daß es wirklich darum ging, diese Struktur dann aufrechtzuerhalten. Und auch diese Menge an Ausstellungen zu machen und immer wieder zu sagen: Mir sind die künstlerischen Positionen wichtiger als die Möglichkeit eines kommerziellen Erfolges. Das ist zu einem Problem geworden, weil ich immer so getan habe, als ob das kein Problem wäre. Jede Ausstellung wurde gemacht und die wurde auch in dem entsprechenden Umfang gemacht. Und da waren Ausstellungen dabei, die gar nicht verkäuflich waren, weil es sich eben nur für diese Ausstellung manifestiert hat. Das hat natürlich auf der anderen Seite dazu geführt, daß ein ziemlich hoher wirtschaftlicher Druck entstanden ist, das Ganze zu finanzieren.

Wir haben angefangen am absoluten Tiefpunkt des Marktes. Es war eine sehr schwierige Situation, nachdem Sammler sehr viel Geld verloren haben, natürlich auch extrem verunsichert waren, 1992 und in Berlin, mit Künstlern, die keiner kennt, Leute zu motivieren, auch so viel zu kaufen bei den niedrigen Preisen, daß sich die Galerie davon finanzieren konnte. Und natürlich hat man einfach so einen Ballast die ganzen Jahre mit sich rumgetragen.

Wir haben neben der Galerie immer wieder irgendwelche Jobs gemacht. Wir hatten kein Geld, es gab kein Erbe zu verpulvern, es gab auch keine Mäzene im Hintergrund – obwohl viele gedacht haben, Lukas und Hoffmann sind die, die das Ganze bezahlen. Dann wollten die Leute natürlich auch immer wieder den Herrn Lukas oder den Herrn Hoffmann sprechen oder kennenlernen, und ich bin oft drauf eingegangen und habe gesagt: Der Herr Hoffmann ist im Moment nicht da, aber sie können mit mir sprechen.

Ich habe immer getan, als ob ich das Geld hätte, weil sonst

wäre es einfach nicht möglich gewesen. Sicher, der finanzielle Druck war immer da, und es gab auch die Punkte, wo man wirklich sehr kreativ – bis an die Grenze – werden mußte. Es hat zu ganz schwierigen Situationen geführt – auch mit Künstlern. Es gab Phasen oder Kulminationspunkte, wo alles irgendwie am Ende war. Wo es einfach nicht mehr funktioniert hat, Geld irgendwie irgendwo hin- und herzuschieben, sondern da war einfach mal Sense, und da gings aber trotzdem immer weiter. Gerade in der Anfangszeit war das abgestellte Telefon eine tägliche Begleiterscheinung. Das war ja nur eine ganz einfache Variante, das mitzukriegen. Wenn man bei Kollegen war und da anrufen wollte, hat man gemerkt, daß das auch eine Kultur war, eine Kulturform des abgestellten Telefons.

Ich für mich kann nur behaupten, daß jede Art von Geld eher für Briefmarken ausgegeben worden ist als für irgendeine Art von Pleasure. Vielleicht haben wir an Punkten erwartet, daß Künstler die gleiche Einstellung haben, daß es einfach darum geht, zusammen diese Galerie nicht zu betreiben, aber Teil der Galerie zu sein.

Letztendlich der Knackpunkt war, daß immer größere Ansprüche gestellt wurden von den Künstlern an den Galeristen und ich primär immer noch interessiert war an den künstlerischen Positionen. Da gabs die Entscheidung zu treffen: Geht das jetzt so weiter, und dann geht das nur weiter, sich als Galerie zu etablieren. Wo ich gesagt habe: Ich hab kein Interesse daran. Wenn Künstler gesagt haben: Es gibt andere Galerien, wo es im Moment für mich einen besseren Sinn macht, hab ich dem nie groß widersprochen, weil ich es auch nachvollziehen konnte. Und klar, wenn du dir selber sozusagen den Boden unter den Füßen noch wegziehst, kannst du natürlich nicht funktionieren. Ich war im Grunde viel zu abgehoben, um alleine eine Galerie zu machen. Oder mit diesem Machtvolumen zu operieren und zu sagen: Nein. Also dem Künstler ein schlechtes Gewissen zu machen, so funktioniert es oft. Das ist die einfachste Methode.

Ich hätte sagen können: Ich nehme jetzt nochmal soundsoviel Geld auf, schieß mich mal zwei Jahre relativ frei von wirtschaftlichen Aspekten und leg nochmal richtig los. Ich habe aber gesehen, bei Kollegen, die vielleicht fünf oder zehn Jahre länger dabei waren, daß das dazu geführt hat, daß einfach kein Weg mehr zurück geht. Mit welcher Arbeit oder mit wessen Kapital wollen sie die Schulden noch tilgen? Schon eher mit Kunst. Wenn man einigermaßen im Geschäft ist, hat man die Möglichkeit, auch mal 20-, 30, 50-, 100 000 Mark, 150 000 Mark auf einen Schlag zu verdienen – aber es führt natürlich zu ganz fatalen Zusammenbrüchen.

Alles das, was wir an Schulden hatten und was am Ende der Galerie da war, das war eine Summe, die irgendwie zu bewältigen war. Das ist ein Punkt, da kommst du halt raus, du weißt zwar nicht wie. Aber die Möglichkeit besteht jetzt viel eher als in fünf oder zehn Jahren, wo die Schulden zehnmal so hoch sind.

Andererseits, durch die hohe Schlagzahl, die wir von Anfang an hatten, also immer sehr viel Ausstellungen zu machen in kurzer Zeit, sehr viel Nebenveranstaltungen zu machen, gabs nach sechs Jahren den Punkt, wo man gemerkt hat, daß es auch mal wichtig wäre, so was wie ein Jahr einfach nix zu machen, um Zeit zu haben zu gucken: Was passiert eigentlich? Man hat zwar überall geguckt, war immer in Ateliers und immer auf Veranstaltungen, aber man hat nicht mehr die Zeit gehabt, in Ruhe auch selber für sich zu untersuchen: Was sind denn überhaupt die Positionen, die mich interessieren? Und das ist ja ein Phänomen, das bei ganz vielen Galeristen aufgetreten ist – das ist in Gesprächen immer wieder aufgetaucht –, die da saßen in ihren Galerien und einfach nicht wußten, wies weitergehen sollte, nicht nur finanziell, sondern auch künstlerisch. Und das heißt: Wo sollte die Motivation denn herkommen?

Für mich war ganz klar, daß meine Bedürfnisse eigentlich woanders liegen für die Zukunft. Zeitgleich wurde 1996 meine Tochter geboren und ich hatte noch einmal eine ganz andere Verantwortung.

Das war aber eine sehr schwierige Entscheidung. Denn man hat auch gesehen, daß für Leute, wo man die erste Ausstellung gemacht hat oder die man praktisch direkt aus dem Atelier oder aus Zusammenhängen, wo es gar nicht ein Atelier gab oder gar nicht entschieden war, ob das Künstler sind oder nicht, wirklich künstlerische Karrieren entstanden waren, und man natürlich gesagt hat: Wie kannst du das jetzt aufgeben? Das kannst du nicht machen. Du würdest dir nur eingestehen, daß du es nicht gebracht hast.

Ich bin sowieso jemand, der ständig mit sich im Hader liegt, wenn es darum geht, effizient zu arbeiten. Also sagt: Du bist eigentlich viel zu faul, du bist nicht effektiv genug und so weiter und so fort. Das heißt, ich bin prädestiniert, die Unfähigkeit noch ständig herauszuarbeiten.

Es war ein ziemlich langer Weg, die Entscheidung positiv zu fällen und zu sagen: Okay, du bist jetzt dreißig, und wenn du wirklich was Neues machen willst, dann machs lieber jetzt, bevor du mit vierzig im ganz tiefen Tal der Dämmerung hängst, was ich bei Kollegen gesehen habe, diese Frustration, die sich eingestellt hat, einfach nur, weil die ihre eigene Geschichte auf Gedeih und Verderb fortstricken müssen. Ich möchte nicht in dem Gefängnis leben, was ich mir gebaut habe – einfach nur das erfüllen, was ich mir hingesetzt habe.

Für mich war es ein Moment der Befreiung: Ich kann tatsächlich diesen Laden zumachen, es geht, es geht tatsächlich. Ich habs entschieden und bekannt gemacht und bin mit einem frohen Mut, wirklich gut gelaunt, nach Hause gegangen.

Wenn ich jetzt in Galerien gehe, dann vermittelt sich nichts. Das einzige, was wirklich passiert ist, ist, daß der Markt sich erholt hat und daß die Dinge so funktionieren, wie sie vorher funktioniert haben. Daß junge Galerien sich etablieren, aber es nach den Prinzipien funktioniert, die sich in der Geschichte des Kunsthandels nach dem Zweiten Weltkrieg bewegen. Wo innerhalb derselben Galerie schon die Epigonen am Werk sind und ganz klar ist, daß das nur auf eine gewisse Zeit funktionieren kann, weil dann ganz klar ist, wer sich durchsetzt und wer nicht, und bestimmte Künstler nur noch das Futter darstellen, um die Lücke von der einen wichtigen zur nächsten wichtigen Ausstellung zu füllen. Mich überkommt einfach ganz oft eine super Langeweile. Künstler, auch teilweise aus Lukas & Hoffmann, die sehr erfolgreich sind, aber die drei künstlerischen Ideen, die sie zur Verfügung haben, so hemmungslos ausbeuten, weil diese Menge von Ausstellungen, die es zu bewältigen gibt, nicht anständig zu erfüllen ist. Dann macht man nur noch die eigenen Kopien. Daß es nur noch darum ging, schnell irgendwas hinzustellen, weil man mußte diese Ausstellung auch noch bestücken. Ich sehe das auch als Scheitern. Als eine totale Negierung der eigenen Arbeit. Die sind dann von mir aus erstmal fünf Jahre ökonomisch superinteressant, aber ich glaube, da werden noch einige Löcher in Künstlerkarrieren entstehen, dadurch daß einfach der Markt total überfüttert ist und es auch keiner mehr sehen mag.

Wenn schon clever, dann muß man auch genügend Weitsicht haben, wirklich auf zehn, zwanzig Jahre zu denken. Ich bin der Meinung, daß man gerade in dem Moment, wo es läuft, viel besser bestimmen kann, in welchem Tempo es weitergeht. Wo der wirtschaftliche Druck nicht so wahnsinnig eklatant ist. Nur ich sehe auch die Erlösung darin, daß seit drei Jahren auf einmal wieder wirklich was möglich ist, daß man wirklich Kunst verkaufen kann, auch junge Kunst und in rauhen Mengen. Daß das natürlich geil ist, daß dasn Kick macht, ist mehr als nachvollziehbar. Das verführt einfach dazu, ziemlich nachlässig zu sein. Weils so hemmungslos ist und weils auch so hemmungslos funktioniert und man so hemmungslos die Bude mit irgendeinem Scheiß vollstellen kann und es wird ja eh gekauft.

Jetzt ist Berlin einfach ein ökonomisches Argument, ein Rezeptionsargument, weil immer muß irgend jemand was über Berlin schreiben, damit Berlin in der Öffentlichkeit auch irgendwie Berlin ist, weil es gibt nichts Vergleichbares, weder in Deutschland noch in Europa. Wenn du hier was machst und ein Steinchen fallen läßt, dann hören alle hin und gucken und uihhuihui und ahh und hoppla, und wenn heute jemand in Köln einen Stein fallen läßt, kriegts aber keiner mit.

Ich glaube wirklich, daß Anfang der 90er interessantere Ausstellungen in Galerien möglich waren, wo ökonomisch sehr wenig ging und deshalb eine Freiheit entstanden ist für ganz viele Leute, anders zu arbeiten. Es ging eh nicht so locker von der Hand. Das einzige, was einem übriggeblieben ist, war: einfach Ausstellungen machen. Ich habe nicht das Gefühl: Lukas & Hoffmann ist gescheitert. Das gibts nicht mehr und das hat sich auch nicht als große Galerie etabliert, aber die Künstler sind fast alle ihren Weg gegangen. Und ich glaube, daß das für alle sehr von Vorteil war, an einem frühen Zeitpunkt der 90er Jahre in solch einem Kontext ausgestellt zu haben. Insofern ist nach wie vor eine stille Freude, die man hat, wenn man durch die Gazetten guckt und sieht, wer wieder wo ausstellt, und das sich super verselbständigt hat für jeden einzelnen Künstler. Der Punkt des persönlichen Scheiterns war viel näher als der des Scheiterns von Lukas & Hoffmann. Und gerade als ehrgeiziger Typ, erfolgsorientierter Mensch dann eine Entscheidung zu treffen, das, was man aufgebaut hat, selber ad acta zu legen – für mich hat sich bewiesen, das es die richtige Entscheidung war. Ich habe das in keiner Sekunde bereut.

Wenn ich mich heute im Kunstkontext bewege, dann gibt es auf der einen Seite den Kultstatus, den man genießt, und auf der anderen Seite natürlich auch: Und übrigens, das ist das Arschloch soundso. Nur ich wehr mich nicht dagegen. Ich hab sowieso immer gesagt: Alles das, was über Lukas & Hoffmann erzählt wird, ist wahr. Sucht euch was aus! Und genauso ist das alles auch Bestandteil meiner Gegenwart.

Wobei ich zumindest anderthalb Jahre, nachdem die Galerie geschlossen war, es erreicht habe, daß ich wieder ein normales Leben führen kann, zumindest halbwegs. Das heißt, daß von einem sehr großen Schuldenberg, wo es von Gläubigern bis zu Banken und so weiter um tausend Verpflichtungen ging, auch Künstlern gegenüber, einfach mal der größte Sperrmüll beseitigt war.

Das Geld habe ich mit Kunsthandel verdient. Ich habe das gemacht, wofür ich in der Galeriezeit keine Zeit gehabt habe: Secondary Market. Nichts mit Künstlern, mit denen ich vorher zusammengearbeitet hab, sondern mit Künstlern, wo die Hälfte schon tot war. Ganz einfach normale Ware auf dem Kunstmarkt. Da ging es nicht um das Thema: Gefällt mir das oder gefällt mir das nicht, sondern in relativ kurzer Zeit so viel Geld zusammenzutragen, daß man rauskommt aus dieser Situation.

Es hat sehr lange gedauert, mich neu zu orientieren. Denn

ich hatte nicht die Situation, wo ich gesagt habe: Ich mache jetzt die Galerie zu, weil ich lieber das machen möchte. Für mich war klar, ich erhol mich einfach mal und nehm mir die Zeit, wieder Ressourcen herzustellen, Energie wieder zu haben, für irgendwas, und auch wirklich mal die Zufälle spielen zu lassen. Ich denke, man kann das als eine Art Midlife Crisis bezeichnen, die ich mir relativ früh genommen habe.

Es gab eine Ausstellung bei Lukas & Hoffmann von Gisela Getty, die hieß: The long way up, the short way down. Was ja stimmt, und wenn man weiß, welchen Weg man wirklich gegangen ist, dann fällt es verdammt schwer, nochmal mit der gleichen Energie zu sagen: So, ich mach jetzt das, weil ich hab einfach eine Idee, ich kann sie noch nicht einmal genau artikulieren, aber ich weiß, da passiert was. Man kann sich nicht eine Tarnmaske aufziehen, man hat diese Geschichte.

1995 habe ich mein erstes kleines Musikevent gemacht zur Popkomm, das war die Vorstellung der neuen CD von Inga Humpe – Bambi –, auch ein Beispiel für ein gescheitertes Projekt. 1996/7 gab es Veranstaltungen unter dem Label Pulse Record, wo nie etwas erschienen ist. Ich habe gemerkt: Okay, dann bin ich aber wieder damit beschäftigt, eine Verwaltungsstruktur aufzubauen.

Nach Schließung der Galerie habe ich angefangen, selber Musik zu machen, und das gar nicht gerichtet. Ich habe Platten aufgelegt, aber ich wollte nicht einfach in das Nächste reinfallen, ohne darüber nachzudenken. Ich will eigentlich gar nichts, was irgendwie abgeht. Mich interessiert es, mich zurückzuziehen, auch sozial. Ich habe gerade in der Anfangszeit, als ich zurück nach Berlin gezogen bin, tagelang fünf bis zehn Stunden lang Platten aufgelegt, nur für mich, und habe auch das erste Mal das Gefühl, ich mache nur was für mich.

Was interessant ist, daß ich tatsächlich auf einen Musiker gestoßen bin und das Gefühl habe, daß sich da zwei Potentiale treffen – aber das ist auch das erste Mal seit 1992. Weil ich nämlich wieder genau diese naive Einstellung zu dem Projekt habe, weil mir die Unwägbarkeiten gar nicht bekannt sind, und das ist der Punkt: Nicolaus und ich haben uns in der Kunstwelt bewegt, aber haben keine Idee gehabt über die ganzen Konsequenzen. Wie haben gewußt, daß wirs machen und daß da was passieren wird, egal was. Ich bezeichne das als naives Potential, was man braucht, um vielleicht auch etwas Außergewöhnliches aufzubauen.

Zum anderen ist es so, seitdem ich in Berlin bin, daß ich einfach immer mehr Anfragen kriege. Leute rufen an und fragen, ob ich nicht für bestimmte Teile von Projekten ein Konzept mache oder eine Idee liefern kann, die dann andere Leute oder die ich auch selber umsetze. Das ist angenehm, ich muß keinen Etat aufstellen, ich muß keine Räume zur Verfügung stellen. Die Summe von Erfahrungen hat bei mir dazu geführt, nicht mehr zu sagen: Ich mach einfach was und blind da reinzugehen. Und auch schon gar nicht Projekte, in denen überhaupt kein Geld ist, kein Volumen, um das zu machen, was da gemacht werden soll.

Jedes Projekt hat seine eigenen Bedingungen und ich habe auch in jedem eine ganz andere Funktion. Das geht vom Entwerfen einer Medienarchitektur für große Institutionen bis hin zu Musik, die ich gemacht habe für ein Theaterstück. Bis hin zu Vorträgen, die ich halte, Radiosendungen für irgendwelche Institutionen. Was ich gemerkt habe, ist, daß es einen Bedarf gibt an genau solchen Leuten wie mir, die sich ein bißchen zwischen den Welten bewegen. Oft geht es darum, daß Projekte eine neue Anbindung haben sollen, und die haben eigentlich Leute, die das machen, die haben Kuratoren oder Agenturen oder eine Abteilung, die diese Projekte koordiniert und durchführt, aber ich werde doch noch zusätzlich gebucht, um in einer relativ kurzen Zeit ein interessantes Team von Leuten zusammenzustellen.

Es steht fest, daß ich kein Interesse mehr habe, eine Firma zu machen, sondern mich nur noch als Ein-Mann-Firma sehe, also eigentlich auch wieder wie jemand als Künstler. Ich hätte nie das Interesse gehabt, wieder Künstler zu werden, mir geht es eher um eine Unabhängigkeit, in Projekten zu arbeiten. Ich bin nicht gezwungen, die Verantwortung dafür im kompletten Umfang zu tragen und auch ständig.

Es ist ja in allen Bereichen, es ist nicht nur Kunst, die diese Auflösungstendenzen hat, da wo es wirklich zeitgenössisch wird. Weil ich den Absprung geschafft habe, bin ich noch einmal in der Lage, wirklich zeitgenössisch zu arbeiten. Das ist eine Sache, die mir vor zwei Jahren nicht so klar war, weil es da erstmal darum ging zu sagen: Ich mach einfach nicht mehr. Ich kann nicht mehr, ich will nicht mehr, und ich brauch auch nicht mehr und tschüß. Und jetzt einfach zu sehen, daß ich mir selber eine Riesenchance gegeben habe damit. Glücklicherweise ist man heute mit dreißig jünger als vor zwanzig Jahren.

Lena Braun
*1961

August 2000. Im früheren Gästehaus des Berliner Stadtschlosses bezieht Lena Brauns PR- und Internetagentur Home is ir neues Büro. Es riecht noch nach frischem Wachs, und nur ein einzelnes rotes Bett steht in einem der saalgroßen Räume. Lena Braun fühlt sich befangen, wie unsichtbar in das Mikrophon zu sprechen. Sie sei nicht der O-Ton-Typ. Sie überlegt, daß sie vielleicht für dieses Gespräch hochhackige Schuhe tragen und sich hätte schminken sollen. Wir gehen raus in ein Straßenlokal, und nach einer Zigarette und ein paar Schlucken Bier ist sie zur Rede bereit.

Ich bin in den 80ern nach Berlin gekommen aus einer relativen Kleinstadt. Ich fand das sehr sehr angenehm. Aber das fanden wahrscheinlich alle Anfang zwanzigjährigen. Dieses Inselgefühl war noch vorhanden. Es war alles bunt und es war irgendwie alles möglich. Ich bin 12, 13 Jahre kontinuierlich jede Nacht ausgegangen. Und hab darüber, parallel zu meinem Studium, das ich durchgezogen hab – gearbeitet hab ich auch noch, Mode habe ich zu der Zeit viel gemacht –, die Leute kennengelernt, die ich später ausgestellt hab oder die meine Gäste in den Galerien wurden.

Nach meinem Studium wollte ich zuerst eine Regieassistenz, aber die Regisseure, bei denen ich mich vorgestellt hab, waren alle total bescheuert. Deswegen hab ich mich selbständig gemacht – im Galeriewesen, weil ich total viele Künstler kannte und weil ich dachte, da kann man auf die Dauer eventuell besser inszenieren oder genausogut.

Meine erste Galerie hieß Salon Bichette, weil ich meine Magisterarbeit über die Tigerin geschrieben hab, von Walter Serner, und die Tigerin hatte den Spitznamen Bichette. Den Namen fand ich so bezaubernd, daß ich den übernommen habe. Das war 1988, mit Suse Eichinger als Partnerin. Das Ding wurde ziemlich schnell zu klein, weil so viele Gäste kamen. Nach einem Jahr mußten wir umziehen. Das zweite war dann die Galerie Loulou Lasard, gestaltet in den Farben von Sanssouci. Die hab ich mit Jens Pepper gemacht, die mochte ich eigentlich noch lieber. Da habe ich auch wesentlich mehr inszeniert.

Ich hab versucht – wie es in den Salons üblich war –, daß zu den Ausstellungen immer parallel Darbietungen liefen. Das war teilweise so, daß ich pro Woche drei Inszenierungen geschrieben habe. Von daher war das sehr lebendig, artifiziell lebendig. Da gabs einen Fisch mit Sahnehäubchen, auf den sich die Schauspieler gesetzt haben. Oder im Keller war ein Spielkasino, oder irgendwelche Leute haben sich mit Marmelade angestrichen und Federn drauf gestreut. Oder ich hab auch mal Brecht inszeniert. Ich hab wahnsinnig viel gelesen und die Sachen wiederum in Performances und in kleinen Ensembles auf die Bühne gebracht.

Die jungen Wilden waren damals schon ganz schön alt. Die Leute, die wir ausgestellt haben – Gio di Sera, Domenico Zindato, Betty Stürmer, was weiß ich, wie die alle geheißen haben –, waren schon viel poppiger und hatten mit den Wilden nicht mehr viel zu tun. Florian Trümbach war der einzige, weil der Blutperformances gemacht hat, das war diese Nitsch-Geschichte. Also da hat man einen Kontext gesehen, von daher kam das auch mal ins Kunstforum. Nee, ansonsten haben wir uns mehr definiert sozusagen durch Lebensfreude. Wir haben eigentlich nicht auf den Verkauf hin konzipiert, sondern eher auf die Veranstaltung hin. Nebenbei habe ich gearbeitet: in der Gastronomie, beim Radio, bei Verlagen.

Relativ schnell nach der Wende bin ich in den Osten. Da gab es noch nicht viel, und ich mochte den Osten auch nicht, der hat mich an meine Kindheit erinnert, das war dieser Flashback. Aber irgendwann hat man dann schon gedacht: So, jetzt gehts um Eroberung, fuck!

Eigentlich wollte ich mit Suse Eichinger ein Cabaret eröffnen, Die blonde Giraffe. Es gab eine Institution, SPI hieß die – Sozialpädagogisches Institut –, die haben die Kulturentwicklung im Osten gefördert. Wir wollten zum Anfang nur 2 ABM-

Stellen oder so haber, und dann haben die uns eingeredet, daß wir 34 ABM-Stellen bräuchten. Dann hatten wir also 34 ABM-Stellen und ein Budget von 1,5 Millionen. Und irgendwann haben sie mitbekommen, daß bei uns Transvestiten und Schwule mitmachen, dann verschwanden unsere Unterlagen.

Wir haben Presse gehabt und die ersten Shows, aber das Geld kam plötzlich nicht mehr. Wir hatten nur 25 000 Mark, und davon haben wir die Renovierung des Hauses bezahlt, das wir angemietet hatten, um überhaupt förderfähig zu sein. Das war eine alte Seifenfabrik. Wir haben da Zentimeter für Zentimeter verkrusteten Seifenleim von den Wänden gekratzt. Und dann, als klar wurde, daß unsere Finanzierung niemals stattfinden würde, hab ich einen Großteil der Räume untervermietet als Ateliers.

Ich hatte auch nochmal einen anderen Ort zwischendurch – ganz schlimm –, die Venusgrotte. Da habe ich es nochmal probiert mit dem Cabaret. Das mußte ich auch aufhören, weil der Typ, mit dem ich das gemacht hab, hat mich mit einer abgebrochenen Flasche bedroht, weil ich den Getränkehändler bezahlen wollte.

Aber zuerst hatte ich eine Disco, das Taboo – auch in der Seifenfabrik. Das war die Härte. Es gab da die total harten Konkurrenzszenen. Ich hatte zum Beispiel Westbam als DJ, und dann hat der Manager dem verboten, bei uns aufzulegen, weil er nicht Mainstream gespielt hat. Und hat nebenan einen anderen Club aufgemacht, wo Westbam dann das gespielt hat, was er mußte. Irgendwann fing es an, daß jeder Clubmacher seine Schäfchen zusammenhaben wollte.

Das haben wir ein paar Monate gemacht, aber es wurden so viele Freidrinks ausgegeben, daß wirs zumachen mußten. Ich kannte einfach zu viele Leute, das war Horror! Die Anlage kostete ja schon, das Personal – pro Nacht habe ich 10 000 Mark bezahlt. Und in den gleichen Räumen hab ich mich dann mit dem Boudoir wieder auf den Rahmen beschränkt, den ich kannte.

Bei der Renovierung der Räume habe ich dauernd einen Song gehört: It used to be my playground, von Madonna. Deswegen hatten wir einen grünen Teppich. In der Mitte stand ein

Venusgrotte/Taboo/Boudoir 257

Lena Braun und Kompagnon Manfred Niepel als Conferenciers in der Venusgrotte. Foto: Gisela Sonnenburg

riesiges Himmelbett, weil ich recherchiert hatte über die Entstehung des Salons, und dabei kam heraus, daß die Leute im Mittelalter vom Bett aus residiert haben und es ein Wohnzimmer in dem Sinne gar nicht gab. Und die ersten Künstlertreffpunkte waren die Boudoirs der Damen. Das hatte ich irgendwie auch vor, in einem privaten Kontext Kunst zu präsentieren. Von daher das Bett als privater Raum im Zentrum, und man konnte es als Bühne benutzen. Wir haben als erstes Attila Richard Lucas ausgestellt, und mein Lieblingsbild von ihm hatte einen rosanen Hintergrund und in einem Gitterbettchen lag ein Skinhead mit Spielzeug. Das war für mich das Symbol für diesen Playground.

Anfangs hat es funktioniert, weil einige Leute ganz stark mit ihrem eigenen Film in diesen Raum kamen und dann Gäste kamen, die das genossen haben. Genau so hatte ich das Boudoir geplant, als Kulisse, in der halbwegs inszenierte Sachen passieren. Ich hatte vor, an den harten Kern von Leuten, mit denen ich im Kontakt war, kleine Karten mit seltsamen Anweisungen auszugeben, daß die auf den Vernissagen bestimmte vorgegebene Rollen spielen. Das ist diese Mischung von Virtualität und Realität. Was passiert, wenn einige Leute wissen, daß sie artifiziell sind, und die anderen, ohne es zu wissen, mit einer Inszenierung konfrontiert sind. Das ist mir nicht gelungen. Meine Partnerinnen Iris und Suse dachten, daß es sich nicht machen läßt, und da wir demokratisch waren, wurde ich überstimmt. Und durch die wahnsinnig große Presse, die wir hatten, kamen die falschen Leute, die die Kernszene quasi von der Bühne oder aus dem Bett verdrängt haben.

Meine Partnerinnen waren auf einem kommerzielleren Trip – die eine führt heute das Rheingold, die andere die Seven Lounge –, deswegen bin ich 1995 ausgestiegen. Zu dem Zeitpunkt liefen im Prinzip nur noch Fremdveranstaltungen. Suse und Iris haben das Boudoir noch eine ganze Weile weitergemacht, auch mit großem Erfolg. Ich bin eigentlich zu einem sehr ungünstigen Zeitpunkt ausgestiegen, als gerade der völlige Hype war. Ich hatte dann nur einfach die Schnauze voll und auch meine offizielle Anerkennung gehabt. Vom PS 1 wurden wir eingeladen, das Boudoir nach New York zu bringen, das wurde aufgebaut Broadway Ecke White Street, und dann haben wir mit 54 Künstlern aus New York und Berlin den Laden zwei Wochen bespielt.

Ich wollte dann unbedingt Kunst und Film verbinden und lief mit einer dieser ersten Hi8 Kameras mit eingebautem Monitor herum. 94 hatte ich schon eine Agentur gegründet und mit drei anderen in der Potsdamer Straße ein Büro bezogen. Da haben wir viel fürs Fernsehen gemacht, das lief zunächst parallel. Beiträge für Liebe Sünde und Deutsche Welle. Darüber ergaben sich Kontakte zu Arte, und ich habe zusammen mit der ungarischen Regisseurin Marie Cantu den Film Der Hellblaue Engel gemacht, zum Themenabend Helden. Der erste Film in Deutschland über das Internet. Eine ganz Junge, die im Internet ihre Helden gesucht hat, landet letztendlich in Mexiko bei den Aufständischen. Sehr lustig. Aber ganz so fiktiv war das nicht, weil ich in der Zeit oft in Barcelona war und die Leute, die bei der Revolution in Mexiko die Fäden gezogen haben, auch teilweise kannte.

Ich habe einen Roman geschrieben – Bibbi Nylong und der Klugklugxklan –, sehr viele Kurzgeschichten, hab angefangen mit Drehbüchern. Dann habe ich eine Firma gegründet, die Film Factory, um die Stoffe zu verdealen. Ich hab ein Jahr fast nur Stoffe entwickelt, sowohl Kurz- als auch Kinofilme, viele Sachen sind natürlich auch nicht fertiggeschrieben worden, als ich bemerkt habe, daß es in der Filmwirtschaft gar nicht üblich ist, daß man Stoffe alleine entwickelt. Das war teilweise sogar hinderlich.

Ich habe auch eine TV-Serie entwickelt, Wiener 17, die handelte von mobilen Pflegerinnen, die sich in Kreuzberg rumgetrieben haben, und von der Konkurrenzsituation, die unter diesen Pflegestationen besteht. Es gab da eine Liebesgeschichte zwischen uralten Leuten und Drogengeschichten und was weiß ich.

Finanziert habe ich mich damals über Konzepte für Werbeagenturen, für Events und solche Geschichten. In der Akademie für Kultur und Bildung habe ich ein Jahr lang eine Ausbildung im Management- und Marketingbereich gemacht. Das war vielleicht ein Horror. Danach hätte man eigentlich ein

Praktikum machen müssen, aber ich bin gleich auf Promotionstour gegangen für die A-Klasse von Mercedes und hab 8- bis 11 000 Mark im Monat verdient.

Wenn man sich nicht sehr an den gängigen Genres orientiert, ist es schwierig, etwas auf den Markt zu bringen. Es gibt halt ein Schubladendenken, auch sexuell. Das dritte Geschlecht ist bei uns einfach noch nicht etabliert genug. In den USA, in San Francisco werden schon lange 18 Geschlechter definiert, das ist bei uns immer noch die eins und die zwei. Also jetzt kämpfen wir gerade dafür, daß vielleicht mal die drei angedacht wird.

Ich fühle mich eigentlich mehr als Transe denn als Lesbe. Also eher wie eine Frau, die eine Frau spielt. Von daher auch der Hang zum Glamourösen. Drag Queens liebe ich sehr. Ich mag halt lieber Wesen, im Sinne von Fairy Tales. Leute, die Verschiedenes in sich vereinigen. Sich als Lesbe zu definieren, ist für mich nicht einfach. Ich mag nicht unbedingt die männlichen Eigenschaften, die so in den Vordergrund geschoben werden. Es ist natürlich wichtig, die männlichen Aspekte in sich zu mögen, aber ich mag die nicht unbedingt körperlich, im Sinne von, daß ich mir jetzt die Haare abschneide und einen auf Bauarbeiter mache. Das kann man auch mit Durchsetzungsvermögen und Agilität in einer künstlicheren Form ausleben. Was Diven sehr gut können oder konnten. Aber das Weibliche momentan ist doch sehr objekthaft geworden. Und viele Frauen, die Kinder bekommen, werden dann sehr linear. Gut, es gibt schon Frauen, die sich trauen, Sprünge zu machen. Aber Frauen machen weniger Kamikazeaktionen. Dieses Bang, Bang – Bang, Bang. Dieses Zackige, das haben Frauen nicht. Sie hauen nicht jeden Tag 10 000 Spermien raus, sondern müssen sich neun Monate mit diesem Kokon beschäftigen. Vieles ist einfach genetisch festgelegt, das nervt völlig. Ich wurde früher, als ich 23 war, auch Kamikaze-Lena genannt, und den Zustand Ran out of Money kenne ich sehr gut. Aber ich würde nie soweit gehen, drei Millionen Schulden zu machen.

Ich habe einen Sieben-Jahres-Zyklus, das ist wahrscheinlich wieder was typisch Weibliches oder etwas, was aus der alten Zeit stammt, als man das Leben noch mehr als Kreisbewegung gesehen hat und nicht unbedingt als Linie, die von A nach B geht. Auf jeden Fall habe ich sieben Jahre studiert – Germanistik und Publizistik und noch ein paar Jahre Philosophie –, dann habe ich sieben Jahre das, was ich dort reingefressen habe, ausgeschüttet. Jetzt habe ich eigentlich wieder eher sieben Jahre studiert, habe gelernt, wie man Leute managt, wie man Kalkulationen schreibt, wie man Konzepte schreibt, bin mindestens dreimal die Woche ins Kino. Und es kommt die nächste Output-Phase.

Zwischendurch hatte ich auch eine Babyphase, das war vielleicht schlimm. Das war auch ein weiterer Grund, warum ich das Boudoir aufgegeben habe. Ich habe keins bekommen, weil ich wollte ein Kind von einer Frau, und das funktioniert ja nicht. Ich hab dann ein Drehbuch darüber geschrieben, Babylove. Der Film endet mit dieser Titanic-Szene, wo die beiden am Bug stehen, diese beiden kitschigen Persönchen, nur bei mir ist es ein Piratenschiff, auf dem die beiden Hauptdarsteller zu unbekannten Ufern aufbrechen. Sie tragen beide das Viva-Maria-Kostüm von Louis Malle, eine hat das Baby auf dem Arm, und die zweite Frau ist eine Transe: Das war die Lösung. Ich hab fast alles durchprobiert, eine andere Lösung ging nicht. Ich war ja schon teilweise scheinschwanger, wenn ich mit einer Frau geschlafen hab. Der absolute Horrortrip. Ich hab sogar auf eine Zeit-Anzeige geantwortet von einem Typen, der unbedingt Kinder in die Welt setzen wollte. Ich bin dann mit ihm durch alle Bäder Deutschlands und der Schweiz gegondelt, um das Thema ausgiebig und entspannt zu diskutieren, aber da auf einen gemeinsamen Nenner zu kommen, der emotional befriedigend ist, war unmöglich. Und was will ich mit irgendeinem unbekannten Sperma? Dazu bin ich zu romantisch.

Mittlerweile bin ich doch mehr für artifizielle Kinder. Superspannend. Avatare find ich total klasse. Ich bin mit allen Sachen immer zu weit voraus, aber vielleicht diesmal, mit dem Internet und den neuen Medien, nicht unbedingt, damit hab ich mich jetzt im letzten Jahr beschäftigt. Mit Rupert Richter zusammen habe ich eine Agentur gegründet, Home is. Das ist ein Chiffre genau wie Liebe ist . . ., du kannst dahinter immer andere Wörter einsetzen. Rupert ist Grafiker und arbeitet schon ziemlich lange im Bereich Internet und hat ganz interessante Projekte gemacht, für die Expo und andere Geschichten. Supervollprofi. Wir machen PR- und Kommunikationskonzepte für den Kino- und TV-Bereich, im Internet, aber auch offline. Es gibt Events, es gibt ungewöhnliche Aktionen in den Straßen der Metropolen, es gibt Fakegeschichten, die Medienhypes erzeugen. Rupert ist traumhafterweise eine gute Ergänzung zu mir, weil er wirklich alle technischen Sachen beherrscht. Er hat mir viel beigebracht, und ich lerne wahnsinnig gerne.

Ich glaube, auf einem Bein kann man nicht stehen. Und man sollte immer mehrere Eisen im Feuer haben. Schrecklich, wie viele Sachen ich immer mache! Gott! Das sagt man mir immer: Lena, du verzettelst dich! Zettels Traum, Fragmente, Benjamin – ich will einfach gucken, was passiert. Ich glaube auch, daß man die Sachen miteinander verknüpfen kann. Ob es um Räume geht oder um Künstler geht oder um Filme oder Theatergeschichten – meine Lieblingsbeschäftigung ist das Inszenieren. Das ist der Punkt, wo es letztendlich zusammenläuft. Ich würde wahnsinnig gerne Theater und Film näher zusammenbringen. Da ist ja mittlerweile eigentlich gar keine Verbindung mehr. Und ich glaube, dadurch daß wir im Internet wieder diesen Guckgasten haben, daß man da vielleicht ein Crossover findet.

Ich hab mir eine neue Methode ausgedacht, wie man Avatare herstellt. Avatare sind ziemlich teuer, einer kostet 60 000, eine Plattform eine Million. Und man kann mit anderen Mitteln, die aus dem Kunst- und Filmbereich stammen, künstliche Figuren entwickeln, die nicht so teuer sind, aber viel spektakulärer. Ich hab gegenüber von meiner Wohnung noch eine zweite Wohnung angemietet, da baue ich ein Webstudio auf, um damit anzufangen. Wir haben schon einige Surroundings geschaffen, in denen man zum Beispiel Minisoaps für das Internet drehen kann. Supersüß sehen die aus. Es ist insgesamt schon eine Animation, aber es besteht zum Teil aus Realsequenzen und die werden am Computer weiterbearbeitet.

Nur habe ich auch noch andere Ambitionen. Ich möchte gerne letztendlich Produzentin werden. Deswegen beschränken wir uns auch mit Home is auf die Filmwirtschaft, und dann geht man halt Stück um Stück immer mehr zu eigenen Produkten.

Ich möchte auch im Realfilm weiterkommen. Deshalb mache ich jetzt bei einer Produktion mit über Sex in der Zukunft, unter der Schirmherrschaft von Lothar Lambert, wo ich einen 12-Minüter produziere. Da hab ich das Drehbuch geschrieben und führe auch Regie.

Gestern abend hatte ich die Idee, daß ich eine Drag-Queen-Agentur aufmache, noch nebenbei, weil Drag Queens liebe ich sehr. Ich möchte, daß Drags viel Geld verdienen und ihrem Namen alle Ehren machen. Ich fände es schön, wenn solche Leute, die wirklich glamourös sind, auch dementsprechend eine politische Macht hätten. Jetzt brauchen sie erstmal Geld.

In meiner ersten Outputphase ging es wirklich auch darum, Berlin mitzuprägen. Damals habe ich überhaupt nicht darauf geachtet, ich habe überhaupt nicht kapiert, daß das irgendwie so was gewesen ist. Ich habe das einfach gemacht, da fehlte mir dieses Metabewußtsein völlig. Mein erster Praktikant, Fabian, hat mir dann 1996 erzählt, daß er immer die Klatschpresse gelesen hat und mich immer kennenlernen wollte, aber er war erst 13 und durfte noch nicht ausgehen. Das sind Sachen, die man zehn Jahre oder fünf Jahre später erfährt, und dann denkt man: Oh, du hattest mal eine Bedeutung oder du hast eine Bedeutung. Ich hab das Gefühl, daß es momentan wieder anfängt. Mein Bekanntenkreis ist zur Zeit recht jung. Der Jüngste ist 17, und die Leute, die mich stark beeinflussen, gehen bis Mitte zwanzig.

Was hat Pantera, eine alte Bekannte und Szenefigur, neulich gesagt: Ach Lena, es ist ja so toll, daß du immer noch so im 80er-Jahre-Feeling bist. Das hat für sie bedeutet, daß ich immer noch unkommerziell bin. Dann gibts wieder andere Leute, die ältere Generation im Transgender-Bereich, die mir vorwirft, ne kommerzielle Schlampe zu sein. Das ist dieser Spagat, den ich momentan mache. Zum einen komme ich aus diesen Anfängen, die wirklich sehr off und sehr unkommerziell sind, zum anderen habe ich mittlerweile überhaupt keine Probleme mehr, genauso wie die Zwanzigjährigen zu sagen: Okay, mach ich Product Placement, kein Problem. Und die

Grätsche zu machen, mit Hilfe der Wirtschaft eigene Ideen zu realisieren, das ist, glaube ich, sehr jung.

Dafür gehe ich nicht mehr jeden Tag aus, das langweilt mich fast ein bißchen, da mache ich lieber Fotos. Es gibt mittlerweile Solitüdennischen, die ich sehr gerne habe. Aber daß die Energie, mich hauptsächlich nach Neuem zu orientieren, mir ausgeht, kann ich mir nicht vorstellen. Nur mittlerweile glaube ich, daß ich das selbst zu Geld machen kann und nicht erst die, die nach mir kommen. Man ist irgendwann alt genug. Vor allem, da ich mir vorgenommen habe, ab fünfzig Schmuck zu tragen, echte Diamanten.

Mein absoluter Traum ist: Ich möchte eine Pier besitzen, im Stile von Brighton, darauf so ein altmodisches Kasino, und dort wohne ich in einem öffentlichen supermodernen Spielsalon. Kasinos mag ich sehr gerne. Ich mag den Begriff Spiel im Zusammenhang mit Arbeit. Und deshalb werden wir in der Agentur auch den Konferenztisch so gestalten wie einen Roulettetisch, und die mobilen Arbeitsplätze werden aussehen wie einarmige Banditen. Natürlich brauche ich dazu Geld. Darum verdeal ich die Etage als Filmlocation.

In den 80er, 90er Jahren kamen Leute nach Berlin, die meinten, daß nur wenn sie nach Berlin kommen, können sie das machen, was sie machen wollen. Das ist mittlerweile anders, die Leute bringen schon etwas mit. Es kommen Leute, die sagen: Hey, thats the place, but thats me. Früher haben sie erst in Berlin das Besondere in sich entdeckt. Das bringen sie mittlerweile mit. Weil sie wissen, hier gibts eine Stadt mit grandiosen Voraussetzungen, viele Nischen sind noch zu füllen. Ich fühle mich in Berlin wieder ganz wohl, aber Anfang, Mitte der 90er wollte ich unbedingt weg. Da war hier nichts Großartiges zu holen, es war alles nur Umbruch und Warten. Wir saßen hier in so einer Warteschleife, die hat mich überhaupt nicht inspiriert. Von daher kommt meine Kuba-Faszination, denn dort gibt es noch das dralle Inselleben, das Berlin nach dem Mauerfall verloren hat. Da gibt es einfach nichts, die haben ein Fernsehprogramm und ein Filmfestival, und das wars. Was mir daran gefällt, ist nicht der Aspekt des Kommunismus, sondern der der Verweigerung. Wo aus einer Anti-Haltung eine eigene

Kultur wächst. Es gibt total tolle Tänzer, Leute, die wahnsinnig gut sind, weil sie woandershin springen möchten, sie möchten ja gar nicht unbedingt im Land bleiben. Also das Nichts mit einem großen Potential an natürlich gewachsener Kraft, denn es gibt nicht viele äußere Umstände, die das fördern. Ich meine, daß das Nichts sowieso existent ist im Herzen eines Künstlers. Daß deswegen das Etwas dazukommen sollte, um das Nichts zum Blühen zu bringen. Man muß die Oasen schon bewässern, aber es ist extrem viel witziger, wenn der Baum plötzlich mitten in der Wüste herauskommt.

Subventionen find ich super, ich finde Subventionen absolut genial. Schauen wir doch mal in die Geschichte, da haben die Adligen Bücher geschrieben, die haben sich selbst subventioniert. Ein gesellschaftliches System, das seine Künstler liebt und fördert – kann ich nur sagen: Hut ab! Aber eine Subvention kann auch sein, daß nur wenn du 20 irre Luftsprünge machen kannst, darfst du in die USA. Also ich würde eher nach Kuba gehen als nach San Francisco.

Herbert Volkmann
*1954

Mai 2002. Herbert Volkmann sitzt in der Berliner Galerie Wiensowski & Harbord und trinkt Buttermilch Banane. Seine ausgestellten Gemälde tragen Namen wie »Herr der Fliegen«, »Lolas Angst« oder »Endstation Sehnsucht«. Die dekadenten Sujets (Eine Frau schlingt einen Vogel von ihrer nackten Brust; ein Model sitzt vor einer Autokarambolage auf einem Hirsch) wirken mehr tastend als expressiv. Auf etwa jedem zweiten Bild ist der Künstlerstar Jonathan Meese zu erkennen. Mitte der 90er war Volkmann Deutschlands prominentester Sammler junger Kunst und machte Meese groß, doch bald mußte er aus finanzieller Not einen Großteil seiner Sammlung verkaufen und wurde endlich selbst Künstler. Heute kauft Meese Volkmanns Bilder, und einige malen sie auch gemeinsam.

Ich bin schon mit 17 an die Kunsthochschule in Berlin zu Hermann Bachmann gekommen. Von den Eltern war das nicht favorisiert, ich hab ja auch die Schule abgebrochen, da waren Drogen mit im Spiel. Aber ich habe sehr viel gezeichnet, konnte das sehr gut, und da waren mehrere Ärzte, Psychiater, die meinen Eltern klarmachten, daß es vielleicht vernünftiger wäre, mich jetzt das, was ich offensichtlich kann und möchte, mal machen zu lassen, statt irgendwelche Reglementierungen vorzunehmen, sonst würden sie mich vielleicht nicht mehr lange erleben.

Ich bin zu Bachmann gekommen, das war eine ausgesprochene Malereiklasse, und dann ging es erstmal in Richtung Stilleben. Ich habe nicht nach Fotos gemalt, nur Realszenerien. Das lief ganz gut, da hatte ich einige Teile hingekriegt, aber ich tat mich sehr schwer mit Menschen, Portraits und so Sachen, das fiel mir äußerst schwer. So Ähnlichkeiten, die ganze Formgeschichte, hatte ich große Schwierigkeiten.

Beuys wurde bekannter, und dann fing sich meine Arbeit an

zu verändern. Da wurden Objekte gebaut, danach Installationen, und irgendwann war ich bei Performances angekommen, das war schon ziemlich gegen Ende meines Studiums. An der Hochschule konnte man damit nichts anfangen. Trotzdem, Schule war beendet, Meisterschüler hatte noch geklappt. Dann war die Frage: Was nu? In Berlin war nichts weiter zu löten, im Grunde hätte ich die Stadt verlassen müssen, das hatte ich nicht drauf und auch nicht die Kontakte. Und dann gab es den väterlichen Betrieb, einen Fruchtgroßhandel, und Geld, und da haben die mich reingelotst. Ich habe nachts zehn Stunden auf dem Berliner Fruchtgroßmarkt gearbeitet, bin um eins aufgestanden und hab um zwei angefangen, vorwiegend Ware frei verkauft. Es ist ja eine Börse, ohne feste Preise. Hab da also ziemlich viel hin- und hergemacht, und am Wochenende war Büroarbeit angesagt. Trotzdem machte ich noch einige Jahre weiter mit den Performances. Auch mal in Köln, in Zürich, in Bologna, aber hatte keinen weiteren Anschluß zur Kunstszene, das waren alles undergroundmäßige Situationen. Es gab insgesamt sechs, sieben Aufführungen, die nannten sich personelle Installationen. Ich hatte so eine Art Entsubjektivierungsmaschinerie mir zusammengebaut, konnte das aber nicht weiterentwickeln. Inzwischen gibt es zu solchen Dingen aber auch viel mehr Literatur, die einem die passenden Worte in den Mund gibt.

Bei der Galerie Endart in Kreuzberg habe ich eine Sache gemacht, die nannte sich Falle. Da standen auf dem Bürgersteig vier aus Metallrohren geschweißte Gerüste, die einen Raum skizzierten für eine Person. Und dann gab es vier Teilnehmer, die entweder innerhalb dieser Teile sich bewegten oder auch außerhalb, das waren alles ziemlich vorgegebene Handlungsstrukturen. Auf der Straße kriechen, mit einer Holzbohle auf dem Rücken, wo Früchte und eine Frau drauflagen. Dann gabs Liegesachen, wo eigentlich gar nichts passierte, sondern eine Haltung ewig lang gezeigt wurde, mit einem Text dazu aus dem Lautsprecher. Sätze wie: Hilfe, mein Ich schwimmt weg, oder: Der serielle Charakter meiner Identität wird noch nicht wahrgenommen.

In Köln war es eine ganze Fabriketage, da lag eine Person

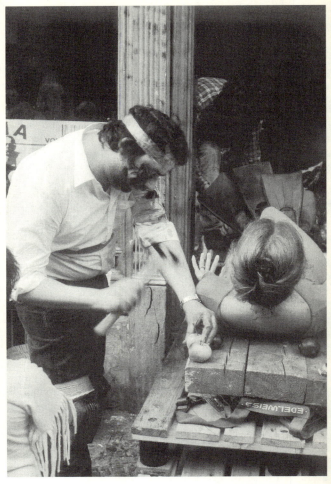

Performance von Herbert Volkmann vor der Galerie Endart in Kreuzberg, 1987. Foto: Karlheinz Brandenburg

unter einem Gitter, klebte sich Streichhölzer an ihren Körper und zündete ab und zu welche an. Es war Hochzeit Punk, da waren solche Ereignisse unbedingt mit drin. Sehr viel S/M-Zeug, daher sicher meine Affinität zu Matthew Barney. Auch eine Kriechgeschichte, daß Personen in Zeitabständen an der Wand entlangkrochen. Jemand fotografiert, zündet die Fotos an und ist dabei mit Autoteilen behangen, so daß er sich nicht richtig bewegen kann. Eine Person zertritt endlos leere Coca-Cola-Dosen. Das Entscheidende war, daß es sehr lange ging. Das Wort endlos, ganz wichtig. Bis zum Kotzen sozusagen, das war natürlich unerträglich. Am Anfang waren schon eine ganze Menge da, aber nach anderthalb Stunden kaum noch jemand. Das hielt natürlich keiner aus. Es wurden dann aber immer noch durch geschriebene Sätze und Gegenstände, die daranhingen, Zuschauer aufgefordert teilzunehmen. Zum Beispiel: Bitte nehmen sie für dreißig Sekunden einen Plastikbecher so und so in den Mund oder auf den Kopf. Und ab und zu gabs auch welche, die es taten.

Ich merkte, daß aus den Dingern, die ich fabrizierte, keine Kultgeschichte werden und daß keine Reaktionen – außer ein paar verbale – kommen würden. Die Sachen, die in diesem Bereich überhaupt auffallen, sind immer mit Extremhandlungen verbunden, also Körperverletzung, meist am eigenen. Da war die Documenta, wo ein Pole auftrat, der sich zum Schluß einen Nagel durch die Hand ballerte. Da kam mir das noch einmal näher, daß das Ganze in diese Richtung geht, und das gefiel mir halt nicht. Ich sah da eigentlich keinen Sinn drin. Das war auch überholt.

Fruchthandel ging weiter, ganz gut verdient, dann kam die Wende hier in Berlin, und danach siedelten sich verschiedene Leute des Kunstbetriebs an, die auch international bekannt, vernetzt waren und einiges kannten, und das interessierte mich natürlich. Ich bin erst einmal herumgetigert, hab mir das angesehen, da gab es Kontakte und Gespräche und man kam sich näher und irgendwann fing ich an, was zu kaufen. Ging los 90, 91 mit Pettibon, eine Zeichnung für tausend Dollar, und Krebber. Akkermann war auch ziemlich früh bei, dann kam schon Matthew Barney, dann die Engländer: Sarah Lucas, Damien Hirst.

Es wurde wichtig dadurch, daß es in den frühen 90ern keine vergleichbaren Sammler in Berlin gab, aber ein Riesenareal da war und sehr viele Leute herguckten und herkamen. Man bekam relativ schnell Presse und Öffentlichkeit, und ich kaufte absolut aktuelles Zeug. Ich fing auch an rumzureisen, Los Angeles und New York, einige Leute persönlich kennenzulernen. Als einiges an Material zusammen war, wurde eine Wohnung gemietet, Charlottenburg, Hinterhof, Parterre, wo ich jetzt mein Atelier habe, und im Winter 93/94 haben wir die erste Sammlungsshow gemacht. Da gab es immerhin schon einen kleinen Raum, gestaltet von einer Berliner Künstlerin, mit besonderem Licht und Glaseinsätzen oben unter der Decke, und das war ein kompletter Matthew-Barney-Raum mit sieben Arbeiten, den gab es zu der Zeit in Europa nirgendwo, nur bei mir in der Taubroggenerstraße. Das hat natürlich gezogen, da denkt man schon: Okay. Ich hatte von Barney drei Stücke, die hatte er zufällig in seinem Atelier zusammengehängt, und ich habe die genauso gehängt, so sah das aus wie eine größere Arbeit. War zwar nicht von ihm autorisiert, aber es gab das Foto dazu.

Das war das, was die Leute, abgesehen von der Kunst, interessant fanden: Jetzt nicht so, daß da Paläste entstanden oder das eine Figur war, die eh über unendliche Kapitalmöglichkeiten verfügte, sondern jemand, der sich überlegen mußte, was er tat. Klein, aber fein. Am Anfang habe ich im Jahr vielleicht so 100-, 150 000 Mark ausgegeben, und in der Spitze waren es 500 000.

Ich hatte von Anfang an ziemlich engen Kontakt mit dem Galeristen Bruno Brunnet, das ist heute noch so. Als seine Galerie Contemporary Fine Arts aus den Räumen in der Wilmersdorfer Straße mußte, habe ich sie vorübergehend in der Taubroggener aufgenommen. Wir haben vieles zusammen gemacht und eben auch über vieles gequatscht. Irgendwann hab ich ihm mal gesagt, daß ich immer Künstler werden wollte und das eigentlich mal werden möchte, aber die Situation, wie sie damals war, war ja klar, daß das eh – Wissen Sie, hat er gesagt, davon gibt es viele, die das mal werden wollten. Ja, muß man halt sehen, aber jetzt sind Sie eben Sammler und läuft ja ganz gut. – Und so wars ja auch.

Mit der Zeit hatte ich bestimmte Begriffe und Zusammenhänge für Vorgänge und Künstler, die saßen wie ein Repertoire. Ganz wichtig meine Sammlungsstrategie, nach der bin ich immer gefragt worden. Meine gute Nase. Daß zum Teil relativ früh günstig gekauft wurde und es dann eine gewisse Wertsteigerung erfahren hat. Was die Leute meist besonders interessiert, was aber in der Anfangsphase keinesfalls der Punkt war. In den ersten fünf, sechs Jahren habe ich nicht spekulativ darüber nachgedacht, daß ich damit Geld verdienen könnte. Das wäre auch gar nicht gegangen, so hätte man das gar nicht machen können. Das Geld, das ich ausgegeben habe, hatte ich halt zur Verfügung und es ging in erster Linie darum, interessante Positionen zu finden, die mir einen gewissen Kick geben, sie zu erwerben, zu besitzen und vor allem auch zusammenzustellen. Das ist so eine Sache, die ich immer wieder von mir gegeben habe, so ein Spruch, der kam natürlich aus diesem selber Künstler gewesen sein: Ich suche Künstler, die mir überlegen sind. Oder, daß ich von den Sachen überrascht werden möchte. Daß es meine eigenen Vorstellungen angreift und eine Unsicherheit entsteht. Das war bei Sarah Lucas der typische Fall, obwohl ich eine Nähe dazu hatte. Daß es doch extrem trashig und obszön und ordinär war. Das hätte ich mir, wenn ich meine eigene Geschichte betrachte, in der Form nicht getraut, ich hätte es aber vielleicht gerne gemacht.

Der Sammler Schürmann hat gesagt: Wenn etwas nicht mehr sendet, wenn das Sendersignal nicht mehr kommt, dann ist es ein Grund für mich, es zu verkaufen. Das habe ich für mich in einem Interview mit der Süddeutschen übernommen, obgleich da noch gar nicht viel verkauft war, es war eigentlich noch nicht viel passiert. Ich hatte natürlich Künstler, die ich favorisierte, und andere weniger, aber es war auch der Gedanke, die ganze Sache etwas anzuheizen. Es gibt von Fassbinder den Satz: Ich schlag nach links, nach rechts, irgendwen wird es schon treffen, damit etwas in Bewegung kommt. Die Künstler, die ich in diesem Interview als marginal empfand, die besaß ich ja gar nicht, Beispiel Jeff Koons. Das heißt, halt, Matthew Barney wurde auch angegriffen.

Es war bei Barney schon sehr früh gar nicht mehr möglich,

noch weitere Sachen zu erwerben. Ich wollte ja nicht eine Riesenskulptur kaufen, aber irgendwie die Sache sinnvoll weitertreiben. Ich hatte zwar in der Spitze sieben Arbeiten, aber es waren alles Editionsstücke. Aus der heutigen Sicht stellt es sich völlig anders dar, weil speziell diese Stücke werden heute wie Unikate gehandelt. Die Auflagen waren relativ niedrig, zehn, fünf und drei. Aber es ging dann eben nicht mehr weiter. Ich hatte diese sieben Dinger, saß auf denen und Ende. Und dann kamen Barneys Spielfilme, das hat mich nicht so überzeugt.

Bei meinen ersten Verkäufen ging es darum, umzuschichten. Ich habe dann einen starken deutschen Akzent gesetzt. Ad eins, weil mehr lief als vorher, die Entwicklungen wurden interessanter, sprich Daniel Richter, John Bock, Jonathan Meese. Der zweite Punkt, muß man auch klar sehen: Die Engländer und Amerikaner liefen in den Preisen weg, die Deutschen blieben. Man konnte noch für ein paar tausend Mark was Anständiges kriegen, obwohl die Kunstszene in Berlin mächtig wuchs.

Da sollte in Berlin auch eine Schau stattfinden, noch vor der ersten Berlin-Biennale. Es wurde finanziell schon langsam schwieriger, aber ich dachte, daß ich vielleicht die Kurve noch kriegen könnte. Ich hegte diesen Wunsch, und manch anderer auch, eine Berlin-Ausstellungsgeschichte zu machen in einem großen Raum wie die Halle in den Kunst-Werken, eine heiße Nummer mit dem Titel Die Mediatoren. Es sollte ein Einbau sein, wo man auch reingehen konnte durch mehrere Etagen, so ein modernes Architekturdings wie zum Beispiel Corbusier, das fassadenmäßig nachgebaut wird. Unten in der Tiefgarage wären die Arbeiten von Sarah Lucas gewesen, ganz oben wärs offen gewesen, kein Dach drüber, da hätte Meese sich austoben können. Natürlich schon ein bißchen durch meine Person gebunden, weil es einen Aufhänger haben muß. Ein spezielles Warhol-Bild, was ich unheimlich gut und wichtig finde, hätte man ausleihen und da hinhängen können. So ein Autounfall-Ding, mit einer Frau, die ist durch ein Autodach geflogen und liegt da wie ein Engel, ein irre gutes Bild.

Aber es ist alles Makulatur, es kam nicht mehr dazu. Mir rutschte der Boden nach und nach weg. Mit der Wende wurde am Fruchtmarkt sehr viel Geld verdient, aber dann ist jeder

Sammlung Volkmann 273

Piesepampe, der irgendwie was Fahrbares hat, damit nach Berlin gekommen. Das andere waren die neuen Supermärkte, die an der Peripherie entstanden und die Kunden aus Berlin mit Tiefpreisen lockten. Das wurde im Fruchtgroßhandel immer härter. Bis ich sehr kurzfristig einen Großteil meiner Sammlung Ende 99 bei Christies versteigert habe. Da mußte ich verkaufen, und das ist eigentlich auch für alle Künstler recht gut gelaufen.

Diese Haltung von Galeristen, daß man als Sammler nicht verkaufen darf, ist auf Dauer nicht zu halten. Das ist dermaßen gegen unsere Wirtschaftswelt. Ich kann das verstehen aus markttechnischen Erwägungen den einzelnen Künstlern gegenüber, sie vor der Spekulation zu schützen, aber gegenüber dem Käufer ist das nicht mehr groß zu begründen. Die Ausstellungsflächen haben sich seit dem Krieg verhundert- oder vertausendfacht, der ganze Wirtschaftsfaktor ist riesig gewachsen.

Ein Sammler kommt ab einer bestimmten Dimension automatisch in dieses Kunstgeschäft hinein. Es ist nicht einmal so, daß er es will. Dem werden dermaßen viele unsittliche Anträge gemacht, von Galerien, von Auktionshäusern, von von von, daß die wenigsten widerstehen. Verkauft haben sie alle, und gerade auch Galeristen, die gesammelt haben, und auch reichlich vertickert in Auktionen, natürlich selten unter ihrem Namen. Oder es sind wenige auserwählte Hochfinanzleute, wo Geld absolut keine Rolle spielt, aber das sind bei Kunstsammlern in Deutschland momentan zwei, in Amerika gibt es ein paar mehr.

Ich habe meine Eigentumswohnung vertickert und in Kunst umgesetzt, das ist schon ziemlich balla balla im Grunde genommen. Kunst ist mir wichtiger als Geld. Ich habe nicht dieses Sicherheitsbedürfnis, das heißt dieses Bedürfnis anzuhäufen, um mich abzusichern. Das kann man ja mit allem machen, auch mit Kunst. Was bei vielen Leuten, gerade im Alter, erheblich ansteigt. Ich sehe das auch bei vielen aus der Kunstszene, auch jüngeren und Künstlern, wenn die Kohle machen, was sie sich dafür kaufen, das läuft genauso ab wie bei allen anderen Bürgern auch. Dieses Bedürfnis habe ich nicht. Ich lebe mei-

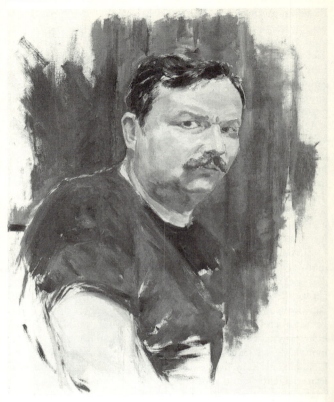

Porträt Volkmann, 1995. Foto: Jochen Littkemann

nen Stiefel und denke mir, daß es sich irgendwie weiterentwikkeln wird.

Ich hatte 76 aufgehört zu malen, aber durch das Sammeln bin ich wieder zur Malerei gekommen. Da waren auf einmal Maler, die sich als halbe Performer begriffen wie der Krebber und recht obskure Produktionsberichte von sich gaben und wo auch die Bilder merkwürdig aussahen. Das interessierte

Sammlung Volkmann

Endstation Sehnsucht, 2002. Links prostet Jonathan Meese, rechts Bruno Brunnet. Foto: Jochen Littkemann

mich, weil ich den Dreh für mich erstmal nicht gefunden hatte.

Daß ich wieder angefangen habe zu malen, wußte anfangs keiner. 95 habe ich Bruno Brunnet ein Selbstportrait von mir gezeigt, das war das erste Mal. Man war natürlich ein bißchen überrascht, daß jemand einfach so etwas macht. Ähnlich wie jetzt. Am Anfang dachten ja viele, daß die ganze Ausstellung hier ein gigantischer Fake ist.

Bruno hat sich sehr lange dagegen gesträubt, also ist eigentlich der letzte gewesen, der es geglaubt hat. An den Bildern lag es nicht, der hat mich einfach nicht so gesehen und wollte mich nicht so sehen. Als Sammler habe ich in der Galerie natürlich einiges bewegt und einige Mark dort gelassen.

Jonathan Meese, den ich relativ stark gekauft habe, hat immer mal Material aus meinen Performancegeschichten in seine Installationsräume eingesetzt und eingeklebt. Und auch ein frühes Bild aus dem Jahr 95 von mir verwendet, was ich nach einem Fotostill von Fassbinder gemalt habe – Veronika Voss, wo sie zum Schluß im Schlafzimmer steht und sich das Leben nimmt. Extrem stilisierte Schwarzweiß-Situation, wahnsinnig überzogen und sehr beeindruckend. Da habe ich was rausfotografiert und blauweiß abgemalt, auch sehr künstlich. Das war damals reines Privatvergnügen, da habe ich noch voll gearbeitet. Und als die ganze Sammlergeschichte zu Ende ging, hat Jonathan sehr unterstützt, daß ich nun Künstler werden sollte und nicht Kunsthändler oder Galerist. Und mich immer aufgefordert, ihn mal zu malen. Ich hab dann später bei einigen Bildern von ihm dies und jenes gemacht, wo er mich gebeten hat, da und dort eine Stelle zu machen. Das war nicht so, daß wir im großen Stil zusammengemalt hätten, aber es gibt immer mal wieder so Sachen, wo wir eher kleinere Teile oder Restteile hervorkramen, die bei ihm übrigbleiben, weil er im Gegensatz zu mir gigantisch viel produziert. Relikte, wo er nicht weiterkam, und dann hab ich da ein bißchen weitergemacht und er wieder.

Nach dem Krieg war in der Kunst eine bestimmte Inhaltlichkeit eher uninteressant. Ich finde Kippenberger als Person sehr interessant und auch gut, als Künstler habe ich meine Zweifel. Da kommen so viele Dinge hoch, die spezifisch kunstbetriebsmäßig sind, wie dieses Anti-Beuys. Fassbinder hat Reporte geschaffen, die was mit meiner Zeit, zumindest meiner Anfangszeit zu tun haben – bildende Künstler kaum.

Ich sehe bei mir Parallelen zu Fassbinder, was Rauschmittelkonsum, was Exzessivitäten, aber auch was ein Bedürfnis betrifft, irgendwas voranzutreiben. Bei ihm war es natürlich vollkommen klar gerichtet von Anfang an und lief absolut ohne Pause. Das hängt aber auch sehr mit sexuellen Dingen zusammen, da kenne ich andere Schicksale von Homosexuellen, die ähnlich sind: dieses permanente Bedürfnis, jemanden zu finden, der Partner für einen ist und der es aber eben immer nicht ist oder nur für eine begrenzte Zeit. Das erzeugt eine ungeheure Rastlosigkeit und einen unglaublichen Lebensverbrauch. Dieses Nichterfüllenkönnen, nicht des Triebes, dieses – ja, ich kann es schwer beschreiben, weil ich es nicht nachvollziehen kann. Ich lebe meistens auch alleine, aber ich habe nicht das Gefühl, daß mir was fehlt.

So hat sich das bei mir nicht entwickelt. Dafür hat es zu früh angefangen. Ich habe Suchtprobleme seit meinem 15. Lebensjahr und bin deswegen in ärztlicher Behandlung. Meine Hauptprobleme in der Richtung sind gesundheitliche, weil ich bin ja auch nicht mehr der Jüngste, und es wird jetzt wahrscheinlich wieder eine längere Phase der Nüchternheit kommen. Bei mir geht es kaum noch anders. Es wirkt eh nicht mehr viel, wenn man 20, 30 Jahre solche Sachen macht. Für mich ist es wichtig, daß ich meine Nüchternheit liebe. Daß ich damit umgehen und arbeiten kann.

In meinen Bildern kann man einen Hang zu Exzessen, auch Dekadenz da und dort schon sehen, auf jeden Fall zum Risiko. Wobei alles, was wir als Überschreitung und Entgrenzung der bürgerlichen Kultur jetzt noch nachempfinden, ist im Grunde Teil einer Pop-, sprich neuen bürgerlichen Kultur. Was ist dann, stelle ich mir die Frage, die neue Grenze oder die neue Offenheit? Was sprengt noch den Rahmen? Gibt es das oder gibt es das gar nicht mehr? Da kommt die Klaustrophobie als ein überschreitendes Wort rein und Prozesse, die scheinbar zwischen real und Fiktion liegen. Die scheinbar ausgedacht sind und es dann plötzlich nicht mehr sind. Eine Sache von Bedrohung und Entgleisung und damit verbunden Destruktion. Daß solche Dinge äußerst schleichend daherkommen und vielleicht sehr überdimensional. Ein saublödes Beispiel, aber: 11. September.

Ein Tier in Verbindung mit einem Menschen gibt dem Bild einen Stoß unter bestimmten Bedingungen. Daß man in dem Menschen eine Fortsetzung hat und tatsächlich beim Malen der Schwierigkeitsgrad eine Etage höher ist als beim Tier. Aber die Beziehung untereinander, dieses Körperliche, was sehr ähnlich ist, und dieses Materielle, was zum Teil sehr ähnlich ist, Haut, Haare, dann die ganze Modegeschichte, die Verwendung von tausend Utensilien, die aus der Tierwelt kommen. Das in Beziehung zu bringen, hat für mich einen starken Reiz. Und dann kommt das materialsinnliche Moment dazu. Speziell Frauen haben gesagt, daß das etwas Anziehendes hat.

Ich sehe immer auch als Sammler auf meine Bilder und versuche diesen Kick zu finden, in der Annahme, daß es bei anderen ähnlich ist: das leuchtend rote Haar, die Glanzlichter auf den übergroßen Weingläsern. Aber ich weiß nie genau, wann eigentlich Schluß ist. Es ist heute noch so, daß ich immer weitermachen könnte mit den Bildern und bei einigen x andere Bilder darunter liegen, die für andere Betrachter schon fertig waren.

Ich muß mit meiner Malerei Geld verdienen. Das wollte ich auch und habe mir gerade noch ein Auto gekauft. Ich will wirklich konzentriert sein und glaube, daß ich noch zulegen kann. Ich habe einige Fäden gezogen, die meinen persönlichen Lebensstil und Tagesablauf betreffen. Ich habe einen guten Bekannten, der sich um meine Wohnung, mein Auto, Verwaltungssachen, Banksachen kümmert. Den ganzen Plunder, der zu machen ist, nimmt der für mich in die Hand.

Seit dem Krieg gibt es kein Beispiel, daß ein Sammler zum Künstler geworden ist, trotz einiger Versuche. Das hat mich am Anfang sehr skeptisch gemacht. Aber daß ich Sammler gewesen bin, wird gar nicht so sehr thematisiert, wie ich erst dachte. Für viele ist der Vorgang, daß ich 48 bin und nochmal anfange, Kunst zu machen, viel interessanter.

Bis zuletzt...

Lena Braun

März 2003. Wir sitzen in Lena Brauns Kreuzberger Wohnung, die sie neuerdings mit ihrem Pudel Scarlet teilt. Die gegenüberliegende Wohnung, in der sie vor zweieinhalb Jahren ein Webstudio einrichten wollte, hat sie gekündigt.

Wir hatten für Home is einen Geldgeber in der Schweiz aufgetan, auch die Promotion zu der Filmserie Der nackte Affe war am Start. Dann kam der Börsencrash, und die Auftraggeber, die vorher sehr viel Spielgeld hatten, um Ungewöhnliches zu produzieren, sind entweder vollkommen weggebrochen oder wollten nur noch das Notwendigste machen. Da hat sich dann doch gezeigt, daß Internet eher ein Distributionsorgan ist als ein Spielfeld.

– Ach so, oh Gott, die Einweihungsparty unserer Büroetage, das war die volle Show. Als ich aus meiner Wohnung ging, lag im Briefkasten eine Traueranzeige: meine Lieblingscousine war gestorben. Also mußte ich noch in der Nacht nach Wuppertal fahren, um sie zu beerdigen. Ich war ziemlich fertig und drüber und hatte aus dem Grund auf der Einweihungsparty öffentlichen Sex. Mit meiner damaligen Affäre, hab da irgendwie die Sexshow vorgeführt, daraufhin waren schon mal einige Kunden, die Mitte-Mitte wichtig-wichtig waren, doch nicht mehr so ganz von unserer Seriosität überzeugt. Da haben mich die anderen Leute aus der Etage gehaßt. Aber ich war total besoffen und bin mit Perücke, schmutzigen Füßen und meinem kleinen Negligé losgefahren, um meine Lieblingscousine zu beerdigen. Und dann hab ich noch erfahren, daß die sich im Mini Cooper vergast hat, weil sie sich mit ihrer Freundin zerstritten hat.

Im März 2001 habe ich das Büro aufgegeben, die anderen sind noch bis in den Sommer geblieben. Natürlich haben wir alle Schulden angehäuft und die müssen abbezahlt werden. Ich fands nicht besonders witzig, dieses Lehrgeld zu zahlen, weil man auf diesen Hype hereingefallen ist. Mich hats ganz schön runtergezogen.

Ich hab schon noch eine Weile in der Branche weitergearbeitet. Ich habe Texte für eine Stiftung geschrieben und einen Lingubot, das ist ein einfacher Avatar, zum Sprechen gebracht. Aber ich hatte irgendwann definitiv den Charakter eines Zulieferanten, und das ist auf Dauer nicht meins.

Dann habe ich an meinem zweiten Roman geschrieben – der erste erscheint jetzt wohl bei einem Wiener Verlag, nach zehn Jahren. Ich hab wahnsinnig viele Collagen gemacht und überhaupt keine Lust mehr gehabt, mir was Großartiges auszudenken und in Mitte rumzuspringen.

Für Wigstöckl, das deutsche Wigstock – abgeleitet von Woodstock –, habe ich im BKA-Zelt The Queer Version of Nibelungen aufgeführt. Da habe ich zusammen mit Roger Jahnke die Regie geführt und das Buch geschrieben und eine der Hauptrollen gespielt. Das war eine Mischung aus Nibelungen und Chorus Line, Siegfried war eine Transe. Vor 700 Zuschauern.

Im Winter 2001/2002 bin ich Robyn Orlin empfohlen worden, das ist eine Regisseurin aus Südafrika, ziemlich berühmt. Sie hat eine Drag-Darstellerin gesucht und mich engagiert für ihr neues Stück – eine Konferenz zwischen sechs Iphigenien. Die Premiere war auf dem Tanzfestival von Montpellier, bisher folgten Aufführungen im Hebbel Theater in Berlin und Paris im Théâtre de la Ville. 2003 macht Orlin ein Jahr Pause, und vielleicht geht es 2004 weiter auf Welttournee.

Für mich war es eine geniale Erfahrung, weil Robyn Orlin ähnlich arbeitet wie ich vor 10, 15 Jahren, mit sehr bedeutungsschwangeren Versatzstücken und sehr camp. Dadurch bin ich wieder zu meinen Ursprüngen gekommen. Jetzt mache ich mit den Sista Brüll auf dem Avantgardefestival in Wels, in der Nähe von Linz, eine Performance über Amok, Terror und Haß. Seit knapp einem Jahr gebe ich in einem Schülerladen Kurse für Mädchen in der Vorpubertät, zwischen acht und elf. Wir haben einen Barbie-Fotoroman gemacht und drehen momentan ein Musikvideo.

Und ich mache mich wieder selbständig. Ich habe einen kleinen Raum in Kreuzberg, am Görlitzer Park, gemietet, dort

werde ich demnächst einen Artclub eröffnen. Ein verschwie-
gener Ort, an dem kleine Sachen geschehen. Also etwas sehr
Überschaubares und was ich schon oft gemacht habe. Das Lokal heißt Fugidiva – von The Fugitive. Ich gebe der etwas ex-
tremeren Kunst ein neues Zuhause, und der Tresenraum sieht
aber aus wie ein Gefängnis – mit Gitterstäben von Boden bis
Decke. Das muß auch sein, weil in dieser Gegend gibt es wie
überall in Kreuzberg ziemlich hohe Kriminalität.

Ich glaube, reich werde ich nicht mehr. Es ist total witzig,
wie ich älter werde und das Gefühl habe, ich bin immer die
gleiche, egal was ich mache. Natürlich verändere ich mich – in
dem Sinne, daß man, wenn man arrogant sein will, behaupten
kann, daß ich weiser werde. Aber durch diese Weisheit werde
ich immer jünger. Ich finde es zwar total ernüchternd zu verstehen, wie die Welt funktioniert, aber wenn man es dann weiß,
muß man erst recht das machen, was man macht.

Jens Thiel

*Januar 2003. Neue Armut Mitte steht auf einer an die Ein-
gangstür geklebten Postkarte. Die Luftmatratze ist fast leer,
aber ein Bett wird bald geliefert. Auf einem Tisch funkeln zwei
Plattenspieler von Technics, daneben in einer Kiste die Platten
in Klarsichthüllen.*

Venturepartner gehörte drei Leuten. Einer, Patrick, hatte es
mit einem Darlehen eigentlich finanziert, der war inaktiv,
machte damals seinen MBA in Kapstadt und guckte ab und zu
mal rein. Ich habe mich dann mit dem zweiten Partner – Doktor Grünenberg – überworfen. Ich bin, nachdem ich mir sagte:
Nö, magste nicht mehr, im Januar 2001 für sechs Wochen nach
Thailand gefahren und bin dann raus.

Für den Vater eines guten Freundes habe ich ein paar Immo-
biliengeschichten gemacht, damit habe ich überwintert. Er
hatte ein Mandat für eine polnische Großbank, die ein riesen
Portfolio hatten von ihren Filialstandorten, und da haben sie
überlegt, ob sie das nicht ausgliedern oder verkaufen, und ich
hab mal berechnet, was denn unter den Gegebenheiten des
polnischen Steuerrechts und ihrer Annahmen und Erwartun-
gen eine gute Strategie für die Bank wäre. Sone Geschichte und
weiß nicht, was ich noch alles gemacht habe in dieser Zeit.
Keine Ahnung. Nicht viel. Überhaupt nicht viel Geld verdient,
überhaupt nicht viel gearbeitet und auch nicht so richtig Spaß
gehabt. 2001 war son bissel ein Katzenjammerjahr. Ich war
einfach nicht motiviert.

Für Venturepartner hatte ich jemanden, der mich damals
auch mit den Jungs zusammengebracht hatte und der ein neues
Betätigungsfeld suchte. Man hat über den Anteilskauf verhandelt, im gleichen Moment haben sich aber er und Doktor Grünenberg auch immer mehr in die Haare gekriegt, die Firma
ging dann auch abwärts und ist implodiert innerhalb von wenigen Wochen. Recht unangenehm, das hatte man sich anders

vorgestellt, das hätte man auch anders machen können. Ich hätte, als ich rausgegangen bin, sagen sollen: So, hier sind meine 30 Prozent an der GmbH, kauf sie zum Nennwert, basta. Und die Ansprüche aus Honoraren, die ich noch habe aus den letzten Monaten gegen die Firma, die regeln wir extra. Das wäre ein sauberer Cut gewesen. Dann wäre der neue Partner vielleicht auch motivierter gewesen und hätte dem anderen Menschen auf die Finger geklopft. Haben wir halt nicht gemacht, war ein Fehler.

Dieser Doktor Grünenberg ist wirklich ein Verrückter, der hinterläßt eine Spur von Verwüstung in allen möglichen Firmen, in denen er gearbeitet oder die er gemacht hat. Er hat dann den letzten hoffnungsvollen Mandanten mitgenommen, sprich: Er hat sich an dem beteiligt, hat da sogar eine Mehrheit übernommen und sich um Venturepartner überhaupt nicht mehr gekümmert. Patrick und ich haben dann die Notbremse gezogen, haben ihn mehr oder weniger vor die Tür gesetzt und versucht, noch was zu retten. Zwei Mandate, die noch hätten werden können, noch versucht zu kriegen. Das hat nicht geklappt und im September 2001 gab es den Insolvenzantrag.

Ich hatte meine Anteile an der Firma verloren und dummerweise auch noch eine Bürgschaft für den Kontokorrentkredit in geringer, sehr geringer fünfstelliger D-Mark-Höhe laufen. Also eigentlich ein blaues Auges, es ist überschaubar. Das steht irgendwie noch da, wird man irgendwann wenigstens teilweise zahlen müssen, aber es ist keine Katastrophe.

Danach kam ein sehr spannendes Projekt eigentlich. Ich habe zwei Teckies kennengelernt, die Software gemacht haben zur 3-D-Visualisierung. Der eine ist ein Genie, wenn du auch so rumfragst in der Szene. Der kann nicht flüssig sprechen, hat, glaube ich, mit 25 immer noch keinen Sex gehabt, der ist mit seinem Rechner wirklich verschmolzen und programmiert Algorithmen, das versteht niemand auf dieser Welt, aber sie funktionieren.

Deren Ding waren Bewegungsmodelle für menschliche Charaktere. Eine großartige Sache, das hat weltweit wohl bisher immer noch niemand in der Form hingekriegt. Du klickst einfach an irgendein Gliedmaß und dragst das irgendwo hin und der ganze Körper folgt in vollkommen natürlicher Weise. Das wird in Echtzeit gerechnet. Das kannst du in einem Produktionsprozeß verwenden, aber was die sich dachten, und das war schon clever: Man kann damit Erotik machen. Das sah sehr vielversprechend aus.

Ich war da nie beteiligt, das war meine Lehre. Ich hatte meinen Deal praktisch fertig verhandelt, aber ich hab auch gesagt: Nö, ich will mal eure Milestones sehen, und bis dahin ist es eure Sache, daß *ihr mir* was bezahlt. Und im November hieß es: Im Januar ist der Prototyp fertig. Dann hieß es: im März. Das ging immer weiter weiter weiter. Und ich wollte verdammt nochmal was verkaufen. Ich wollte es unbedingt an Uhse oder Private verticken. Das geht aber nicht, wenn man nichts zeigen kann. So ein ganz lower Prototyp war da, aber das war nicht anwendungsbereit, und als im Frühsommer mein Vertrag ausgelaufen war, habe ich gesagt: So Jungs, das guck ich mir nicht länger an. Für die monatlich 3000 Mark Stand by zu machen und auf bessere Zeiten zu hoffen, das macht keinen Sinn. Euch tun die 3000 Mark zu sehr weh, und es ist nicht das, was mir Spaß macht, und das Geld ist auch nicht gerade üppig, wollen wir das nicht lieber sein lassen. Die haben die Technologie-Entwicklung dann komplett abgebrochen und haben jetzt einen Deal mit einem Spieleverleger – Budget 150 000 Euro – für so ein kleines Ding, das dann für 19 Euro im Laden steht. Das Spiel ist FSK 16, es ist ein bissel sexy, weniger Sex.

Zwischendurch gabs auch noch ein paar Seitenlinien, die großen Spaß gemacht haben und die mit geringerem Umfang immer noch weitergehen. Ich hatte mal einen Text geschrieben, der das Lebensgefühl, das wir Anfang 2000 hatten, ein bißchen reflektiert: Das Leben im jetzt. Mein Nachbar in Erfurt war befreundet mit zwei Jungs, die technoide poppige Musik machten, die heißen Northern Lite, haben sich zwei Tage hingesetzt, daraus ein Stück gemacht und als B-Seite auf eine 12 Inch getan. Inzwischen sind sie in ihrer Szene weltweit Semistars, die haben den Begriff Neopop praktisch erfunden, haben einen Majordeal unterschrieben mit sechsstelligem Advance. Und die Platte geistert in der Welt rum, wo dieses Stück drauf ist. Es ist auch auf einer Compilation drauf, die 15 000-mal verkauft worden ist, mit meiner Stimme, mit meinem Text. Jetzt habe ich mit dem Softwareentwickler und Musiker Carlo von linX ein paar Stücke gemacht. Wir heißen First Men on Pluto, haben einen ganz peinlichen, aber lustigen Auftritt in der Maria hinter uns, und in diesem Jahr kommt ein Track von uns auf einer Electropop Compilation und zugehöriger 12 Inch raus. Ich mache da Text, klopf ihm so ein bißchen auf die Finger, komme mit Grundmelodien, und er baut das aus oder auch ganz um.

Dann habe ich mit meinem Nachbarn in Erfurt, dem Fotokünstler Erik Niedling, konzeptuell ein paar Dinge ausgedacht, wir haben uns zwischendurch zerstritten. Jetzt haben wir ein neues Projekt, nachdem wir seit ein paar Monaten wieder reden. Er hängt inzwischen auf allen deutschen Kunstmessen, aber ich denke, dieses Jahr wird es international, und mit ein bißchen Glück kommt unsere Sache auch in den Sog.

Das brauche ich, das ist ein wunderbares Ventil, um mal über schönere Dinge nachzudenken, statt nur über Excel-Tabellen zu brüten und diesen Mandanten, den ich jetzt seit August betreue, mit seinen 120 Immobilien in Berlin zu sanieren. Es steht einiges auf dem Spiel, 150 Millionen ist das ganze Portfolio wert, das steht auf der Kippe, und es ist ziemlich tricky, ziemlich komplex, das zu bewerten und Szenarien zu quantifizieren und zu sagen: Okay, das ist das einzige, über zig Wenn-dann-Schleifen, was überhaupt noch geht.

Ich mache noch ein paar andere Beratungen nebenbei, immer mal zwei, drei Tage im Monat. Aktuell, was alles läuft und kommt – so einen stabilen Cashflow zu haben, ist schon ganz schön. Mit dem Cashflow vom letzten Jahr habe ich erstmal das Finanzamt für die letzten beiden Jahren bezahlt, teilweise auch Umsatzsteuer, was ich nicht abgeführt hatte. Und jetzt wird die Konsolidierung so langsam angenehm.

Crisis – what crisis? Ich finde sehr spannend, was aus Leuten geworden ist, die man kannte über die letzten Jahre, zum Beispiel diese Erfurter Clique, die jetzt wahnsinnig rocken. Ein guter Freund, der bei eBay war, arbeitet heute beim Frauenhofer-Institut. Alexander Wolf, der sitzt zwar immer noch in seinem vollkommen unaufgeräumten Hinterhof-Büro, der ist auch wahnsinnig abgegangen. Idealo gehts eigentlich blendend. Extrem runterskaliert mit dem Personal, haben kleinere Räume, schreiben schwarze Zahlen, alles super. Die Leute, die in meinem engeren Freundeskreis waren, ob sie nun angestellt oder Gründer waren, die habens alle überstanden. War nicht so traurig. War nicht so, daß regelmäßig die Leute heulend auf dem Sofa gesessen hätten. Irgendwie hats andere Leute getroffen, so richtig getroffen, die ich nicht kannte.

Ich kenne Leute, die nagen am Hungertuch, aber auch nur vorübergehend. Da hat man eine Depressionsphase und dann gehts wieder. Man muß dran glauben: Man kann sich vom Universum was bestellen. Man muß sich aber Sachen bestellen, die man dann auch bezahlen kann. Wenn ich mir jetzt bestelle: Ich möchte Heidi Klum heiraten oder eine 110- oder 60-Meter-Yacht im Mittelmeer liegen haben, das ist völliger Schwachsinn. Man muß sich Dinge bestellen wie: Ich möchte dieses Jahr eine gutaussehende intelligente liebe Freundin kennenlernen, oder: Ich möchte eine hübsch eingerichtete 100- Quadratmeter-3-Zimmer-Wohnung haben. Teilweise müssen wir uns schon bald wieder was Neues bestellen, weil ein paar Bestellungen, die wir so um die Weihnachtszeit gemacht haben, die sind schon losgeschickt, die sind bald im Briefkasten. Ich hab mir zum Beispiel diese Art von Wohnung bestellt, wo ich die Miete bezahlen kann und mir trotzdem keine Sorgen machen muß um meine Restaurantrechnungen oder ein bißchen Urlaub.

Aber wenn man mich fragt: Was willst du in zwei Jahren machen? Wo die meisten Leute sagen können: Ich will das und das und das machen – das kann ich immer noch nicht sagen.

So langsam muß mal von irgendwas auch was übrigbleiben, es dürfen die Sachen nicht immer pleite gehen. Aber die Strategie kann auch nicht sein, jetzt nur daran zu denken: Was ist mit sechzig? Dazu habe ich noch ein paar Jahre Zeit, glücklicherweise.

Ich hab jetzt so ein gutes halbes Dutzend Ideen und Sachen laufen. Einige sind wirklich auf die Zukunft orientiert und maximal ein, zwei werden rocken. Dann kommen wieder neue.

Eigentlich ist das eine konservative Strategie, so viele Sachen am Kochen zu halten. Aber ich kenne niemanden, der so viele verschiedene verquere Dinge macht wie ich. Klar wird so was plötzlich möglicher. Als so eine Ich AG – obwohl ich das Wort überhaupt nicht mag – hast du natürlich auch ganz andere Möglichkeiten, Dinge zu machen, die gar nicht in deren Geschäftsfeld liegen, weil du hast einfach Schlupf in deiner Zeit. Wenns klappt, verdienst du in zwei, drei Tagen das, was du in einem recht gut bezahlten Job sonst in einem Monat machen kannst. Und dann fragst du natürlich: Was machst du die restliche Zeit? Und dann machst du halt so Sachen. Das ist eigentlich großartig. Nur wer soll diese ganze Kultur oder diese ganzen Exotika, die dabei entstehen, denn nachfragen? Na ja, die Branche ernährt sich auch so ein bißchen selbst. Ich kaufe dann irgendwelche Bücher, die von anderen Lebenskünstlern geschrieben worden sind, und gehe in irgendwelche Bars, die von anderen Lebenskünstlern betrieben werden, kaufe Bilder bei irgendwelchen anderen Lebenskünstlern, und am Ende kriegen wir vielleicht tatsächlich so eine Second Economy hin als geschlossenen Kreislauf, der sich so hier und da öffnet.

Alexander Wolf

März 2003. Alexander Wolf wohnt noch immer in einer Wohnung mit Kohleofen, aber mit weißem Teppichboden und Radiator.

Wir sind natürlich auf die Suche gegangen nach weiterem Kapital, hatten zig Gespräche. Ein Termin in München verlief positiv. Später stellte sich heraus, daß es diesem Geldgeber so gut auch nicht ging. Wir haben auch in Berlin mit einigen Leuten gesprochen, hatten dann eine Zusage von einem Kapitalgeber, daß er als Investor bei Idealo einsteigen möchte, mit ein paar Millionen, aber ansonsten nichts für die Firma tut – keine operative Unterstützung, keine Kontakte –, sondern daß er nur davon profitieren will, daß die Firma irgendwann verkauft wird oder viel Geld verdient. Da haben wir gesagt: Das machen wir nur, wenn sich noch ein Leadinvestor findet. Wir waren relativ spät dran, es war schon schwieriger, Kapital zu bekommen, und wir haben keinen Leadinvestor gefunden.

Nachdem sich das rausstellte, herrschte natürlich erstmal Ratlosigkeit: Was machen wir jetzt? Das Projekt war von der technischen Seite her so weit entwickelt, daß die ersten Produktgruppen online waren, die ersten User waren drauf. Lief eigentlich ganz gut, Aufgeben stand nicht zur Debatte. Also mußten wir das Konzept so umschreiben, daß wir mit der ersten Finanzierung hinkommen, keinen riesen Personalapparat aufbauen, der eigentlich laut Businessplan erforderlich wäre, und parallel dazu kreative Ansätze entwickeln, wie wir trotzdem ein gewisses Maß an Marketing und PR hinbekommen.

Was zur Folge hatte, daß wir ein Projekt ins Leben gerufen haben, das nannte sich Berlincubate: Über Investoren und Sponsoren wird einem zusammengecasteten Gründer-Team ein AG-Mantel zur Verfügung gestellt. Ein Art Big Brother im Internet für Gründer. Das Büro war versehen mit Webcams, die Jungs wohnten in einer WG zusammen, alles vollkommen transparent. Es meldeten sich Tatsache mehrere hundert Leute, vom Imbißbudenmeister um die Ecke bis zu extrem hochqualifizierten Leuten, die in den Staaten studiert hatten und auch Erfahrung mitbrachten. Wir haben für Idealo alle Möglichkeiten genutzt, die Berlincubate abwarf. Siemens war einer der Sponsoren, das gab viele Computer, die wurden von Idealo mitgenutzt.

Hatte den Nachteil, daß dieses Projekt wahnsinnig viel Zeit gekostet hat. Arbeitszeit, die Idealo gefehlt hat. Sonst hätten wir eher Chancen gehabt, vielleicht doch noch eine weitere Finanzierung zu bekommen oder zu fusionieren. Da sind wir ziemlich aneinandergeraten im Gesellschafterkreis, ich stand relativ alleine da. Ich habe mich an Berlincubate als einziger Idealo-Gründer nicht beteiligt. Das war auch eine gute Entscheidung, sonst hätte ich sicherlich gut 25 000 Mark verloren. Die Cubate-Gründer haben sich ein interessantes Geschäftsmodell überlegt und auch angefangen, das umzusetzen, sich letztlich aber zerstritten. Damit war das Projekt erledigt.

Idealo hatte zwischenzeitlich 25 Leute beschäftigt, in einem 600-Quadratmeter-Büro in Friedrichshain. Die Server kosten Geld, abhängig davon, wie viele Leute das System nutzen. Natürlich haben die Praktikanten keine 5000 Mark bekommen, aber zumindest eine etwas bessere Aufwandsentschädigung, und das ging dann schon schnell runter mit dem Geld. Das hieß, wir mußten schnell in die schwarzen Zahlen kommen. Wir Gründer haben uns dann keine Gehälter mehr bezahlt, um vielleicht noch ein, zwei Monate zu überbrücken. Insgesamt waren das ziemlich harte anderthalb Jahre. Es gab kein Wochenende, 12, 14, 16 Stunden im Büro waren die Regel.

Meine Freundin, die ich inzwischen hatte, hat mir gezeigt: Das kann nicht alles sein. Dann gab es noch einmal eine sehr harte Auseinandersetzung mit dem zweiten Geschäftsführer, und im April 2001 bin ich ausgestiegen.

In der Satzung stand, daß man mindestens zwei Jahre dabei sein muß und diverse Dinge erfüllen muß, um bei Verlassen der Firma seine Anteile behalten zu können. Das heißt, die Gesellschafter gingen alle davon aus, daß sie meine Anteile einziehen können und nichts dafür zahlen müssen. Ich habe mich aber gemeinsam mit einem Anwalt sehr lang mit der Satzung beschäftigt und eine Lücke gefunden: eine Abberufung als Geschäftsführer durch die Gesellschafter. Ich sagte also: Geht so nicht weiter, jetzt sitzen wir hier zusammen, beruft mich ab und entlastet mich. Und das haben sie mitgemacht.

Trotzdem: Kein weiterer Investor wird sich finden, wenn irgendjemand noch 25 Prozent hält, aber nicht mehr aktiv dabei ist. Wir haben uns dann darauf geeinigt, daß ich einige Prozent meiner Anteile behalte, die restlichen Anteile an die anderen Gesellschafter zum Nennwert verkaufe und eine Abfindung bekomme, weil ich die Monate davor kaum noch bezahlt worden bin. Ein Teil des Geldes habe ich bekommen, ein Teil sind sie mir immer noch schuldig. Das spielt keine Rolle, zumindest habe ich ja noch ein paar Prozente an der Firma.

Idealo hat inzwischen das Gröbste geschafft. 2002 wurde ein Kapitalschnitt gemacht, das heißt, das Stammkapital wird herabgesetzt, die Gesellschafter zahlen es danach wieder neu ein. Das macht man in der Regel dann, wenn man eine Insolvenz verhindern möchte. Das hieß, ich mußte auch nochmal Geld nachschießen, um meine Prozente zu behalten. Der Personalstamm wurde runtergefahren, es waren nur noch ein paar Praktikanten da und die Gesellschafter. Inzwischen stellt die Firma aber wieder Leute ein.

Idealo nimmt das Geld größtenteils auf Provisionsbasis ein. Die vereinbarten Provisionen sind in jedem Produktbereich anders, bei Computern zum Beispiel ist die Marge sehr gering – 8 bis 12 Prozent –, in dem Bereich liegen die Provisionen vielleicht bei 2 oder 3 Prozent des Verkaufspreises. Wenn man CDs über Amazon verkauft, gibts 5 Prozent, und es kann auch spezielle Artikel geben, bei denen es mal 10, 20 Prozent gibt. In der Auflistung sämtlicher Shops werden zuerst die genannt, die einen Provisionsvertrag mit uns haben, und danach die – ohne Logo und vielleicht erst auf der zweiten Seite –, die nicht kooperieren. Erst wenn die Nutzer oben einstellen: Sämtliche Shops nach Preis sortieren, sind wirklich die billigsten vorne.

Bei der Entwicklung der Software haben wir zum Glück darauf geachtet, daß sich das Modell integrieren läßt in andere

Portale, so daß man nicht merkt, daß die Auflistung von Idealo geliefert wird. Das war das Umdenken: Es ging nicht, Idealo ohne viel Geld zu branden, sondern wir mußten Partner gewinnen, die uns einen sehr großen Traffic garantieren. Selbst wenn Idealo als eigenständige Marke nicht deutschlandweit auf Platz eins der Preisvergleicher ist, sondern vielleicht auf Platz zwei, gehe ich davon aus, daß Idealo das meiste Geld verdient. Allein die eigene Plattform hat mehrere Millionen Zugriffe im Monat, und einige Shops leben nur noch von Idealo. Es gibt noch weitere Einnahmequellen, jetzt auch wieder Werbung. Genau weiß ich das momentan selbst nicht, weil ich die Zahlen von 2002 noch nicht kenne und da von der Gesellschaft eher an der langen Leine gehalten werde.

Nach meinem Ausstieg bei Idealo habe ich erstmal sieben Monate lang fast gar nichts gemacht, bin ein paarmal verreist. Ich habe sehr billig gelebt, verreist bin ich mit Zelt und Schlafsack. Ich fühlte mich zwar nicht wirklich so, daß ich Erholung brauchte, aber ich brauchte Abwechslung. Ich habe Freunde besucht, die ich lange nicht mehr gesehen hatte, konnte sie auch tagsüber treffen.

Ich habe natürlich nie aufgehört, über die Erfahrungen nachzudenken, die ich in der Firma gemacht habe, das heißt: Wo kann man im Internet das Geld verdienen, wo steigt der Markt, wo fällt der Markt? Ich habe mich bei Idealo ja nicht nur um die Software gekümmert, sondern anfangs auch das ganze Online Marketing übernommen und mich mit dem Thema Web Positioning beschäftigt: Daß, wenn Nutzer mit einer Suchmaschine nach einem bestimmten Produkt oder Schlüsselwort suchen, die eigene Seite in der Auflistung möglichst weit oben erscheint.

Nach den sieben Monaten war die Überlegung: Man kann mit dieser Sache durchaus Geld verdienen – ähnlich, nur abgespeckt, wie es Idealo macht. Weil es viele Benutzer gibt, die Produkte über Suchmaschinen suchen. Wenn man also dort bei bestimmten Suchbegriffen eigene Webseiten hoch plaziert und die Benutzer weiterleitet auf Kooperationspartner, mit denen man einen Provisionsdeal gemacht hat, ist das eine wunderschöne Einnahmequelle.

Eigentlich sind die Kriterien geheim, nach denen Suchmaschinen die Seiten bewerten, aber der grundsätzliche Ansatz ist bekannt. Google – und Google deckt inzwischen 90 oder 95 Prozent des Marktes ab, Google ist das Netz – funktioniert mit einem speziellen Algorithmus namens Pagerank, der die Wertigkeit von Webseiten danach bestimmt, wieviele andere Seiten auf eine Webseite verlinken. Und mit einer gewissen Masse an Webseiten, die man im Netz hat, kann man diese Relevanz auch künstlich erzeugen.

Das Pagerank-Verfahren ist, ich glaube, 1996 an der Uni Stanford entwickelt worden, und die ersten Dokumente darüber waren auf den Uni-Servern vorhanden. Die sind nicht ganz einfach, es gibt eine relativ komplexe Formel, und ich habe damals für Idealo relativ zeitig angefangen – ab 99 war dieses Thema interessant –, die Formel in dieser ersten Version umzusetzen. Das ist mir auch gelungen. Ich konnte dann herausfinden, wie Google aktuell funktioniert, indem ich an gewissen Parametern in der Formel ein bißchen gedreht habe.

Da habe ich mir gedacht, das Prinzip muß groß aufgezogen werden. Ich brauche eine Software, die nicht mal nur 100 oder 200 handprogrammierte Seiten ins Netz stellt, sondern die Seiten automatisch produziert. Heute beschäftige ich vier Leute, die Software ist fertig und wir sind mit knapp 80 000 Seiten im Netz. Wir haben Kunden aus dem B2B. Wir verkaufen aber zum Beispiel auch Kinderspielzeug und haben relativ früh angefangen, für einen Kunden zu arbeiten, der im Erotikmarkt tätig ist. Dieser Markt ist der härteste überhaupt, die Suchmaschinen sind voll davon. Wir haben uns in dem Markt nach oben gearbeitet. Was am Ende hieß: Wenn wir es in dem Markt schaffen, schaffen wir es in jedem anderen. Und so war es dann auch.

Ich weiß gar nicht – und das ist mir auch relativ egal –, was ich alles verkaufe. Von meinen Kunden kriege ich Keywords und Listen mit 20-, 30 000 Produkten. Ich guck mir die nicht an. Für die älteste Kakteenzucht Europas verkaufe ich 6 000 verschiedene Kakteen mit lateinischen Namen. Ich füttere unsere Software, stelle die Seiten ins Netz und leite die Besucher an meine Kunden weiter. Mit unserer Software hat das Ganze ein wahnsinniges Skalierungspotential. Vor fünf, sechs Monaten war die Software fertig, und seit vier Monaten arbeite ich richtig schön in den schwarzen Zahlen, und es steigt.

Im Moment habe ich auf meinen Seiten über eine Million Zugriffe im Monat und eine Kaufrate bei meinen Shoppartnern zwischen 1,5 und 2 Prozent. Mein Top Keyword ist Billigflug Deutschland, da kommen tausende Leute am Tag zu mir, und im Dezember habe ich für insgesamt 25 000 Euro Kinderspielzeug verkauft.

Es gibt dritte Anbieter, die protokollieren den Weg des Benutzers von mir zum Shop, und wenn er tatsächlich auf Bestellen gedrückt hat, wird übermittelt zu welchem Preis. Diese Provisionsgeschäfte sind die fairste Sache. Der Shoppartner muß nichts im voraus zahlen, und für mich ist es ein langfristiger Geldeingang. Die Webseiten sind nach zwei bis drei Monaten drin in Google, so schnell gehen die nicht wieder raus. Ich verdiene jetzt noch an den Seiten, die ich vor zwei Jahren programmiert habe. Ohne große Pflegearbeit. Und die Umsätze im Internet steigen, vielleicht ein bißchen langsamer als prognostiziert, aber sie steigen.

Das Web Positioning wird nicht ewig funktionieren. Google entwickelt im Moment eine Produktsuchmaschine namens Froogle, die ist in Amerika im Betatest, aber für den Nutzer noch nicht wirklich brauchbar, es wird nicht nach Preisen sortiert und so weiter. Es kommt nicht an eine Datenbank wie die von Idealo heran, aber Google hat natürlich durch ihre starke Marktmacht die Möglichkeit, die Leute auf dieses System zu ziehen.

Bevor ich den Punkt erreicht habe, an dem abzusehen ist, wann es zu Ende ist, werde ich mich 100 Prozent darauf konzentrieren, diese Zeit zu nutzen und so viele Einnahmen wie möglich zu generieren. Wenn es so exponentiell weitergeht wie in den letzten vier Monaten, dann muß es nur ein Jahr funktionieren, dann ist alles schön.

Ganz wichtig ist die Geschwindigkeit der Umsetzung. Das typische Verhältnis, was man kennt – 80 Prozent des Systems programmiert man in 20 Prozent der Zeit, und die restlichen 20 Prozent in 80 Prozent der Zeit – das greift für mich nicht.

Weil ich nach den 20 Prozent der Zeit die Seiten ins Netz stelle, weil mir das fünf Monate länger die Einnahmen generiert. Dann kann ich immer noch irgendwas ändern. Das ist die wichtigste Sache, die ich immer wieder den Programmierern erklären muß, weil sie es natürlich perfekt haben wollen, aber es ewig dauert, und ich es nicht perfekt haben will, sondern nur so, daß es Geld bringt.

Da alles virtuell läuft, halte ich auch bei meinem Büro die Fixkosten gering. Was Wohnung und Auto betrifft, bin ich recht anspruchslos. Ich geh zwar relativ oft essen, für Klamotten geb ich noch viel Geld aus, aber ansonsten wird das Geld jetzt zur Seite gelegt und gewartet. Es läuft momentan wie von selbst. Ich mache null Marketing. Es spricht sich einfach rum. Und da ist immer noch so viel Potential. Das ist richtig richtig schön. Seit fünf Monaten lebe ich so wahnsinnig entspannt wie schon lange nicht mehr. Ich schlafe aus, gehe aus, treffe Leute. Ich weiß, das Geld kommt.

Stand 9/03

Barbara Gies ist Filmeditor, schneidet Spiel- und Dokumentarfilme. Von Sommer 2000 an arbeitet sie zwei Jahre lang mit an Christopher Roths Spielfilm Baader.

Andreas Klöckner arbeitet seit Anfang 2002 für den Berliner Gastronom Cookie und leitet zur Zeit dessen Café Bravo in den Kunst-Werken.

Michael Losberg wechselt mehrmals den Arbeitgeber, wird in der Medienkrise arbeitslos und arbeitet nun freiberuflich im Eventmarketing.

Armin von Milch ist seit Herbst 2000 Gruftie.

Ingo Romeo Mocek zieht Ende 2000 als Redakteur des Jugendmagazins Jetzt nach München und kehrt 2003 zurück nach Berlin, wo er als Medienberater und Texter arbeitet. In freien Stunden schreibt er an seiner Autobiographie.

Christopher Roth macht Spiel- und Werbefilme. 2002 kommt sein Film Baader in die Kinos. Mit Franz Stauffenberg bildet er seit 1989 das Künstlerduo RothStauffenberg.

Markus Schneider macht seine Musik weiterhin solo, von Zeit zu Zeit live, und stellt sie mit Pietro Sanguineti in gemeinsamen Audio-Video-Installationen aus. Ohne sich darum als Künstler zu begreifen. Auch seine Galeristentätigkeit hat Schneider im uneigentlichen Sinne wieder aufgenommen: Ohne Büro und Ausstellungsfläche vertritt er einen einzigen Künstler, den Maler Ulrich Lamsfuß, der mittlerweile auch von etablierten Galerien in Berlin und New York gezeigt wird.

Andrea Steinhilbers Plan, vom Verkauf des Betriebsgeländes die Restschulden der Holzwerke Ziegler zu tilgen, scheint zunächst aufzugehen. Es entsteht ein kleines Einkaufszentrum mit Supermärkten, Gartenfachmarkt, TÜV und Burger King. Auf dem vorletzten noch zu verkaufenden Grundstück tauchen jedoch in sechs bis sieben Meter Tiefe massive Teeröl-Altlasten auf, die von früher dort betriebenen Imprägnieranlagen stammen und das Grundwasser kontaminieren. Steinhilber hatte die letzte dieser Anlagen bereits 1991 abgebaut und das Gelände vor Beginn der Grundstücksverkäufe auf Bodenbelastungen untersuchen lassen, doch mit einer Verunreinigung in der Tiefe hatte niemand gerechnet. Die Kostenschätzungen für eine Sanierung des Bodens liegen zwischen 300 000 und 800 000 Euro. Im März 2003 meldet Steinhilber deshalb für die Holzwerke Ziegler Insolvenz an. Das Verfahren wird mangels Masse nicht eröffnet, seitdem befindet sich das Unternehmen in Liquidation. Steinhilber hat unterdessen ihre Dissertation im Fach Philosophie geschrieben, zum Thema Geld, und unterrichtet vermehrt an der Fachhochschule. Sie ist freiberufliche Unternehmensberaterin, insbesondere bei Existenzgründungen, und übernimmt Interims-Geschäftsführungen für so unterschiedliche Betriebe wie Autohaus, Softwareunternehmen und Werbebüro.

Jörg Tensing lebt heute in einer Dachgeschoßwohnung samt DVD-Heimkino. Noch 2002, rechtzeitig vor der großen Medienkrise, kann er den größten Teil der Amazonas-Schulden tilgen. Dabei wird keines der drei Filmprojekte, an denen Tensing Anfang 2000 arbeitet, realisiert. Statt dessen übersetzt und bearbeitet er drei amerikanische Jugendkomödien für Pro 7 und schreibt ein neues Drehbuch für den Boxerfilm Elefantenherz. Am glücklichsten ist er über die Umsetzung seiner Drehbücher für die ZDF-Vorabendserie Küstenwache. Für RTL schreibt er den Piloten einer Serie über deutsche U-Boot-Soldatinnen und für SAT 1 den Piloten einer neue Krimiserie.

Herman Vieljans spricht mir in einer Juli-Nacht auf den Anrufbeantworter: »Dinge haben sich glücklich entwickelt und gefügt. Ein einziger Bühnenauftritt, nur als Verbeugung vor einer großen Künstlerin, der Sängerin und Schauspielerin Katy Karrenbauer, an ihrem Geburtstag Sylvester 2002 in einem coolen Kölner Jazzclub, schuf eine zukunftsweisende Verbindung. Mit einem Kameraden an der Seite erwächst ein neuer Anspruch an sich selbst. Die Traglufthalle eröffnet im September. Aller guten Dinge sind drei! Mit einem gemeinsam berührten Sozialisationswert im Foyer des Kölner Excelsior Hotels, in Person des Geschäftsführers eines großen deutschen Brauereiverbundes, entstand außerdem die Idee zu einer Serie von Clubs, den Kitchen Klubs. Wir sind in der Planung für einige Standorte im Land. Und mein väterlicher Freund Claus Helmut Wagner beteiligte Katy und mich als kreative Speerspitze und Musketiere an der Verwirklichung seines Kindertraumes, dem Abendteuerland Buffalo-City in der Nähe Saarbrückens. Vor sechs Wochen bat der Bauausschuß zur Teilabnahme und Planerläuterung. Bedenken zur Fertigstellung seines großen Traumes wurden spätestens zerstreut, als Katy und Gunter Gabriel auf der Bühne des Saloons Sweet Home Alabama anstimmten. Ich habe mir für uns alle das Tipi Nummer 23 reserviert.«

Dank

Ich danke allen, die mir bei diesem Buch geholfen haben, ganz besonders Joachim Bessing, Fjodor W. Donderer, Matthias Ehlert, Mathias Gatza, Heinke Hager, Alexa Hennig von Lange, Rafael Horzon, Dorothee Klaus, Rebekka Ladewig, Daniel Lieberberg, Sylvie Maffetti, Thomas Meinecke, Axel Pflugbeil, Anne Philippi, Nana Rebhan, Alexander Roesler, Klaus Streeck und meinen Eltern. Ich danke den Fotografen, die ihre Bilder zur Verfügung gestellt haben, den Protokollierten, die meinem Vorhaben viele Stunden geschenkt und vertraut haben,
und Antje.

edition suhrkamp
»Kultur und Konflikt«

Unter dem Titel »Kultur und Konflikt« ist 1994 eine Publika-
tionsreihe des Forschungsschwerpunktes in der *edition suhrkamp* eröffnet worden, die von Wilhelm Heitmeyer, Günter
Albrecht, Otto Backes und Rainer Dollase herausgegeben
wird.

Das Gewalt-Dilemma. Gesellschaftliche Reaktionen auf
fremdenfeindliche Gewalt und Rechtsextremismus. Herausgegeben von Wilhelm Heitmeyer. es 1905. 464 Seiten

Die bedrängte Toleranz. Ethnisch-kulturelle Konflikte, reli-
giöse Differenzen und die Gefahren politisierter Gewalt. Herausgegeben von Wilhelm Heitmeyer und Rainer Dollase in
Zusammenarbeit mit Johannes Vossen. es 1979. 507 Seiten

**Bundesrepublik Deutschland: Auf dem Weg von der Kon-
sens- zur Konfliktgesellschaft.** Herausgegeben von Wilhelm
Heitmeyer. Zwei Bände in Kassette. es 2004 und es 2034.
1138 Seiten

Verlockender Fundamentalismus. Türkische Jugendliche in
Deutschland. Von Wilhelm Heitmeyer, Jochen Müller und
Helmut Schröder. es 1767. 277 Seiten

Die Krise der Städte. Analysen zu den Folgen desintegrativer
Stadtentwicklung für das ethnisch-kulturelle Zusammenleben.
Herausgegeben von Wilhelm Heitmeyer, Rainer Dollase und
Otto Backes. es 2036. 470 Seiten

Die Bindung der Unverbindlichkeit. Mediatisierte Kommunikation in modernen Gesellschaften. Von Uwe Sander. es 2042. 297 Seiten

Politisierte Religion. Ursachen und Erscheinungsformen des modernen Fundamentalismus. Herausgegeben von Heiner Bielefeldt und Wilhelm Heitmeyer. es 2073. 494 Seiten

Schattenseiten der Globalisierung. Rechtsradikalismus, Rechtspopulismus und separatistischer Regionalismus in westlichen Demokratien. Herausgegeben von Dieter Loch und Wilhelm Heitmeyer. es 2093. 544 Seiten